心理语言学眼动研究方法论丛

总策划：白学军 闫国利
主　编：白学军 闫国利 杨海波 吴　捷
副主编：王敬欣 臧传丽 于　秒 李　馨

教育部人文社会科学研究一般项目（项目号：22YJC190006）

阅读研究中
眼动指标的选择

Eye Movement Measure Selection in
Reading Research

吴　捷　何立媛◎著

科学出版社

北　京

内 容 简 介

现代眼动记录技术为研究者提供了丰富的指标，然而这些指标的意义是什么，如何选择合适的指标，以及如何进行计算等，成为很多初学者所面临的问题，本书尝试对这些问题进行说明和解答。

本书介绍了阅读中的眼动行为与认知机制，眼动数据的导出与分类，同时介绍了时间维度、空间维度的眼动指标以及其他眼动指标，并介绍了眼动指标的选择方法，最后通过实例论述眼动指标的选择和使用。

本书主要适用于心理语言学和语言学专业的学生，特别是阅读心理学方向的学生或刚开始接触阅读心理学相关研究的初学者，帮助其理解阅读心理学研究中主要眼动指标的含义、计算方法、影响因素和选择方法，解决实际科学研究中的指标选择问题。本书同样适用于希望了解并使用眼动记录技术的其他专业师生。

图书在版编目（CIP）数据

阅读研究中眼动指标的选择 / 吴捷，何立媛著. -- 北京：科学出版社，2024.6. --（心理语言学眼动研究方法论丛 / 白学军等主编）. -- ISBN 978-7-03-078725-5

Ⅰ. H0-05

中国国家版本馆 CIP 数据核字第 2024F3P537 号

责任编辑：孙文影　冯雅萌 / 责任校对：杨　然
责任印制：徐晓晨 / 封面设计：有道文化

科学出版社 出版

北京东黄城根北街 16 号
邮政编码：100717
http://www.sciencep.com

北京市金木堂数码科技有限公司印刷
科学出版社发行　各地新华书店经销

*

2024 年 6 月第 一 版　开本：720×1000　1/16
2025 年 2 月第三次印刷　印张：13 1/2
字数：242 000

定价：99.00 元

（如有印装质量问题，我社负责调换）

心理语言学眼动研究方法论丛

丛书编委会

丛 书 序

PREFACE TO THE SERIES

眼动记录技术能够实时记录读者的阅读过程，是考察阅读中信息加工过程的重要研究方法。通过观察、记录眼动来研究个体的心理活动起源于 19 世纪的西方。我国于 20 世纪 80 年代引进眼动仪，并初步开展一些研究。近 40 年来，眼动记录技术在我国的应用发展尤为迅速。目前，借助眼动技术开展阅读研究是我国心理语言学研究领域的重要发展趋势之一。

鉴于心理语言学在心理学科中的重要地位和眼动技术的优势，越来越多的研究者开始使用眼动仪探讨心理语言学问题，与之对应，国内很多教学和科研单位购置了眼动仪。但是，目前国内部分单位的眼动仪利用率不高，科研成果产出有限。主要原因之一在于研究者不了解心理语言学眼动研究的特殊性，未能掌握相关方法学知识，这些在某种程度上制约着心理语言学眼动研究的发展与繁荣。因此，出版一套系统介绍心理语言学眼动研究的方法学系列丛书，是当代心理语言学领域的迫切需求。

天津师范大学心理学科在老一代心理学家沈德立先生的带领下稳步发展。沈德立先生高瞻远瞩，于 1990 年使用世界银行贷款，购置了大型精密仪器——眼动仪，为天津师范大学眼动研究事业的发展奠定了基础。沈德立先生带领天津师范大学眼动研究团队，致力于汉语阅读的眼动研究，并与国外著名阅读眼动研究专家合作，发表了一系列水平高、影响较大的研究成果，并培养出一支团结协作、具有较大发展潜力的眼动研究团队。目前，天津师范大学在国内眼动研究中占据核心地位。沈德立先生与国际著名阅读心理学专家基思·雷纳（Keith Rayner）教授于 2004 年共同发起了两年一次的中国国际眼动大会（China International Conference on Eye Movements），为国内外眼动研究专家提供了一个重要的学术交流平台，对中国眼动研究事业的发展起到了极为重要的推动作用。不幸的是，沈德立先生和 Keith Rayner 教授分别于 2013 年和 2015 年辞世。在此，我们应该铭记两位学者为促进汉语阅读眼动研究发展所做出的卓越贡献，也以丛书的出版表达对两位学者的深切缅怀。

本套丛书共有八册：

（1）《眼动研究方法学概论》，臧传丽、张慢慢著；

（2）《心理语言学眼动实验设计》，白学军、王永胜著；

（3）《EyeLink 系列眼动仪的操作与使用》，白学军、李馨著；

（4）《心理语言学中的眼动实验范式与实操》，杨海波、刘妮娜著；

（5）《阅读研究中眼动指标的选择》，吴捷、何立媛著；

（6）《言语产生的眼动研究》，闫国利、赵黎明著；

（7）《阅读的眼动经典实验》，于秒、闫国利等著；

（8）《基于 R 语言分析的心理语言学眼动数据处理》，王敬欣、李琳著。

本套丛书是基于多项国家自然科学基金项目、国家社科基金项目和教育部人文社会科学重点研究基地重大项目的丰硕成果，由教育部"长江学者"特聘教授、国家"万人计划"哲学社会科学领军人才、中国心理学会前任理事长、天津师范大学副校长白学军教授和教育部新世纪优秀人才支持计划人选、天津师范大学闫国利教授策划出版，并带领天津师范大学眼动研究团队撰写而成。参与写作的大部分作者在 *Journal of Experimental Psychology* 系列、*Quarterly Journal of Experimental Psychology*、*Psychology and Aging*、*Scientific Study of Reading*、《心理学报》和《心理科学》等国内外权威学术期刊上发表过多项阅读眼动研究成果，均具有丰富的眼动研究经验，保障了本套丛书的内容质量。

本套丛书反映了当代心理语言学眼动研究的方法论及发展趋势，综述了近年来心理语言学眼动研究的重要成果，可为心理语言学领域眼动技术的使用提供方法论与技术支持。本套丛书的应用价值主要体现在以下几个方面。

第一，能够解决将眼动技术应用于心理语言学领域时遇到的各类方法论问题，包括实验设计、程序编制、数据处理和论文撰写等。

第二，能够为眼动技术的实施提供指导，使操作更规范、准确、合理及高效。

第三，系统介绍心理语言学眼动数据的前沿处理方法，即基于 R 语言的心理语言学眼动数据介绍。

第四，通过系统整理眼动仪的使用方法和其在心理、语言学研究中的应用，来提高国内教学及科研单位的眼动仪使用率和高水平成果的产出率。

总之，本套丛书的突出特点是兼具科学性、可操作性和前沿性，是从事心理语言学眼动研究的科研人员、教师和学生必读的入门书。

在此，衷心感谢周晓林教授、吴艳红教授和李兴珊研究员慨然应允为丛书予以热忱的推荐。感谢科学出版社孙文影等编辑为本书的策划和出版所做出的辛勤努力。

　　沈德立先生是天津师范大学心理学科发展的奠基人，也是我们的恩师。在此想引述沈先生的一段话，作为鞭策天津师范大学眼动研究团队不断进取与求索的座右铭：

　　人的一生能够有效地为祖国服务大约只有四五十年，对于一个专业工作者来说，这四五十年是十分珍贵的。因此，每个人应该在自己的专业领域充分地甚至是顽强地展现自己。但对个人职务和待遇，则应该看得淡一些，不去计较。

　　谨以本套丛书献给天津师范大学心理学科的奠基人沈德立先生！

白学军　闫国利
2020 年初秋于天津师范大学心理学部

前 言

寻找属于自己的钥匙，开启心灵之窗

孟子曰："存乎人者，莫良于眸子。眸子不能掩其恶。胸中正，则眸子瞭焉；胸中不正，则眸子眊焉。听其言也，观其眸子，人焉廋哉？"（《孟子·离娄上》）也就是说，观察一个人，再没有比观察他的眼睛更好的了。眼睛不能掩盖一个人的丑恶。心中光明正大，眼睛就明亮；心中不光明正大，眼睛就昏暗不明，躲躲闪闪。所以，听一个人说话的时候，注意观察他的眼睛，他的善恶真伪又能往哪里隐藏呢？也就是被大家所熟知的"眼睛是心灵的窗口"。阅读作为人类精妙而复杂的认知活动之一，揭开其神秘的认知过程是心理学、语言学、心理语言学研究者，甚至是人工智能相关领域研究者所向往的事情。眼动记录技术的出现，为研究者实现这一愿望提供了非常有力的工具。

现代日渐成熟的眼动记录技术，能够让读者在自然而真实的状态下进行阅读，能够为研究者提供实时的数据资源，这些数据资源正是研究者所需的揭示阅读过程的基础。眼动仪所提供的数据资源非常丰富，涵盖了时间和空间等多个维度，提供了每一次注视和眼跳的具体信息，但这可能使得研究者在欢喜之余，也有所担忧——到底该选择哪些指标？正如你想用手里的一大串钥匙打开面前的一道门，却不知道哪个才是合适的那把钥匙。对于初学者而言，更是茫然，犹如一位即将要上战场的士兵，面对各式各样的武器，却不知道选择哪一个，也不确定具体如何操作。本书将针对这一问题，从理论和实践两个方面展开论述，先是叙述了阅读中的眼动行为与认知机制（第一章），为读者提供了理解数据和眼动指标的基本信息；然后从操作的角度，介绍了决定指标类型的兴趣区的相关知识、导出不同类型数据的方法和步骤、常用五种类型眼动数据的具体含义等（第二章），读者可以了解眼动数据的来源和性质，也能够知道如何进行实际操作；随后，结合理论与操作叙述每一个常用眼动指标的含义、计算方法和影响因素等（第三至五章），读者可以深入了解每一个眼动指标的信息；在此基础上，对前面陈述的近 30 个指标进行了梳理和分类，介绍了选择眼动指标的常用方法和原则（第六章）；最后以阅读心理学领域中研究者关注的一些重点问题为主题，引用经典研究，评述了这些研究问题所选择的眼动指标（第七章），为读者提供了切实可行的方法和参考。以上所述，也是本书的内容编排顺序和逻辑，以期为读者提供清晰的思路去寻找自己需要的钥匙，开启心灵之窗。

著者何立媛自 2009 年硕士研究生学习开始，采用眼动记录技术进行了阅读和认知控制的眼动研究，并在博士学习期间赴英国南安普顿大学视觉与认知研究中心接受博士联合培养，师从国际著名的眼动研究专家 Simon Paul Liversedge 教授，在眼动记录技术的使用和基础知识的掌握方面较为娴熟。本书编写工作由吴捷和何立媛共同完成，其中吴捷对整本书的结构进行了设计，并完成了第一章的撰写，第二至七章由何立媛完成。本书撰写期间，天津师范大学的白学军教授、闫国利教授、于秒教授，英国中央兰开夏大学的 Simon Paul Liversdge 教授、Valeria Benson 教授都给予了无私的帮助，并提出了宝贵的建议。天津师范大学心理学部硕士研究生陈文欣、李薇、姜颖、左星宇、刘一朝和王文静协助完成了大量的校对修改工作。科学出版社的孙文影、冯雅萌等编辑提出了很多具体而富有建设性的意见，在此一并致谢。

鉴于著者的经验有限，书中内容难免存在疏漏和不足之处，欢迎各位读者批评指正，也期待与各位读者进行更广泛和深入的交流。

吴　捷　何立媛

2024 年 1 月 23 日

目　录
CONTENTS

## 第一章

阅读中的眼动行为与认知

　　阅读是在视觉输入文字材料的基础上构建意义的过程，即始于眼睛的注视，终于对材料的理解。作为现代社会人们获得知识最重要的途径之一，阅读对于一位熟练读者来说不值一提，但是对于还没有掌握这一技能的人，比如儿童、成人文盲等初学者来说，却是一项非常困难甚至是痛苦的事情。对于阅读这一复杂而精妙的认知活动，至今计算机也无法完美模拟，这让掌握这项技能的人欢喜，也让没有掌握它的人失落，更让无数来自不同领域的研究者着迷。读者是如何提取书面语言的视觉信息的？视觉信息与言语信息的关系是什么？读者是如何建立起音、形、义之间的精确关系的？等等。一系列问题都成为研究者关注的焦点。"眼睛是心灵的窗口"，要揭示这些问题的答案，眼睛的活动是重要的突破口，眼动也就成为我们了解阅读加工过程的最好工具。要利用好这一工具，首先要做的就是了解这个工具。本章将介绍阅读中的眼动行为及其与阅读中的认知过程的关系，并对当前研究者提出的有关阅读的眼动理论模型进行简要陈述。

第一节　阅读中的眼动行为

一、视野范围

　　视网膜是产生视觉的重要结构，上面分布着锥状和杆状感光细胞（图 1-1），其中主要感受强光（明视觉）和色光（色觉）刺激的视锥细胞多分布于视网膜的中央部分，尤其是视网膜上对光最敏感的区域——中央凹（图 1-2）只有视锥细胞，没有视杆细胞，因此中央凹的视敏度（指人的视觉器官辨认文字或其他外界物体的敏锐程度）最高。以中央凹为中心向周围的区域扩展，随着视椎细胞的减少，个体的视敏度也逐渐降低。

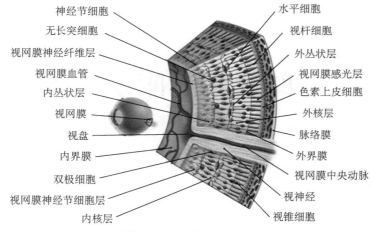

图 1-1　视网膜的剖面图[①]

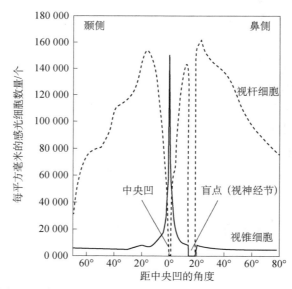

图 1-2　感光细胞在视网膜上的分布（Waite et al., 2016）

根据视敏度的不同，Rayner（1998）将读者在阅读时的视域划分成中央凹（foveal）视觉区（以下简称中央凹，与注视点成 2°视角）、副中央凹（parafoveal）

---

①　Vasković, J. (2023-11-03). Central retinal artery. https://www.kenhub.com/en/library/anatomy/central-retinal-artery.

视觉区（以下简称副中央凹，在注视点两侧 2°～5°视角的范围）和边缘（peripheral）视觉区（以下简称边缘区，在注视点两侧 5°视角以外的范围），如图 1-3 所示。人在加工环境中的视觉刺激时，必须将其放在中央凹内才能看清楚，因此要不停地移动眼睛以使新的内容处于中央凹视觉区，然后提取信息，这也就使得注视和眼跳成为眼球运动的两大基本模式。在阅读过程中，人眼的移动也是类似的，随着中央凹视觉区与单词的网膜映像之间的角度增大，词汇识别将变得更为困难（Rayner & Bertera，1979），为了顺利地识别单词并理解文本，读者不仅要将眼睛停留在某个单词上一段时间，还要不断执行眼跳以使文字落在中央凹视觉区内，注视和眼跳也相应地成为读者在阅读中的两类眼动控制行为，如图 1-4 所示。

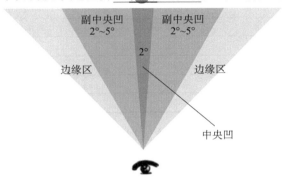

图 1-3　不同视觉区在阅读文本中的分布示意图（张慢慢等，2020）

注：假设一个汉字所占视角为 1°，在"使用"上的圆点表示眼睛的注视位置，文字颜色深浅表示由视敏度下降造成的文本视觉成像模糊；阅读知觉广度反映了注意系统的分布，不等同于视觉区分布；下划线内容表示中文阅读知觉广度的范围。

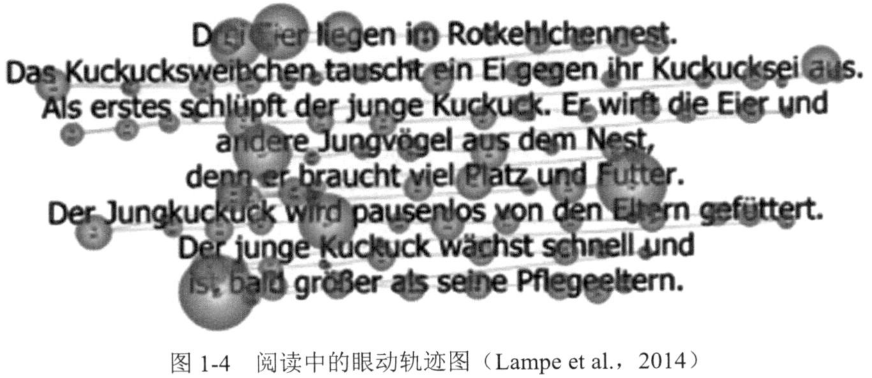

图 1-4　阅读中的眼动轨迹图（Lampe et al.，2014）

二、眼动的基本模式

（一）注视

注视（fixation）是指眼睛的相对静止状态，一般持续 200～300ms，在这期间，读者获取了绝大多数的视觉信息。由于受到生理限制，注视中常常伴随着漂移（drift）、震颤（nystagmus）和不随意眼跳（involuntary saccade）这三种眼动形式，因此这里的注视并非眼球的绝对静止状态。研究发现，任务不同，个体的注视时间也存在差别（Rayner，1984），如表 1-1 所示。

表 1-1　默读、口语阅读、视觉搜索等任务中的平均注视时间和平均眼跳长度值

任务	平均注视时间/ms	平均眼跳长度/（°）
默读	225	2（约 8 个字符）
口语阅读	275	1.5（约 6 个字符）
视觉搜索	275	3（约 12 个字符）
场景感知	330	4（约 16 个字符）
音乐阅读	375	1（约 4 个字符）
排版	400	1（约 4 个字符）

在阅读过程中，通常情况下，一次注视的时间为 225～250ms，但由于不同语言文字、个体阅读能力、当前任务要求以及文本加工难度等方面因素的影响，注视时间的长短波动范围比较大，有时可以短到 50～70ms，也可以长达 500～600ms，在阅读一篇文章时，读者注视点的持续时间会在低于 100ms 到高于 500ms 的范围内广泛分布，具体分布情况如图 1-5 所示（Rayner，1998）。最新的一项研究（Liversedge et al.，2024）采用眼动记录技术，记录了以汉语、英语和芬兰语为母语的读者在阅读由相同材料翻译成的各自语言文字时的眼动行为，这三种语言在视觉密度、信息密度、单词间在空格、正字法深度等方面均存在差异。结果表明，汉语读者的平均注视时间为 226±45ms，英语读者的平均注视时间为 203±37ms，芬兰语读者的平均注视时间为 199±36ms，汉语读者的平均注视时间显著长于另外两种读者。

（二）眼跳

1897 年，巴黎大学的 Javal 最早靠裸眼观察到眼跳（saccade）现象。"saccade"一词来源于法语，原意为急动、跳动之意。眼睛的注视不是平滑地移动，而是进行一系列快速且短暂的跳动（Huey，1908）。完成一次眼跳所需的平均时间为 20～

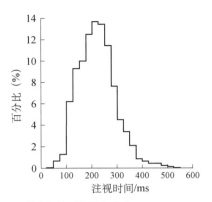

图 1-5　注视时间的频率分布（Ranyer，1998）

50ms，但眼跳时间的长短取决于眼跳的距离，眼跳距离越大，所需时间越长。眼跳距离本身存在很大的变异性，会随着任务的变化而存在差异（表 1-1），这就导致眼跳时间也没有一个统一值。阅读过程中，读者的平均眼跳长度为 7～9 个字符空间，但眼跳长度的分布范围非常广泛，通常在 1～15 个字符空间范围内（图 1-6），1 个以下以及 15 个以上字符空间长度的眼跳较少，长于 15 个字符空间长度的眼跳通常在回视后立即发生，读者通常会在回视前进行长距离的眼跳。

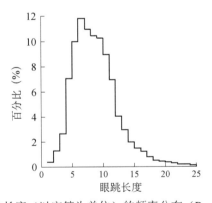

图 1-6　眼跳长度（以字符为单位）的频率分布（Ranyer，1998）

按照眼跳方向的不同，有向前眼跳和回视两种眼跳行为。读者在阅读过程中为了获取新的信息而将眼睛移动到未加工的文本区域，此为向前眼跳，如果是从左向右呈现的文字，如英语、德语、法语、泰语、日语，以及现代汉语等文字体系，向前眼跳为向右眼跳；但在阿拉伯语、乌尔都语、希伯来语和波斯语等自右向左呈现的文字体系中，向前眼跳为向左眼跳。向前眼跳在整个眼跳行为中是占据大多数的。与正常阅读方向相反的是回视，大概在整个眼跳行为中占 10%～25%

（Pollatsek & Rayner，1982），它是指读者将眼睛移动到已经加工过的文本区域的眼跳行为，反映了读者在加工新信息或者整合语义时遇到困难，然后回到之前注视过的文本上进行再加工，以获取所需信息，帮助完成词汇通达或语义整合。虽然回视时读者不会注视新信息，但也会导致阅读时间的延长，在阅读过程中，回视是非常必要的。研究发现，如果阻止回视，读者的阅读质量将显著下降（Schotter et al.，2014）。

除以上两类主要的眼动行为之外，还存在三种微小的眼动行为，即微眼跳（microsaccade）、震颤和漂移（闫国利，白学军，2012）。当眼睛注视一个静止的物体时，它并不是完全不动的。人类的感觉系统具有适应性功能，如果一个目标与瞳孔的相对位置不变，大脑就会自动将其识别为不需要加工的信息，那么这个物体就会在视野中慢慢消失。为了抵消静止的目标的适应性消退，眼球在注视时会产生一些微小的眼动，如微眼跳，与通常的眼跳行为相比，微眼跳的振幅很小，目前多数研究将幅度小于1°视角的眼跳界定为微眼跳。许多原因会引发微眼跳，近年来一些研究人员对此进行了探索。研究发现，微眼跳与空间注意存在密切关系（Meyberg et al.，2017a，2017b），它的频率变化反映了视觉注意的转移（Engbert & Kliegl，2003）与注意强度（Kaneko et al.，2011）的变化，随着注意需求的增加而升高（Krueger et al.，2019）。微眼跳方向与注意方向也存在密切关系（Hafed & Clark，2002；Rolfs et al.，2004）。然而，由于这类眼动更多属于生理现象，而且无法对它们的相关属性进行直接操纵，阅读相关研究中较少关注这三种微小的眼动行为。

以上提到的眼动行为的特征是从一般成人和普遍意义上来说的，但是在不同的年龄阶段，由于生理发展和认知发展水平的影响，儿童、老年人的眼动特征与成人存在一定差异，如学龄前儿童在保持注视过程中表现出更频繁的微眼跳和漂移，在场景搜索过程中，学龄前儿童的眼跳潜伏期通常较长，眼跳准确性通常低于成人（Kowler & Martins，1982）。然而，儿童、成人甚至婴儿的注视时间频率分布的形状非常相似（Hainline et al.，1984；Harris et al.，1988）。虽然老年人注视时间的频率分布与青年人相似，但眼跳潜伏期随着年龄（Abel et al.，1983；Pirozzolo & Hansch，1981）的增加而延长。基于此，研究者在进行发展类相关研究的眼动数据分析时应该考虑到这一点。

第二节　阅读中的眼动与认知机制

眼动追踪是测量眼睛运动的过程，最关注的是准确确定人类或者动物看的位置。从技术角度来说，通过仪器设备进行图像处理，定位瞳孔位置，获取坐标，并通过一定的算法计算眼睛注视或者凝视的点，让计算机知道人类或者动物正在看哪里、何时看的、看了多久，使用者基于这些数据来推测人类或者动物在想什么，这就是眼动追踪的工作原理。而这一工作原理之所以成立，是基于研究者进行的一系列关于眼动和认知过程之间关系的探索以及得到的重要假设。

一、早期观点

关于眼动与认知过程之间的关系，早期存在三种观点：第一种观点即视觉缓冲器理论，认为眼动行为不能反映人的认知加工；第二种观点为即时假设（immediacy assumption）和眼-脑假设（eye-mind hypothesis），认为眼动反映了全部的认知加工过程；第三种观点则介于前两种观点之间，认为眼动只能部分反映认知加工过程，即部分假说。接下来将对这三种理论进行简单介绍。

（一）视觉缓冲器理论

Bouma 和 Voogd（1974）提出，读者所阅读的材料的局部特征并不会直接影响其眼动行为。眼睛在阅读过程中按照恒定的速度向前移动，某个注视点时间的长短并不能反映读者所注视内容的特征。他们认为，读者将从每次注视中提取的视觉信息存储在工作记忆的缓冲器中，随着注视的移动，被提取的信息不断地输送到工作记忆的缓冲器中。读者在阅读时，当注视点从某一位置（假设是 A）移动到了下一个位置（假如是 B），这时缓冲器中储存的是 A 的信息，所以大脑仍然加工 A 的内容，读者在 B 上的注视时间并不能代表其加工该信息所用的时间。研究者还指出，因为工作记忆对信息的处理能力是有限的，所以当所加工的内容难度过大时，缓冲器中新进来的内容就来不及得到加工，这时眼睛移动的速度就会降低下来。按照这个假设，阅读内容的难易只是影响读者的总阅读时间，而每个注视点的注视时间与所注视材料的难易程度没有关系。

（二）即时假设和眼-脑假设

Just 和 Carpenter（1980）基于以往研究提出了即时假设和眼-脑假设，并在此基础上构建了阅读模型。即时假设认为，读者试图对文本中的每个词进行即时加工，尽管有时会做出错误的猜测。这些加工包括对词语进行编码、选择词义、赋予指称者意义、确定其在句子和语篇中的地位等几个层次。读者对某个词的所有层次的加工都完成之后才会移动眼睛。而眼-脑假设提出，眼睛看到的东西和大脑正在思考的内容之间关系密切。在阅读中，读者在一个单词上的注视时间就是加工该单词所用的时间，注视时间越长，表明这个单词的加工难度越大。

在以上两个假设的基础上，Just 和 Carpenter（1980）构建了阅读理解中的主要加工过程和结构模型，如图 1-7 所示。随后，研究者通过考察被试在阅读两篇科技文章过程中的眼动行为，在分析眼动数据的基础上对构建的阅读模型进行了检验，发现即时假设和眼-脑假设得到了较好的拟合。

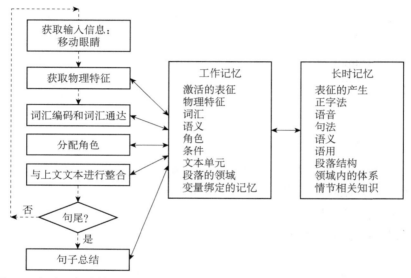

图 1-7　阅读理解中的主要加工过程和结构模型示意图（Just & Carpenter，1980）
注：实线表示数据流路径，虚线表示规范的控制流

（三）部分假说

在 Just 和 Carpenter 提出了阅读理解中的认知加工模型，尤其是眼-脑假设的观点之后，Rayner（1998）基于以往研究结果指出，一个词在被注视前可能已经得到了部分加工，即通过副中央凹预视加工获得了预视效应（preview effect），与此同时，这个词的加工可能在眼睛移动到下一个词的时候还没有完成而出现了溢出效应（spillover effect），使得下一个词的注视中包含了对当前词的加工。由此可见，读者对一个词的注视时间并不能完全反映对这个词的加工。当然，这种观点是建立在词汇的序列加工方式基础之上的。随后，Rayner 提出了具有重要影响的 E-Z 读者模型（E-Z reader model）。

二、眼动理论模型

关于眼动与阅读中的认知加工的关系，随着实证研究的增多，以及新的眼动技术的引入，研究者从不同的角度构建模型以揭示两者之间的关系，如早期的平行眼跳程序模型（parallel saccade programming model）、战略-战术模型（strategy-tactics model），以及后来的较为成熟且影响力较大的 E-Z 读者模型和 SWIFT（saccade generation with inhibition by foveal targets）模型、新近提出的 OB1 读者模型（OB1-reader model）和适于中文阅读甚至是所有文字阅读的中文阅读模型（Chinese reading model，CRM）。随着研究者对阅读过程的了解越来越深入，这些模型不仅考虑了注视，对于注意的分配、词汇加工、眼跳定位等过程也做出了不同的假设，试图通过眼动行为来揭示阅读过程中的认知加工过程。接下来将对这些模型进行简要介绍。

（一）Morrison 的平行眼跳程序模型

平行眼跳动程序模型基于三个主要假设（Morrison，1984）：①当被注视的词的加工达到一定水平后，它将触发眼跳使视觉空间注意转到边缘视觉；②眼跳完成后，在某一固定时间间隔内注意转向边缘视觉区域，并从边缘视觉区域获得有用的视觉和语言信息；③单个注视时间内可产生多个注意的转变（即多个眼跳的平行计划）。在这一模型中，第二次注意转变（触发第二次眼跳的预备过程）既可发生在已计划的眼跳（即第一次眼跳）之前，也可发生在它之后。如发生在它之前，则第一次眼跳被取消并由第二次眼跳代替；如果发生在它之后，则完成第一次眼跳，并在停留较短时间（小于 150ms）后，接着进行第二次眼跳。根据这一理论，小于 150ms 的注视点，是事先计划好的眼跳执行后落在某个区域产生的，这类注视点基本不受阅读材料的语言和视觉加工的影响，而大于 150ms 的注视点则是注意转变的结果，不是事先计划好的眼跳落下之后产生的，因此会受到视觉和语言加工的影响。

（二）O'Regan 的战略-战术模型

战略-战术模型认为，注视点的空间位置可能决定了读者是否可以获取语言信息。Rayner 和 Bertera（1979）的研究表明，读者总是注视词的中心位置。O'Regan 和 Jacobs（1992）发现，词的中心的注视点为最佳注视位置，如果读者的首次注视落在最佳注视位置上，那么读者在该词上进行再注视的比率最低，词的总注视时间也最短，因而词的命名时间最短。根据战略-战术模型，落在最佳注视位置附近的注视点，注视结束的时间也就是知觉和语言信息加工完成的时间。如果眼睛落在远离最佳注视位置的区域，则读者需要对眼动进行修正。因此，第一次眼跳对语言过程不敏感，读者通过对某个词的再注视完成语言信息的加工。

（三）E-Z 读者模型

E-Z 读者模型有两个基本假设：①注意力就像聚光灯一样，一次只关注一个词；②注意力转移是按照从一个词到下一个词的顺序发生的，以保持连续的词序进行理解。在这个模型（图 1-8）中，词汇识别是阅读过程中眼睛向前移动的引擎。词汇识别包括两个阶段：第一个阶段是早期阶段，即 L1，为熟悉度检验，即基于词的出现频率和来自句子中的先前上下文的可预测性来评估下一个单词的熟悉度。L1 由视敏度调节（由当前注视位置和正在加工的单词中的每个字母之间的平均绝对距离确定）（Schotter et al.，2014），使得长词和远离中央凹的单词的处理效率较低，因此，相比于短词和靠近中央凹的单词，读者对长词和远离中央凹的单词的注视时间更长。E-Z 读者模型假定 L1 的完成将引发眼动系统开始计划从当前注视词到下一个单词的眼跳。第二个阶段是后期阶段，即 L2，为词汇通达。L2 的完成将引发读者的注意力从当前注视的单词（已经被识别的单词）转移到下一个副中央凹单词上，之后开始对该单词进行副中央凹加工（需要注意的是，尽管眼睛仍然停留在当前注视的中央凹单词上，但是注意力转移很快发生，并且通常发生在眼睛实际注视副中央凹单词之前）（Reichle，2015）。

关于眼跳目标选择，E-Z 读者模型假定眼动系统利用低空间频率信息，诸如空格等词边界来选择下一个未加工的副中央凹单词（默认）作为眼跳目标。此外，眼跳通常以单词的中心为目标，这是注视单词的最佳位置，识别效率最高（McConkie et al.，1988）。但是，由于系统偏差和随机运动误差等因素的影响，眼跳不会精确地落在单词中心，而是落在单词中心稍偏左的位置（Rayner，1979），即偏好注视位置（preferred viewing location，PVL）。如果未选择即将到来的单词作为目标，则该单词将被跳过。E-Z 读者模型假设，如果副中央凹单词的词汇识别 L1 阶段非常快速地完成了，则在完成从中央凹单词到副中央凹单词的眼跳计划之前，读者将生成对副中央凹单词后单词的新的眼跳，并且将跳过副中央凹单词。

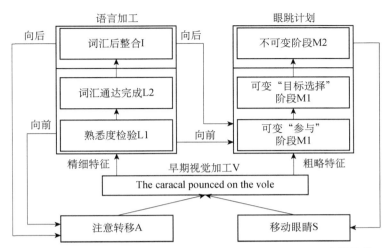

图 1-8 E-Z 读者模型（第十版）结构示意图（Clifton et al.，2016；陈松林等，2024）

（四）SWIFT 模型

SWIFT 模型（图 1-9）是并行加工模型的代表。该模型假设，在知觉广度内，注意按照梯度同时分布在若干词上（3～4 个），而且表现出对注视点右侧视觉区的注意分布偏向（Engbert et al.，2002）。读者对知觉广度内几个词的加工是并列进行的，对中央凹单词的加工效率最高，对副中央凹单词的加工效率随视敏度的降低而显著下降。虽然知觉广度内的单词同时被激活，但是每个单词的激活水平随单词难度的增大而升高；当激活水平达到词汇通达阈限后开始逐渐衰减。该模型假设眼动程序是自发进行的，但受中央凹加工难度的制约，下一个眼跳目标指向激活水平最高的单词（Engbert & Kliegl，2011；Engber et al.，2005；Schad & Engbert，2012）。

（五）OB1 读者模型

Snell 等（2017）整合单词识别的视觉加工模型和阅读中的眼动控制，提出了 OB1 读者模型。与 SWIFT 模型一致，OB1 读者模型也假设知觉广度范围内注意呈梯度平行分布，支持在知觉广度范围内可以并行识别多个单词的位置。此外，OB1 读者模型采用相对字母位置编码的方法进行单词识别，以支持字母水平的并行处理。该模型假设，视觉输入激活了一些字母对节点和空间位置信息，如图 1-10 所示，读者看到"hen he was read"时，这些视觉信息可以激活 he、wa、ws、as、re 的字母对节点，这些节点依次激活所有相关的词汇（如 he、was、we、has 等），

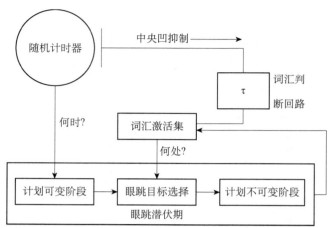

图 1-9　SWIFT 模型（第二版）结构示意图（Engbert et al.，2005；陈松林等，2024）

也就是词汇节点，词汇节点相互竞争并被匹配到空间信息表征中，如果匹配成功，这个词就能够完成词汇通达。视觉输入中，字母的激活会受到视敏度、注意力和视觉拥挤程度（如字母之间的间隔比较小，较为密集，视觉拥挤程度就会较高）的影响，更接近注视点的字母的激活水平更高，而拥挤程度更高的字母的激活水平更低）（Grainger et al.，2016）。单词节点的激活水平由其长度、频率和来自句子中的先前上下文的可预测性来确定，当其激活水平达到识别阈值时，该单词得到识别。如果副中央凹单词和中央凹单词之间存在正字法重叠，则副中央凹单词信息会促进读者对中央凹单词相关信息的表征，进而引发副中央凹–中央凹效应（Snell et al.，2018）。

（六）中文阅读模型

以上阅读的眼动控制模型都是针对拼音文字阅读的，Li 和 Pollatsek（2020）提出的中文阅读模型则针对汉语这种不存在词间空格的象形文字。该模型由两个模块组成：词汇加工和眼动控制（图 1-11）。词汇加工模块加工知觉广度范围内的词，眼动控制模块决定眼睛移动的时间和位置。两个模块实时互动联系，词汇加工模块向眼动控制模块提供关于词汇加工和汉字加工情况的实时信息，使整个大的模型能够利用这些信息来决定眼睛的移动时间和位置。眼动控制模块向词汇加工模块提供眼动信号，包括眼睛移动的时间和位置等。词汇加工模块一旦收到移动眼睛的指令，注视点便移动到由眼动控制模块指定的新位置上。

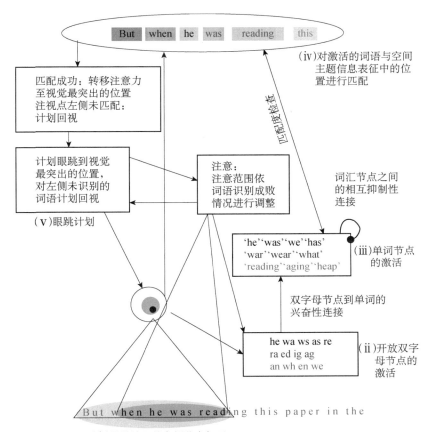

图 1-10　OB1 读者模型结构示意图（Snell et al.，2018；陈松林等，2024）

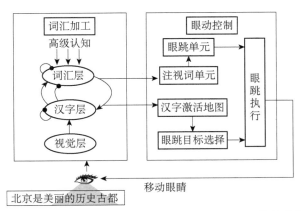

图 1-11　中文阅读模型架构示意图（Li & Pollatsek，2020；陈松林等，2024）

注：两个模块之间的箭头表示模块之间的联系。在词汇加工模块中，带箭头的线表示激励性连接，带圆圈的线表示抑制性连接

参 考 文 献

陈松林, 陈新炜, 李璜夏, 药盼盼. (2024). 阅读研究中常用眼动控制模型的对比分析. *心理科学进展*, *32*(1), 100-117.

彭聃龄. (2006). *汉语认知研究*. 北京: 北京师范大学出版社.

闫国利, 白学军. (2012). *眼动研究心理学导论*. 北京: 科学出版社.

张慢慢, 臧传丽, 白学军. (2020). 中文阅读中副中央凹预加工的范围与程度. *心理科学进展*, *28*(6), 871-882.

Abel, L. A., Troost, B.T., & Dell'Osso, L. E (1983). The effects of age on normal saccade characteristics and their variability. *Vision Research, 23*, 33-37.

Bouma, H., & Voogd, A. D. (1974). On the control of eye saccades during reading. *Vision Research, 14*, 272-284.

Clifton, C., Ferreira, F., Henderson, J. M., Inhoff, A. W., Liversedge, S. P., Reichle, E. D., & Schotter, E. R. (2016). Eye movements in reading and information processing: Keith Rayner's 40 year legacy. *Journal of Memory and Language, 86,* 1-19.

Dannemiller, J. L., Banks, M. S., Stephens, B. R., & Hartmann, A. E. E. (1983). Eye movements of preschool children. *Science, 222*(4619), 74-75.

Engbert, R., & Kliegl, R. (2003). Microsaccades uncover the orientation of covert attention. *Vision Research, 43*, 1035-1045.

Engbert, R., & Kliegl, R. (2011). Parallel graded attention models of reading. In S. P. Liversedge, I. D. Gilchrist, & S. Everling (Eds.), *The Oxford Handbook of Eye Movements* (pp. 787-800). Oxford: Oxford University Press.

Engbert, R., Longtin, A., & Kliegl, R. (2002). A dynamical model of saccade generation in reading based on spatially distributed lexical processing. *Vision Research, 42*(5), 621-636.

Engbert, R., Nuthmann, A., Richter, E. M., & Kliegl, R. (2005). Swift: A dynamical model of saccade generation during reading. *Psychological Review, 112*(4), 777-813

Fischer, B. (1992). Saccadic reaction time: Implications for reading, dyslexia, and visual cognition. In K. Rayner (Ed.), *Eye Movements and Visual Cognition* (pp. 31-35). New York: Springer Verlag.

Fischer, B., & Weber, H. (1993). Express saccades and visual attention. *Brain and Behavioral Sciences, 16*, 553-567.

Grainger, J., Dufau, S., & Ziegler, J. C. (2016). A vision of reading. *Trends in Cognitive Sciences, 20*(3), 171-179.

Hafed, Z. M., & Clark, J. J. (2002). Microsaccades as an overt measure of covert attention shifts. *Vision Research, 42*(22), 2533-2545.

Hainline, L., Turkel, J., Abramov, I., Lemerise, E., & Harris, C. M. (1984). Characteristics of saccades in human infants. *Vision Research, 24*, 1771-1780.

Harris, C. M., Hainline, L., Abramov, I., Lemerise, E., & Camenzuli, C. (1988). The distribution of fixation durations in infants and naive adults. *Vision Research, 28*, 419-432.

Huey, E. B. (1908). *The Psychology and Pedagogy of Reading*. New York: Macmillan.

Just, M. A., & Carpenter, P. A. (1980). A theory of reading: From eye fixations to comprehension. *Psychological Review, 87*(4), 329-354.

Kaneko, H., Itakura, S., & Inagami, M. (2011). Relationship between the frequency of microsaccade and attentional state. *I-Perception, 2*(4), 332-332.

Kliegl, R., & Engbert, R. (2003). SWIFT explorations. In J. Hyönä, R. Radach, & H. Deubel (Eds.), *The Mind's Eye*: Cognitive and Applied Aspects of Eye Movements (pp. 391-411). Amsterdam: Elsevier.

Kolers, P. A. (1976). Reading a year later. *Journal of Experimental Psychology*: Human Learning and Memory, 2(5), 554-565.

Kowler, E., & Martins, A. J. (1982). Eye movements of preschool children. *Science, 215*(4535), 997-999.

Krueger, E., Chavaillaz, A., Groner, R., Sawyer, B. D., & Hancock, P. A. (2019). Microsaccades distinguish looking from seeing. *Journal of Eye Movement Research, 12*(6), 2.

Lampe, R., Turova, V., Blumenstein, T., & Alves-Pinto, A. (2014). Eye movement during reading in young adults with cerebral palsy measured with eye tracking. *Postgraduate Medicine, 126*(5), 146-158.

Li, X., & Pollatsek, A. (2020). An integrated model of word processing and eye-movement control during Chinese reading. *Psychological Review, 127*(6), 1139-1162.

Liversedge, S. P., Olkoniemi, H., Zang, C., Li, X., Yan, G., Bai, X., & Hyönä, J. (2024). Universality in eye movements and reading: A replication with increased power. *Cognition, 242*, 105636.

McConkie, G. W., Kerr, P. W., Reddix, M. D., & Zola, D. (1988). Eye movement control during reading: I. The location of initial eye fixations on words. *Vision Research, 28*(10), 1107-1118.

Meyberg, S., Sommer, W., & Dimigen, O. (2017a). How microsaccades relate to lateralized ERP components of spatial attention: A co-registration study. *Neuropsychologia, 99*, 64-80.

Meyberg, S., Sinn, P., Engbert, R., & Sommer, W. (2017b). Revising the link between microsaccades and the spatial cueing of voluntary attention. *Vision Research, 133*, 47-60.

Morrison, R. E. (1984). Manipulation of stimulus onset delay in reading: Evidence for parallel programming of saccades. *Journal of Experimental Psychology*: Human Perception and Performance, 10(5), 667-682.

O'Regan, J. K., & Jacobs, A. M. (1992). Optimal viewing position effect in word recognition: A challenge to current theory. *Journal of Experimental Psychology*: Human Perception and Performance, 18, 185-197.

Pirozzolo, E. J., & Hansch, E. C. (1981). Oculomotor reaction time in dementia reflects degree of cerebral dysfunction. *Science, 214*, 349-351.

Pollatsek, A., & Rayner, K. (1982). Eye movement control in reading: The role of word boundaries. *Journal of Experimental Psychology*: Human Perception and Performance, 8(6), 817-833.

Rayner, K. (1979). Eye guidance in reading: Fixation locations within words. *Perception, 8*(1), 21-30.

Rayner, K. (1984). Visual selection in reading, picture perception, and visual search: A tutorial review. *Attention and Performance, 10*, 67-96.

Rayner, K. (1998). Eye movements in reading and information processing: 20 years of research. *Psychological Bulletin, 124*(3), 372-422.

Rayner, K., & Bertera, J. (1979). Reading without a fovea. *Science, 206*(4417), 468-469.

Reichle, E. D. (2015). Computational models of reading: A primer. *Language & Linguistics Compass, 9*(7), 271-284.

Rolfs, M., Engbert, R., & Kliegl, R. (2004). Microsaccade orientation supports attentional enhancement opposite a peripheral cue. *Psychological Science, 15*(10), 705-707.

Schad, D. J., & Engbert, R. (2012). The zoom lens of attention: Simulating shuffled versus normal text reading using the swift model. *Visual Cognition, 20*(4-5), 391-421.

Schotter, E. R., Reichle, E. D., & Rayner, K. (2014). Rethinking parafoveal processing in reading: Serial-attention models can explain semantic preview benefit and n+2 preview effects. *Visual Cognition, 22*(3-4), 309-333.

Snell, J., Meeter, M., & Grainger, J. (2017). Evidence for simultaneous syntactic processing of multiple words during reading. *PLoS One, 12*(3), e0173720.

Snell, J., van Leipsig, S., Grainger, J., & Meeter, M. (2018). OB1-reader: A model of word recognition and eye movements in text reading. *Psychological Review, 125*(6), 969-984.

Waite, S., Kolla, S., Jeudy, J., Legasto, A., Macknik, S. L., Martinez-Conde, S., … Reede, D. L. (2016). Tired in the reading room: The influence of fatigue in radiology. *Journal of the American College of Radiology, 14*(2), 191-197.

## 第二章

眼动数据的导出与分类

根据眼动控制模型和理论假设，阅读中眼睛的注视和眼跳两种行为模式能够反映读者的认知加工过程，因此，读者的注视和眼跳成为揭示阅读中认知机制的途径。眼动记录仪对应读者的眼跳和注视行为提供了相应的眼动指标，然而在使用具体的眼动指标之前，研究者需要了解注视和眼跳的数据情况，进而加以灵活运用。随着眼动记录技术的发展，眼动仪可以提供非常丰富的数据，特别是 Eyelink 系列眼动仪，这些数据不仅包括阅读中每个注视点的持续时间信息、位置信息和顺序信息，还包含每次眼跳的方向、幅度、起始和落点位置信息等。研究者要使用这些数据，就需要了解它们的来龙去脉，为后续的理解和使用做好准备。这就包括一系列重要工作，如确定并画出兴趣区，通过数据清洗完成初步的数据整理等，本章第一节将介绍这些操作以及其中的一些注意事项，第二节和第三节将介绍如何导出眼动数据以及五类眼动数据相应的含义，以帮助读者全面了解眼动数据。

第一节　创建兴趣区

一、兴趣区

（一）什么是兴趣区

兴趣区（regions of interest，ROI，或 area of interest，AOI），顾名思义，就是感兴趣的区域，是研究者想要测量和分析的区域。兴趣区可以是一个字、一个词，也可以是一个较大的区域，如一个短语或一个句子，甚至是一个段落或篇章，而以字或词为兴趣区的研究通常采用的眼动指标（如首次注视时间、凝视时间、注视位置等）与以段落为兴趣区的研究存在较大的差异，因此，只有定义好兴趣区才能获得最合适的数据。

（二）兴趣区的类型

兴趣区的划分没有统一的标准，因此这里的分类也是在总结以往研究和经验的基础上得到的。根据兴趣区范围的大小，可以将兴趣区分为以半字为目标的兴趣区（半字兴趣区）、以字词为目标的兴趣区（字兴趣区和词兴趣区）、以短语或句子为目标的兴趣区（短语或句子兴趣区），以及以段落或篇章为目标的兴趣区（篇章兴趣区）等。

1. 半字兴趣区

这类兴趣区是以半个字大小的范围为兴趣区，如果一个字的大小是 28 像素×28 像素，那么半字兴趣区的大小为 14 像素×14 像素。使用半字兴趣区的研究通常探讨诸如注视位置及其分布等问题。例如，白学军等（2011）考察了阅读障碍儿童阅读过程中的注视位置效应，研究选取阅读障碍儿童及与其年龄相同、阅读能力水平相同的儿童为被试，要求他们阅读两种条件下的句子，即正常无空格条件和词间空格条件（如图 2-1 中最上面的句子材料），随后分析了三组被试在两种条件下注视双字词（如图 2-1 中的"电视"）的情况。研究者将双字词划分为 4 个区域 1、2、3、4，然后将落在以上区域中的注视点的位置依次编码为 0～0.5、0.5～1、1～1.5、1.5～2。具体如图 2-1 所示。

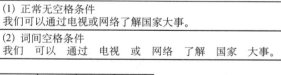

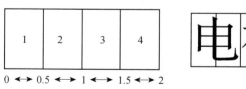

图 2-1　半字兴趣区划分举例（白学军等，2011）

利用半字兴趣区来计算注视位置及其分布的方法非常直观，容易理解，但是工作量比较大（特别是收集完数据之后画兴趣区），因此，有很多研究者基于词的兴趣区导出的数据来计算注视位置及其分布情况（详细计算方法参见本书第四章），这样可以节省数据分析的工作量，而且灵活性更大（如果改变兴趣区的像素值，则不需要重新画兴趣区），成为主要的计算方式。

2. 字兴趣区

汉语是以字为书写单位的语言，汉字的笔画、部件以及结构方式都会对字的加工产生影响。以字为兴趣区的研究多关注字的属性如何影响字的加工。例如，迟慧等（2014）考察了汉字的声旁语音信息在形声字加工中的作用。研究者采用省略笔画的方法，比较了左右结构和上下结构形声字的声旁语音信息对形声字加工的影响，实验材料如图 2-2 所示，其所划定的兴趣区为目标字，即图中框线部分。

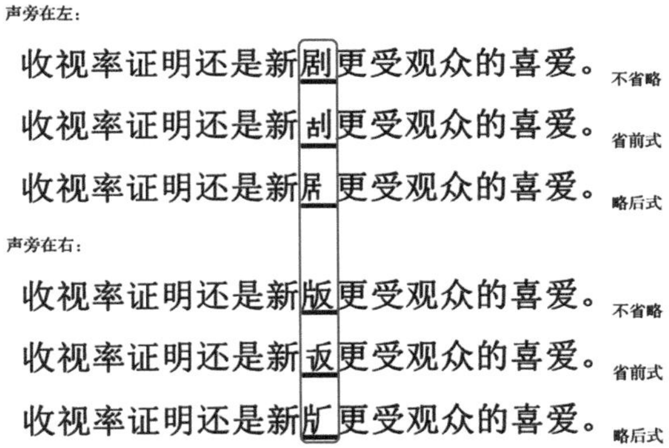

声旁在左：
收视率证明还是新 剧 更受观众的喜爱。　不省略
收视率证明还是新 刮 更受观众的喜爱。　省前式
收视率证明还是新 居 更受观众的喜爱。　略后式

声旁在右：
收视率证明还是新 版 更受观众的喜爱。　不省略
收视率证明还是新 反 更受观众的喜爱。　省前式
收视率证明还是新 厂 更受观众的喜爱。　略后式

图 2-2　声旁在左、右的形声字在三种省略方式下的呈现方式（迟慧等，2014）

3. 词兴趣区

词兴趣区是指将一个词（如双字词、三字词或四字词）作为分析的目标区域。采用此类兴趣区的研究者通常比较关注语言特征（如词频、词长、词的预测性等）对词汇通达的影响。Rayner 和 Raney（1996）在研究中使用眼动记录技术考察了阅读任务和视觉搜索任务中词频（高频、低频）对词汇加工的影响。研究者将高频目标词和低频目标词（如 flowers-blossoms、ancient-archaic、sharp-stark）放在短文中，每一篇短文包含一个目标词。要求完成阅读任务的被试，按照正常的速度默读文章；要求完成视觉搜索任务的被试，在短文中搜索主试给定的词，找到时做出按键反应。研究者将短文中的目标词作为兴趣区，即词兴趣区，以此来探讨不同任务中词频对词汇加工的影响。

4. 短语或句子兴趣区

研究者如果关注的是词语间的关系或者句法结构对阅读的影响，则可以选择较大区域为兴趣区，如以短语或句子为兴趣区。例如，陈庆荣等（2010）考察了句子阅读理解过程中的句法预测效应和并列句的结构表征特点。实验操纵了句法预测（有、无）和局部歧义（有、无），材料如表 2-1 所示，研究者将多词区域作为关键区。

表 2-1 有无句法预测的并列结构选择复句（陈庆荣等，2010）

句法预测	局部歧义		NP 区域	关键区	关键后区	
有	有	或者球员更换	球队	或者经纪人	说服	经理给他加工资
	无	或者厂长补发	工资	或者工程师	拒绝	继续签新的合同
无	有	警察找到	物证	或者目击者	愿意	为受害者当人证
	无	叶林购买	轿车	或者她丈夫	租借	一辆车子给她用

5. 篇章兴趣区

研究者关注不同读者群体（如不同年龄、不同阅读水平、特殊群体等）的阅读情况、篇章的内部结构对阅读的影响，以及相同被试阅读不同类型文本材料（如题材、呈现形式等）时的加工情况，将篇章作为兴趣区。例如，闫国利（1999）考察了小学三年级、初二、高二学生和大学生阅读科技文章时的眼动特征，以篇章作为兴趣区，分析了不同年级学生阅读文章时的注视次数、回视比率等数据，发现随着年龄的增长，学生阅读课文时的总注视次数减少，较大比率的学生采用选择式的回视，减少前进式的回视，即当发现没有理解某个部分的内容时，回到这个区域进行重新加工，而不是回到未理解部分所在句子的开头或者段落的开头进行重新加工。研究者以篇章作为兴趣区时，一般情况下不需要在程序中画兴趣区，相关数据可以从 Trial Report（试次数据报告）或 Saccade Report（眼跳数据报告）和 Fixation Report（注视点数据报告）中获得（具体计算方法请参照后面章节的内容）。

除以上使用单一兴趣区的情况外，很多研究者在一个研究中采用多个兴趣区或者多种兴趣区，从而为要研究的问题提供多方面的数据支持。例如，Inhoff 和 Wu（2005）为探讨中文读者如何确定词的边界信息，选择两个相邻的具有空间歧义或不存在歧义的双字词作为关键词，如"专科学生"（可以被切分为"专科""科学""学生"）和"专科毕业"（只能被切分为"专科""毕业"），并要求被试阅读包含关键词的句子。研究者分别将四字区域和中间两字区域作为兴趣区进行分析（Inhoff & Wu，2005），如图 2-3 所示。

实验句：　　　他曾经因为自己**专科学生**的身份而感到抬不起头来。

专科

科学

学生

首词相同条件：　他曾经因为自己**专科毕业**的身份而感到抬不起头来。

专科

科毕

毕业

尾词相同条件：　他曾经因为自己**外地学生**的身份而感到抬不起头来。

外地

地学

学生

图 2-3　歧义句及其两个非歧义句对照图解（Inhoff & Wu，2005）

注：加粗部分为关键词

（三）确定兴趣区的注意事项

1. 根据研究问题确定兴趣区

采用一种兴趣区还是多种兴趣区，以及是在实验之前还是在实验之后确定兴趣区，均取决于研究问题。在大多数眼动研究中，兴趣区在刺激材料选定之前就已经确定好了，但对于某些类型的动态刺激（如写作或翻译任务），研究者对被试的反应更感兴趣，但每个被试的反应并不相同，所以研究者可能不知道兴趣区是什么，需要收集完数据以后才能确定兴趣区。

2. 不同条件下，兴趣区的大小要保持一致

如果在不同条件下，所划分的兴趣区不同，就会带来一个问题，即兴趣区本身越大的，通常读者的注视次数越多，注视时间也会更长，而这与一个兴趣区内加工内容难度较大时读者的注视行为相同，所以无法分清楚造成这一结果的是兴趣区的大小还是加工难度的大小。比如在拼音文字阅读相关的研究中，英语单词是由字母构成的，不同单词的长度很可能不同，进而导致有些条件下的兴趣区比其他条件下的兴趣区范围大。如果遇到这类问题，一种处理方法是将注视时间除以该区域的字母个数，得到每个字母的注视时间。然而，这个方法会引入词长这一混淆变量，注视时间与词长呈非线性函数关系，尤其是在兴趣区较小时，这种关系更加明显（Trueswell et al.，1994）。后来有研究者提出，当兴趣区的长度不同时，更合适的方法是分析实际注视时间与预期注视时间的偏差，预期注视时间由阅读时间作为该兴趣区中字母数量的函数的最佳线性拟合决定，最佳拟合是计算每个段落的阅读时间与每个被试阅读的字母数量的线性回归方程（Ferreira &

Clifton，1986；Trueswell et al.，1994）。由于具体方法涉及参数计算，程序较为复杂，在这里就不展开叙述，可参看 Ferreira 和 Clifton（1986）的研究中实验 3 部分的结果分析。

3. 兴趣区的先后顺序

读者在阅读过程中，眼睛并不总是向前（即右侧）移动的，有时也会产生回视，即眼睛回到先前看过的位置上。在眼动记录软件中，回视是通过兴趣区的地址，即 ID 来确定的。每个兴趣区都会有一个 ID（图2-4），ID 值可以更改，但一般情况下，兴趣区的 ID 值从左到右严格按顺序递增，ID 值越小，其对应的兴趣区位置越靠前。由 ID 值较大的兴趣区到 ID 值较小的兴趣区的注视会被标记为回视，比如，从 ID 为 7 的兴趣区回到 ID 值为 6 的兴趣区的注视就是回视，如果两个兴趣区的 ID 互换，虽然读者发生了回视，但软件会并不会将其记录为回视。

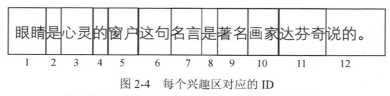

图 2-4　每个兴趣区对应的 ID

注：每一个框为一个兴趣区，下面对应的数字为兴趣区的 ID

二、兴趣区的创建方法

在 Eyelink 眼动仪中，按照时间先后顺序，创建兴趣区的方法主要有两种，即编程时设置兴趣区和收集数据后设置兴趣区。编程时设置兴趣区是通过眼动编程软件 EB（Experiment Builder）实现的，而收集数据后设置兴趣区是利用 DV（Data Viewer）进行自动切分或者调用模板的方法来完成的。这两种设置方法都需要考虑材料的性质，即研究采用的是文本材料还是图片材料。

（一）编程时设置兴趣区的方法

在编程时可以通过两种方法提前设置好兴趣区，具体方法如下。

1. 方法一：添加数据信息实现兴趣区划分

该方法适合于文本材料和图片材料，需要清楚每个兴趣区起始点 x 轴和 y 轴的像素值，以及每个呈现单位的大小（以像素为单位），具体设置方法如下。

首先，确定并计算每一个项目的兴趣区的数量以及每一个兴趣区的起始位置、宽度和高度，并将数据写入 DataSource 中，具体如图 2-5 所示。该样例中，Item 是项目号，sentence 为呈现的句子，IA1_X 为每个项目第一个兴趣区左边界的横坐标像素值，IA1_Y 为每个项目第一个兴趣区左边界的纵坐标像素值，IA1_width 为第一个兴趣区的宽度像素值，IA2_X、IA2_Y、IA2_width、IA3_X、IA3_Y、IA3_width 分别是第二个和第三个兴趣区的相应的左边界的横坐标、纵坐标和宽度的像素值。而 IA_height 则是所有兴趣区的高度，三个兴趣区的高度值是相同的。如果是从左向右或者从右向左读的文本，而且文本中的符号高度相似，那么兴趣区的高度应该是相同的。但如果是自上而下或者自下而上阅读的文本（如蒙语、古汉语），以及即便是水平方向阅读但符号高度不同的文本（比如，间隔变化字号的大小），这时兴趣区的高度应该是不同的。

Item_sentence		IA1_X	IA1_Y	IA1_width	IA2_X	IA2_Y	IA2_width	IA3_X	IA3_Y	IA3_width	IA_height
T01	张雨桐认为安全系数达到百分之二十才算合格。	28	300	170	198	300	112	310	300	490	200
T02	他们为了获得差额补贴主动申请加班半年。	28	300	198	226	300	112	338	300	462	200
T03	这个国家的国民产值相当于所有非洲国家的总和。	28	300	170	198	300	112	310	300	490	200
T04	王明阳认为民族独立是实现统一的情感基础。	28	300	170	198	300	112	310	300	490	200
T05	南阳当地少数民族独特的生活方式吸引了很多人。	28	300	142	170	300	112	282	300	518	200
T06	大多数人认为资产阶级为国家建设贡献了力量。	28	300	198	226	300	112	338	300	462	200
T07	语言学家认为象形文字实际上是人们画出来的。	28	300	198	226	300	112	338	300	462	200
T08	他们认为将人道主义看作最崇高的思想不可取。	28	300	170	198	300	112	310	300	490	200
T09	其实这种白色污染对人体造成的危害更加严重。	28	300	142	170	300	112	282	300	518	200
T10	李经理说浪漫主义的主题活动不适合现在举行。	28	300	142	170	300	112	282	300	518	200
T11	我们国家的改革开放让人民逐步走上了小康之路。	28	300	170	198	300	112	310	300	490	200
T12	我们所使用的玻璃器皿都是由法国提供的。	28	300	198	226	300	112	338	300	462	200
T13	今年新引进的家用电器在月初就已销售一空。	28	300	198	226	300	112	338	300	462	200

图 2-5 DataSource 中兴趣区的设置

其次，在已经编辑好的 EB 程序中找到呈现材料的组件"▣"，选择根目录下面的文本标记（如图 2-6 中的"A TEXT_RESOURCE"）或者是图片标记，如图 2-6 所示。

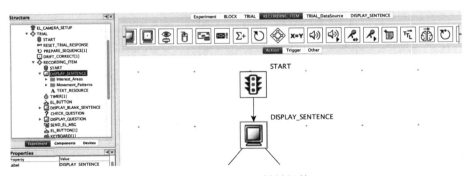

图 2-6 EB 中呈现材料组件

然后右侧会出现空白屏，可以编辑文本，或者插入图片等，点击兴趣区图标"▢"，在空白处画好兴趣区，项目需要几个兴趣区就画几个兴趣区（图 2-7 中为

3 个长方形部分）。左侧框架栏会出现兴趣区名称（可以重命名），如图 2-7 所示。

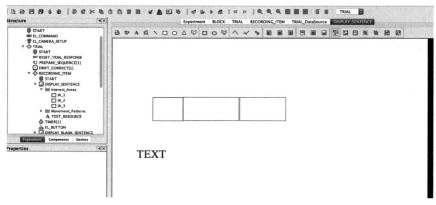

图 2-7　EB 中兴趣区的设置

以上操作完成后，选择其中一个兴趣区，如"IA_1"，左侧属性栏会出现兴趣区 IA_1 的属性，我们可以在这里修改兴趣区的名称，可以设置其 ID、颜色等，最重要的是需要设置兴趣区的位置（location）、宽度（width）和高度（height）。由于最初显示的是当前所画兴趣区的属性，而且只是针对当前这个项目的，我们需要告诉程序每个项目的每个兴趣区的相应信息，它才能正确地设置兴趣区。之前我们已经在 DataSource 中给出了每个项目兴趣区的相关信息，这里需要将这些信息与相应的兴趣区连接起来，程序就会根据这些信息设置每个项目的兴趣区属性，到此就完成了兴趣区的设置。以第一个兴趣区的连接设置为例，点击"Location"后面的区域会出现一个选项区，如图 2-8 所示。

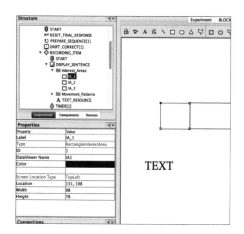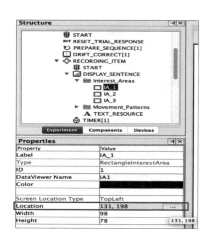

图 2-8　设置兴趣区属性

2. 方法二：添加特殊符号实现兴趣区划分

当实验材料为文本材料时，还可以采用第二种方法来设置兴趣区，即在DataSource 中通过添加特殊符号来完成兴趣区的自动划分，具体做法如下。

1）打开实验程序，找到"DataSource"，将需要设置兴趣区的实验材料文本前后都加上"*"，如图 2-9 所示。

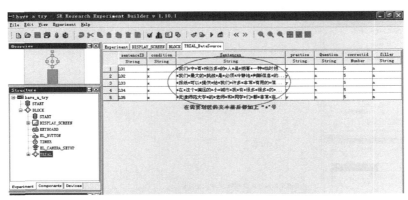

图 2-9 在眼动程序中设置兴趣区 1

2）点击菜单栏中的"Edit"对属性进行设置。如图 2-10 所示，勾选载入兴趣区切分符（"Enable Interest Area Delimiter"），去掉实验运行中显示兴趣区切分符（"Enable Interest Area Delimiter Repl…"）前面的对勾。

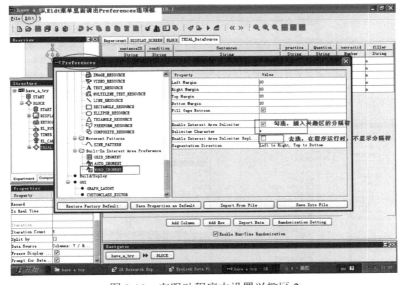

图 2-10 在眼动程序中设置兴趣区 2

3）打开显示文本的界面，在属性中找到"Text"建立链接，设置文本链接到 DataSource 里面实验材料那一列，如图 2-11 和图 2-12 所示。

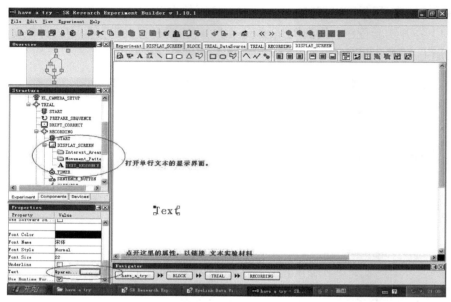

图 2-11　在眼动程序中设置兴趣区 3

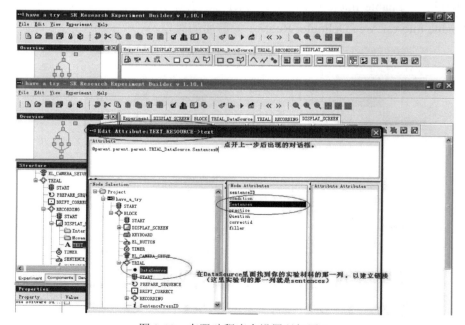

图 2-12　在眼动程序中设置兴趣区 4

4）收集完数据之后，在 Data Viewer 中打开数据，就可以看到切分好的兴趣区，如图 2-13 所示。

图 2-13　在眼动程序中设置兴趣区 5

（二）收集数据后设置兴趣区的方法

如果在实验前进行编程时没有划分兴趣区，那么研究者也可以在实验结束后，通过两种方法完成兴趣区的划分，具体如下。

1. 自动划分兴趣区

在采用图片材料的实验程序中，直接打开"result"文件夹里面的结果文件，修改一下切分阈值，同时可以修改背景的颜色，点击自动切分兴趣区按钮"　"，就可以对兴趣区进行切分。如果一个试次的图像位图被导入，直接点击图标"　"，Data Viewer 会按照它认为比较合理的方式自动切分图像，形成兴趣区，如图 2-14 所示。需要注意的是，如果试次里之前存在兴趣区，之前的兴趣区会被覆盖。

2. 手动创建兴趣区

Data Viewer 中可以手动创建兴趣区，这种方式比较灵活，研究者可以根据自己的研究需要创建兴趣区，可采用相同的方式完成所有兴趣区的创建，具体操作如下。

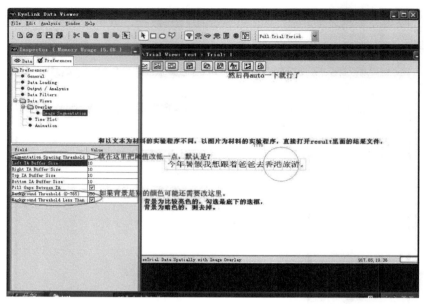

图 2-14　在眼动程序中设置兴趣区

1）在创建兴趣区前，首先按照句子进行分组，并通过点击图标 不显示注视点、眼动等信息，以免干扰创建兴趣区。选择要创建兴趣区的窗口，点击按钮 来选择兴趣区的形状（正方形、椭圆形和自定义），以建立兴趣区，如图 2-15 所示。

图 2-15　创建兴趣区 1

2）如果选择的是正方形或者椭圆形，先将鼠标放在要建立的兴趣区的左上角，再按住鼠标左键向右拖拽，直到完全覆盖住我们想创建的兴趣区，然后松开鼠标，输入兴趣区的标签（Label）和地址（ID），如图 2-16 所示。

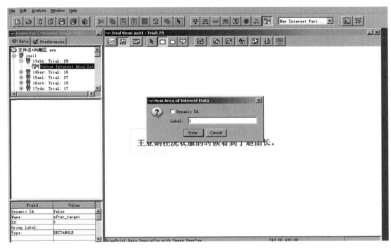

图 2-16　创建兴趣区 2

3）依次完成对不同区域的切分。分别选中各个兴趣区，对其大小进行精确更改。选择想要移动或者调整的兴趣区，在属性"top""bottom""left""right"中调整相应的数值，如图 2-17 所示。第一个兴趣区的右边界数值等于第二个兴趣区的左边界数值。

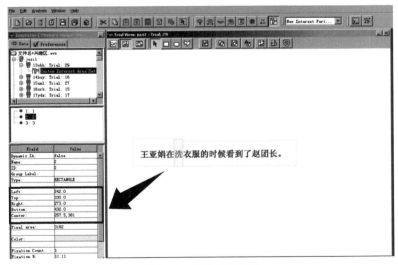

图 2-17　创建兴趣区 3

4）采用相同的方法建立其他不同的区域，以完成对句子信息的切分，之后点

击按钮 保存兴趣区，在弹出的对话框里选择保存路径，命名并保存兴趣区，兴趣区格式为.ias。如图 2-18 和图 2-19 所示。

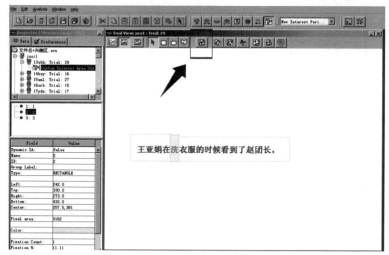

图 2-18　创建兴趣区 4

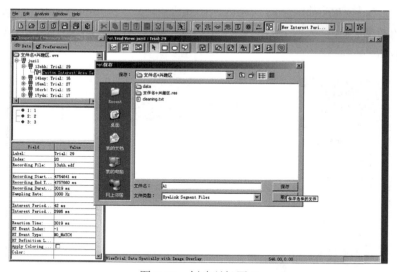

图 2-19　创建兴趣区 5

三、调用兴趣区模板

如果实验包含多个刺激且采用相同的兴趣区，比如阅读实验中经常采用相同和相似的句子框架，目标词的长度、位置都相同，则可以直接调用已有的兴趣区模版来完成兴趣区的划分。通过点击"File→Import Data…→Interest Area Template…"导入兴趣区模版，具体操作如下。

1）导入已经画好的兴趣区，点击"File→Import Data…→Interest Area Template…"，选中想要导入的兴趣区，点击"load"导入兴趣区，并在最后的文件夹中查看兴趣区调入信息，如图 2-20 至图 2-23 所示。

图 2-20　调用兴趣区模板 1

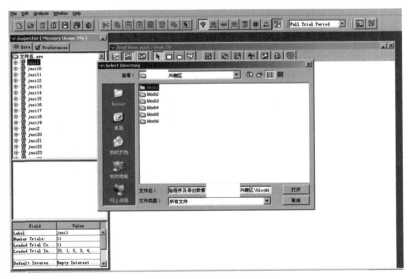

图 2-21　调用兴趣区模板 2

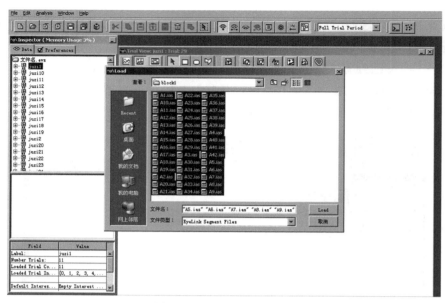

图 2-22　调用兴趣区模板 3

图 2-23　调用兴趣区模板 4

2）将数据按项目分组，点击项目号，在项目的属性中选择兴趣区设置，调用相对应的兴趣区模板，如图 2-24 至图 2-27 所示。

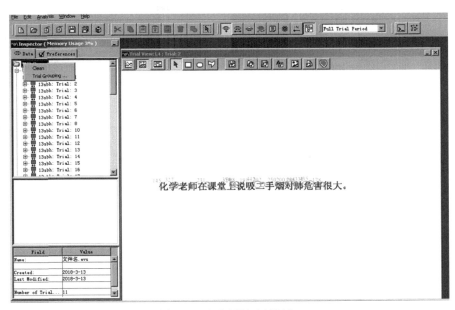

图 2-24　调用兴趣区模板 5

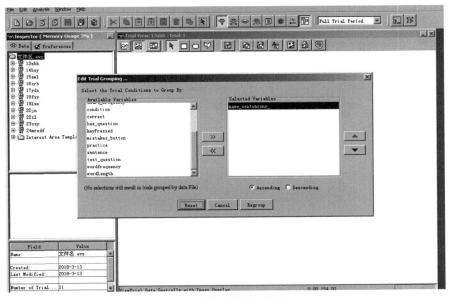

图 2-25　调用兴趣区模板 6

3）完成兴趣区调用之后，每个被试的整句话都画好了兴趣区，点开每个句子，检查每个句子的兴趣区是否调用完整，以及目标区是否画得正确，如图 2-28 所示。

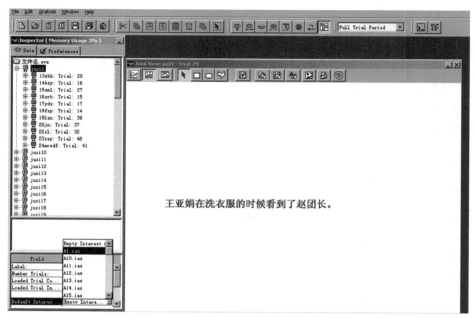

图 2-26　调用兴趣区模板 7

图 2-27　调用兴趣区模板 8

图 2-28　调用兴趣区模板 9

第二节　眼动数据的输出

Eyelink 系列眼动仪为研究者提供了大量的眼动指标，Data Viewer 中保存了每个被试的所有数据，并形成后缀为 edf 的文件，每个被试对应一个 edf 文件。Data Viewer 中提供的数据报告主要有 5 个：Fixation Report、Saccade Report、Interest Area Report（兴趣区数据报告）、Trial Report 以及 Message Report（信息数据报告），如图 2-29 所示。其中阅读相关研究最常用的是兴趣区数据报告和试次数据报告。

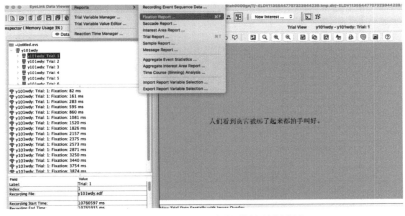

图 2-29　Data Viewer 中提供的数据报告

从 Data Viewer 中输出数据并不复杂，但需要完成一系列准备工作，以保证输出的数据是研究者所需要的、合格的、完整的数据。一旦在准备阶段出现操作失误，输出的数据就会存在问题，导致数据无法使用。因此，要注意准备工作的步骤规范性以及每一步的准确性。

一、数据输出前的准备工作

数据输出前的准备工作主要包括合并数据、整理数据、定义兴趣阶段（Interest Period）、确定兴趣区（根据实验需要，可不选）、清理注视点（也称数据清洗），接下来依次介绍每一项准备工作的具体操作方法和注意事项。

（一）合并数据

眼动仪每采集一个被试的数据，都会将其作为一个独立文件进行存储。绝大部分的眼动实验需要采集多个被试的眼动数据，如果将每个被试的数据单个导出，会耗费大量时间，且容易出错，而将数据合并之后再导出不仅易于操作，而且节省时间。

首先，打开某一个被试的 edf 文件，然后找到菜单栏"File→Import Data…"，如果只需要将其与另外一个被试的数据合并，选择"EyeLink Data File…"即可；如果需要将其与多个被试的数据合并，那么选择"Multiple EyeLink Data Files…"（图 2-30）。

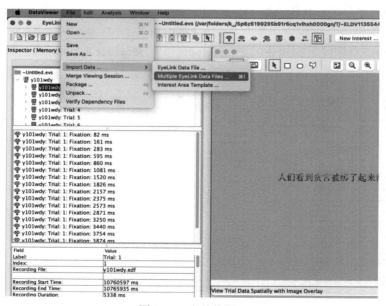

图 2-30　合并数据 1

选择其中一个选项之后，在弹出的对话框中选择数据文件所在路径，勾选所要导入的被试数据名称，点击"Import"导入数据即可。这里需要注意的是，选择多个数据合并时，最初打开的被试文件一定不要勾选，即去掉对应文件前面复选框的对勾，如图 2-31 所示，其中第一个 y111lwj/y111lwj.edf 前面的复选框的对勾需要去掉。

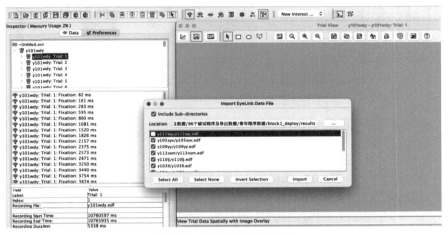

图 2-31　导入多个被试数据

（二）整理数据

将所有需要的数据导入合并之后，需要对这些数据进行初步的整理，即删除不合格被试数据，以及练习句、填充句、问题句（如果问题句作为一个试次）的数据等。在合并数据之后，首先要逐一检查每个被试的注视情况，比如，每个试次的第一个注视点的位置是否在指定的位置，如果某个被试在多个试次中的首次注视位置偏离指定位置较多，则考虑将该被试数据删除。再如，某个被试在一个句子（18~24 个字）上的注视点少于 3 个，也可以考虑删除其数据（这一步也可以在导出数据以后，通过试次报告的数据来删除，即试次报告会提供被试在这个试次上的总注视次数，筛选出小于 3 的试次并删除）。其次，把不需要的试次删除。这一部分可以采用 Data Viewer 软件提供的"Edit Trial Grouping"分组整理的功能来实现，比如，删除练习句时，右键单击文件夹，选择"Edit Trial Grouping"，然后按照 DataSource 的设置，选择"practice"（即是否为练习句），再点击"Regroup"按钮即可实现分组，如图 2-32 所示。完成分组后，选择要删除的数据组并删除，如图 2-33 所示，"1"表示练习句，将其选中，右键单击选择"Delete"，可以实现练习句的删除。填充句和问题句等试次的删除方法与练习句的删除方法相同。

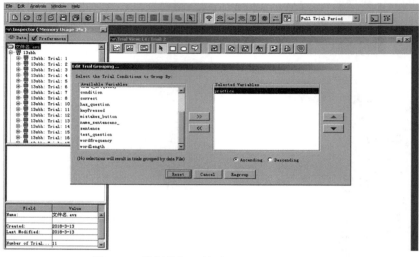

图 2-32 数据分组（按照 practice 进行分组）

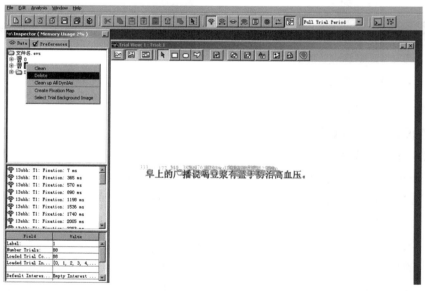

图 2-33 删除练习试次

（三）定义兴趣阶段

合并整理好数据之后，数据通常不会是我们想看到的画面。比如，我们更希望可以直接看到实验过程中呈现的文字，然而呈现的却是问题屏，甚至有些时候直接就是纯白或者灰色的空屏。这不是程序出现了"bug"或者操作存在问题，而是需要进行 IP 设置。

　　Data Viewer 为使用者提供了三种兴趣阶段的选择（图 2-34），分别是 Full Trial Period（全试次阶段）、Reaction Time Period（反应时阶段）和 Edit（编辑），即可以自定义兴趣阶段。

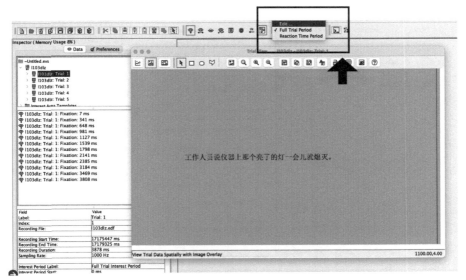

图 2-34　三种兴趣阶段示意图

　　Full Trial Period 是软件默认的选项。这一阶段是指从一个试次的开始到结束的整个时间段。阅读相关实验中，一个试次通常包含漂移校准、文本阅读、问题回答（一部分试次中）和空屏 4 个部分。如果在导出数据之前选择"Full Trial Period"，那么所输出的数据包含每个被试在这 4 个部分所出现的眼跳和注视的数据。Reaction Time Period 是可以编辑的选项。一个试次可以通过几种方式结束，如按键、眼跳、一次注视或特殊消息等。为了获得正确的反应时，在 Data Viewer 中通过该阶段可以定义计算反应时的起止点，还可以设置每个实验条件下试次的起止点。

　　如前面所述，在多数阅读相关研究中，研究中通常需要分析从材料呈现开始至被试读完句子并按翻页键结束这一时间段内的眼动数据，而且每个条件下的起止点应该保持一致。因此，很少用到 Full Trial Period 和 Reaction Time Period，而使用更多的是 Edit（编辑），也就是自定义兴趣阶段（Interest Period，IP）。在自定义 Interest Period 时，需要知道起止点的信息，可以通过 Messages Event（信息事件）、Button Events（按键事件）、Input Events（输入事件）、Duration（持续时间）来设置。具体步骤如下。

1）在 Data Viewer 中选择"Edit"，进入"Interest Period Manager"对话框页面，如图 2-35 所示，然后点击"New Interest Period"按钮，进入编辑页面。

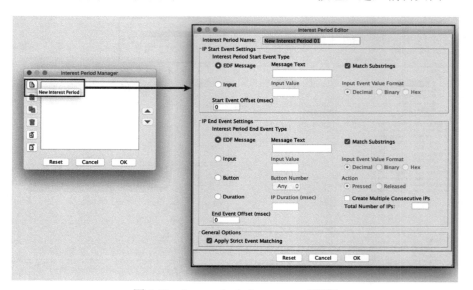

图 2-35　Interest Period Manager 对话框

2）在 Interest Period Editor 对话框中定义起始点。如图 2-36 所示，对话框中，"Interest Period Name"后面的"New Interest Period 01"是当前定义阶段的名称，可以根据需求重新命名。"IP Start Event Settings"部分是设置兴趣阶段的起始点。这里提供两种设置方式：使用信息事件设置，即"EDF Message"；使用输入事件设置，即"Input"。

使用信息事件设置是研究者使用较多的一种方法。在具体介绍方法之前，需要明确其中的逻辑。研究者在编辑程序时通过 Message 将实验分割成了两个或多个阶段。如图 2-37 所示，研究者将整个试次分成了两个阶段，即两个 IP，第一个 IP 是 TextPage 阶段，从"Display_TextPage"呈现材料开始，到被试按键反应"Keyboard_of_TextPage"且呈现材料屏消失结束。第二个 IP 是 Question 阶段，从问题屏"Display_Question"开始，到被试按键作答"Keyboard_of_Question"的同时问题屏消失结束。

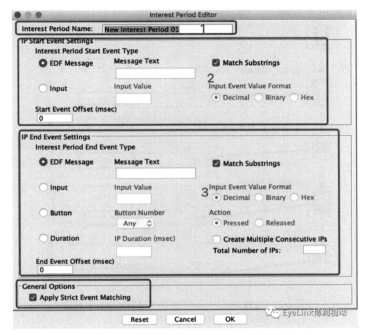

图 2-36　Interest Period Editor 对话框

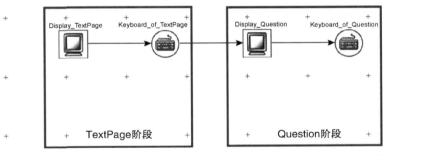

图 2-37　EB 程序中的兴趣阶段（Interest Period）示意图

在收集数据时，程序会向数据中发送所有的 Message，如图 2-38 所示，比如向被试开始呈现 Text_Page 的时候，程序会向数据中发送"Text_Page_Start"的 Message，在被完成阅读按键的时候，程序会向数据中发送"Text_Page_End"的 Message。当使用 DataViewer 打开 EDF 文件后，在工具栏中设置仅显示 Message，如下图 2-39 所示，点击"▤"，随后我们在窗口左侧中间的 Event 列表中看到所有的 Message。

明确以上逻辑后，接下来使用起始点信息来定义起点。在"IP Start Event Settings"部分，如图 2-40 所示，点击"EDF Message"前的选项，然后输入起始点

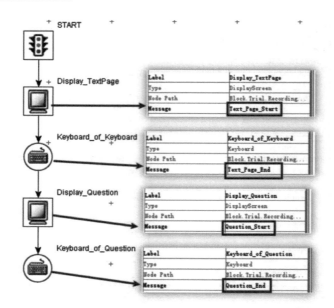

图 2-38　EB 编程中不同事件的 Message 示意图

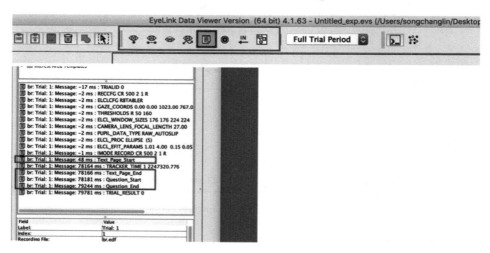

图 2-39　DataViewer 中显示 Message 示意图

的信息，如"Text_Page_Start"。起始点信息名称不能包含引号，同时去掉后面复选框"Match Substrings"中的"√"，否则所有包含该名称的信息所对应的事件都会被作为起点。另外一种是使用输入事件，即"Input"。"Input"是指主试机接收到的信号，可以设置接收信号的进制。在"Input Value"下面填写信息，所填信息的形式可以是小数，通常采用二进制或十六进制。输入起始信息后，还要确定其是否需要修正，即时间偏离的设置。如果我们感兴趣的是起始事件出现后 30ms 之后的时间段，那么"Start Event Offset（msec）"下面应该填"30"；如果从起始事件出现前 30ms 开始是我们感兴趣的阶段，那么应该填"−30"，如果我们感兴趣的就是起始事件出现之后的阶段，那么应该填"0"。

图 2-40　Interest Period Editor 中的起点设置

3）在 Interest Period Editor 对话框中定义终止点。"IP End Event Settings"部分是设置兴趣阶段的终点，如图 2-40 所示。软件提供了 4 种设置方式：EDF Message Event、Input Event、Button Event 和 Duration Event。EDF Message Event 和 Input Event 的设置与定义起始点的方法相同。Button Event 适合于包含按键的实验，如被试阅读完句子后按翻页键结束，就可以选择"Button"，然后输入按键所对应的数字（如"5"）。如果结束按键只有一个，可以选择"Any"。选择好按键之后，需要确定是在被试按下（Pressed）某个键时结束，还是被试松开（Released）某个键时结束。如图 2-41 中选择了"Pressed"，即被试按下"5"这个键时是兴趣阶段的终止点。如果以被试松开（Released）按键为结束点，相比于以被试按下按键为结束点，兴趣阶段包含被试按键所用的时间。Duration Event 适合于感兴趣的阶段为固定时间的实验，如阅读材料呈现 1000ms，研究者感兴趣的是这 1000ms 内被试的眼动情况，或者阅读材料呈现之后 500ms 内的眼动情况，那么在"IP

Duration（msec）"下面的空格中填写 1000 或者 500。"End Event Offset（msec）" 的填写方法同"Start Event Offset（msec）"。

4）设置完以上选项之后，在 General Options 部分，将"Apply Strict Event Matching"前面的复选框打钩，如图 2-41 所示，表明以上设置都严格地完全匹配，即输入信息和对应程序中的信息完全相同，比如定义起始点时，"EDF Message" 部分输入的是"Text_Page_Start"，那么在对应的 EB 程序中，研究者想设置为起点的事件的 Message 为"Text_Page_Start"，字母大小写、顺序等均完全一致。否则将因为无法找到结束 Message 将所有数据都过滤。如果没有在"Apply Strict Event Matching"前面的复选框打钩，则在匹配内容中包含"Text_Page_Start"的 Message，即"Text_Page_Start_12345"也是可以被成功识别的。同时，即使数据中不包含任何与"Text_Page_Start"有关的 Message，也会直接作为缺省，以整个试次的结束作为结束标志。

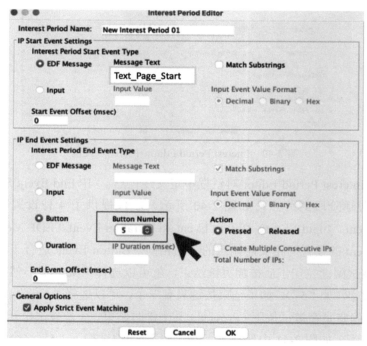

图 2-41　Interest Period Editor 中的终点设置

完成以上设置后，点击"OK"即可返回主界面，至此完成 IP 的设置。我们会发现，数据可视化窗口中的呈现内容正是需要的。IP 的设置是对所有试次都生效的，所以只需要设置一次就完成了对 DataViewer 中已经打开的所有数据的设置。

（四）确定兴趣区

本章第一节详细叙述了兴趣区的相关知识，按照实验需求设置兴趣区即可。

（五）清理注视点

在查看被试的注视和眼跳时，研究者会发现有些注视点的持续时间非常短暂，如只有几十毫秒，有些则非常长，如 1200ms，那么这些注视点是保留还是删除？如果删除，按照什么标准去删除？

关于短暂注视，目前还没有统一的说法。一方面，短暂注视的本质是什么目前没有明确的答案。研究者认为这种注视是不受认知控制的，可能是生理性的或者无意识的，在这么短暂的时间内，个体也无法获取有效的信息（Rayner & Pollatsek，1989；Inhoff et al.，1996）。另一方面，研究者没有形成统一的删除标准，例如，Inhoff 等（1996）认为 50ms 以下的注视为短暂注视，而 Vitu 等（1990）则认为 70～100ms 的注视为短暂注视。目前，大多数研究者采用 80ms 这个标准（Reingold et al.，2010；Slattery et al.，2011；Chen & Huang，2012；白学军等，2011；陈庆荣等，2010）。一些研究者认为汉语和拼音文字存在较大的差异，汉语阅读中的短暂注视更多，应该降低这一标准，因此将其定为 60ms（王穗苹等，2009；Wang et al.，2008；Yang et al.，2012）。关于持续时间长的注视点，也存在类似的情况。有研究者认为 1000ms 以上的注视点极有可能是仪器误差导致的，应该删除（Ma & Li，2015；Rayner，1998；Yan et al.，2010），有一些研究者认为应该将 1200ms 或 1500ms 以上的注视点删除并在研究中采用这一标准（王敬欣等，2020；Inhoff & Wu，2005；Zang et al.，2021），还有研究者将删除的标准定在 600ms 或 800ms（王永胜等，2018；Yan et al.，2014）。

由此可见，对于极端注视点的界定，还需要根据具体的情况来综合考虑。在进行语言加工的相关研究时，适当采用较高的界定标准可能会是最佳选择，例如，McConkie 等（1992）的研究发现，词汇特征没有对 140ms 及短于 140ms 的注视产生显著影响。还有一些研究以老年人等语言加工速度较慢的特殊群体为被试，或者采用较难的加工材料，应该把注视点界定标准的下限调高。

Data Viewer 软件提供了两种注视数据清洗方法：注视过滤偏好（Fixation Filter Preferences）和四阶段注视清洗（Four-Stage Fixation Cleaning），下面将介绍这两种方法（参见博润视动公众号文章：https://mp.weixin.qq.com/s/HyzBgwAqkKao ZXGQF8YkBA）。

1. 注视过滤偏好

在 Data Viewer 的 Preferences 选择中，可以点击"Data Filters"查看它的属性框，可以通过"Merge Nearby Fixations""Fixation Merging Amplitude Threshold""Fixation Duration Threshold"等数据过滤器参数设置过滤掉小的注视点数据。如果勾选"Merge Nearby Fixations"选项，当注视时间短于"Fixation Duration Threshold"的参数设置时，在"Fixation Merging Amplitude Threshold"所设定的距离范围内，相邻的注视点会合并到一起，如图 2-42 所示。

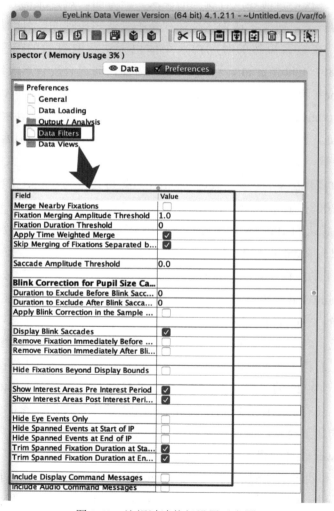

图 2-42　注视过滤偏好设置示意图

如果选中"Merge Nearby Fixations"，邻近的注视点数据将被合并。合并的前提是注视的持续时间必须小于注视持续时间阈值，并且必须在目标注视的1.0°之内。这些默认阈值可在"Fixation Merging Amplitude Threshold"（设置注视合并的振幅阈值，默认值为1.0°）和"Fixation Duration Threshold"（设置注视合并或隐藏的持续时间阈值）字段中进行设置。如果不选择"Merge Nearby Fixations"，但设置了注视持续时间阈值，则低于阈值的注视将被隐藏而不是合并。

2. 四阶段注视清洗

相比于注视过滤偏好的数据整理方法，研究者通常使用四阶段注视清洗的方法进行初步的极端数据清理，具体步骤如下。

在执行具体的步骤之前，找到执行数据清洗的文件。即导入数据之后，从Inspector中选择总分支，即保存的.evs文件的名称，如图2-43所示。如果点击下面的子分支（如图中"br"）也会有4-stage Fixation Cleaning的选项。右键单击选择哪个分支，就表示要对哪些数据进行数据清洗。一般情况下，研究者需要对所有数据进行清洗，所以直接点击.evs文件的总分支即可。选择"Perform 4-stage Fixation Cleaning"之后，会出现属性设置的对话框，进行每个阶段的设置，如图2-44所示，点击左上角的圆圈里的问号，即可查看对应的设置标准，如图2-45。

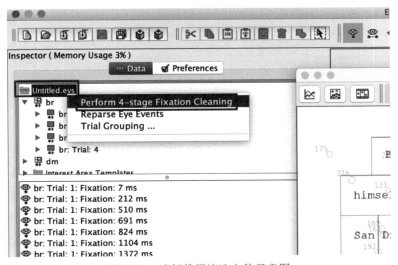

图 2-43　选择数据清洗文件示意图

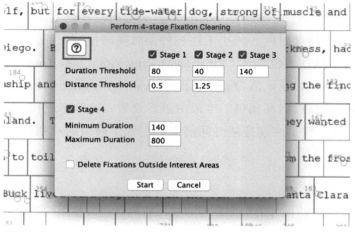

图 2-44　数据清洗四阶段设置示意图

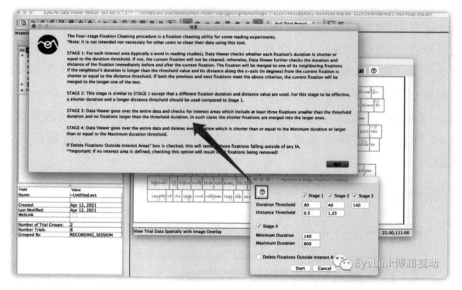

图 2-45　四阶段数据清洗设置标准示意图

第一阶段（即图 2-44 中的"Stage 1"）：在每个兴趣区（通常是阅读研究中的一个单词），Data Viewer 会检查每个注视的持续时间是否小于或等于第一阶段持续时间阈值（默认参数是 80ms）。如果该注视点没有超过设置的时间阈值，软件会进一步检查当前注视之前和之后注视的持续时间及距离阈值。如果相邻注视点的持续时间大于时间阈值，且其与当前注视点的 x 轴距离（以度为单位）小于或等于第一阶段距离阈值（默认为 0.5°视角），则注视点将与和其相邻的注视点合并。

如果前一个和后一个注视点都符合上述标准，则当前注视点将合并到两个之中持续时间更长的注视点（取消选中"Stage 1"框可跳过这个阶段）。

第二阶段（即图 2-44 中的"Stage 2"）：这个阶段类似于第一阶段，只是使用了不同的注视持续时间和距离阈值。为了使这一阶段有效，与第一阶段相比，应该使用更短的持续时间和更大的距离阈值（取消选中"Stage 2"框可跳过这个阶段）。

第三阶段（即图 2-44 中的"Stage 3"）：Data Viewer 软件搜索兴趣区，包括至少 3 个注视时间不超过第三阶段持续时间阈值（如图 2-44 中默认为 140ms）的注视区域，在这种情况下，将较短的注视点合并成一个注视（取消选中"Stage 3"框可跳过这个阶段）。

第四阶段（即图 2-44 中的"Stage 4"）：Data Viewer 删除每个小于或等于第四阶段最小的持续时间阈值（默认为 140ms），或大于或等于第四阶段最大的持续时间阈值的注视点（默认为 800ms）（取消选中"Stage 4"框可跳过这个阶段）。

此外，四阶段清洗的设置中还有一个附加选项，即是否删除兴趣区之外的注视点，如图 2-46。如果我们勾选这个附加选项，则 DV 会删除没有落在任何兴趣区内的注视点。所以这里需要注意的是，如果还没画兴趣区，这个操作会删除全部的注视点。

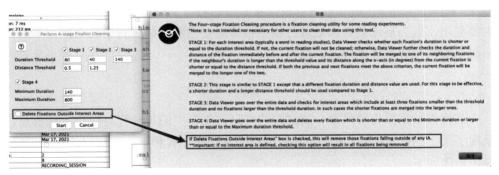

图 2-46　删除兴趣区外注视点示意图

四个阶段和附加选项设置完成后，点击"Start"，DV 会自动完成数据清洗。随后，我们可以在 Output 文件夹中看到清洗的日志文件 cleaning.txt，如图 2-47 所示，此日志文件中记录了每个被试、每个试次、每只眼睛、每个 Stage 具体删除了哪个注视点。

以上 5 项准备工作是导出数据之前需要做的。需要特别注意的是，这个过程非常烦琐，极易出错，但 Data Viewer 的撤销功能非常有限，所以做好每一步后，

图 2-47　数据清洗后生成的日志文件示意图

都要另存为一个文件，以免出错导致返工。

二、数据输出

完成准备工作之后，可以导出数据。如前面所述，**Data Viewer** 提供了 5 种常用的数据报告：Fixation Report、Saccade Report、Interest Area Report、Trial Report 以及 Message Report。研究者可以根据实验目的将需要的数据导出，建议将 5 个报告都导出，因为后续的数据处理过程中很可能会用到这些报告中的数据。下面介绍每个报告的数据导出方法。

（一）注视点数据的导出：Fixation Report

注视点数据报告提供每一次注视的信息。报告中的每一行对应一个注视点，呈现了关于当前注视点，以及当前注视点的前一次注视和下一次注视的相关信息。导出步骤如下。

1. 选择"Fixtion Report"

点击菜单栏"Analysis→Reports"，选择"Fixtion Report"，如图 2-48 所示。

2. 选择要导出的变量

在出现的对话框里，如图 2-49 所示，左侧为可选变量区，点击选中要导出的变量，如"TRIAL_INDEX"，然后单击">>"，变量就会进入右侧的已选变量区域。如果需要导出全部变量，可按"Ctrl+A"全选，鼠标点击"Next"。若要从输出列

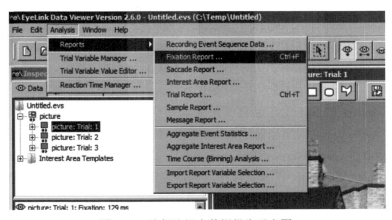

图 2-48　选择注视点数据报告示意图

表中删除变量，只需选中变量并单击"<<"，还可以拖动所选变量，将其拖回到可用变量列表。当所有需要的变量都呈现在已选变量列表中时，鼠标点击"Next"即可。这里研究者需要注意的是，如果不确定到底需要哪些指标，最好的办法就是将所有的可选变量都选中导出，这样可以避免重复操作。即便已经确定了变量，在进行数据分析时也难免会遇到一些问题，需要查找相关被试或者某个注视点的情况，这时可能会用到一些没有导出来的变量。因此，建议研究者导出所有的变量数据。其他数据报告的导出方法与此相同。

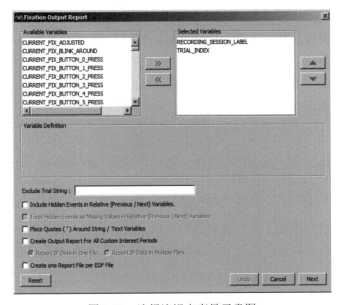

图 2-49　选择注视点变量示意图

在 Fixation Report 对话框中有几个选项可以选择，具体情况如下。

1）研究者可以通过在"Exclude Trial String"编辑框中输入字符串来排除一些试次。该字符串应该是试次中的一个 message（信息）或一部分，以此来确定要排除的试次。

2）Fixation Report 允许包含在相关事件变量中隐藏的事件［PREVIOUS_ 和 NEXT_］，即如果需要输出当前注视的前一次注视或者下一次注视的信息，则可以勾选"Include Hidden Events in Relative Variables"复选框。如果将事件相关变量中的隐藏事件包含在分析中，则可以使用附加复选框指定是否将这些隐藏项事件作为缺失数据来处理。

3）为了使数据形成可选格式，并使字符串或文本变量易于加载到一些具有严格要求的统计软件包中，Data Viewer 提供了为这些变量添加一对引号的选项。

4）如果启用"Create Output Report for All Custom Interest Periods"选项，Fixation Report 将输出所有创建的兴趣阶段的数据，即所定义的兴趣阶段的数据，如果定义多个兴趣阶段，则会输出不同兴趣阶段的所有数据。可以将不同兴趣阶段定义的数据作为单独文件输出（勾选"Report IP Data in Multiple Files"），也可以将其合并到一个文件中输出（勾选"Report IP Data in One File"）。而对于"Full Trial Period"和"Reaction Time Period"期间的数据，需要在定义兴趣阶段时选择这两个选项中的一个，相应的注视点数据才会输出。

5）如果选中"Create One Report File Per EDF File"，Data Viewer 会为每个 EDF 文件创建一个报告文件，并将为加载到其中的每个 EDF 文件创建一个报告文件。比如，为每个被试创建一个 Fixation Report 文件。

如果某些试次或区组的"Exclude from Reports"功能被选中，那么对应的数据不会出现在 Fixation Report 中。

3. 命名保存

对文件进行命名，选择保存路径，点击"保存"完成导出，如图 2-50 所示。

（二）眼跳数据的导出：Saccade Report

眼跳数据报告提供了每一次眼跳的信息。报告的每一行表示一次眼跳，呈现了当前眼跳的具体信息，以及上一次眼跳和下一次眼跳的相关信息。

1. 选择"Saccade Report"

点击菜单栏"Analysis→Reports"，选择"Saccade Report..."，如图 2-51 所示。

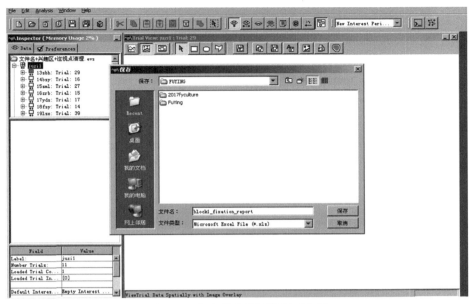

图 2-50　保存导出注视数据示意图

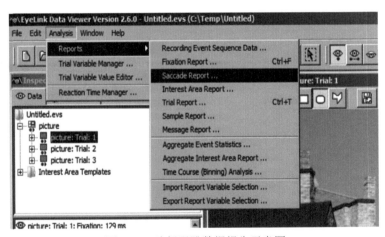

图 2-51　选择眼跳数据报告示意图

2. 选择要导出的变量

具体操作方法和选项功能同"注视点数据的导出：Fixation Report"部分，如图 2-52 所示。

3. 命名保存

对文件进行命名，并选择保存路径，点击"保存"完成导出，如图 2-53 所示。

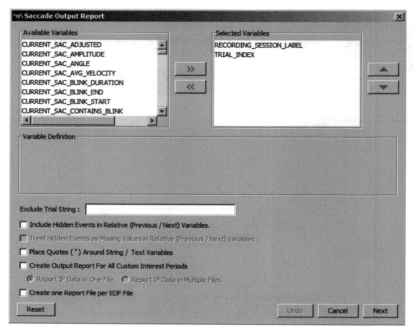

图 2-52　选择眼跳相关变量示意图

图 2-53　保存注视数据示意图

（三）兴趣区数据的导出：Interest Area Report

兴趣区报告提供有关实验中每个兴趣区的信息。报告的每一行表示一个兴趣区，按兴趣区 ID 的升序排列。

1. 选择"Interest Area Report"

点击菜单栏"Analysis→Reports"，选择"Interest Area Report…"，如图 2-54 所示。

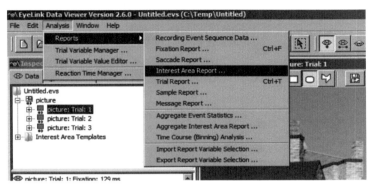

图 2-54　选择兴趣区数据报告示意图

2. 选择导出变量

在弹出的 Output Report 对话框中，如图 2-55 所示，在左侧可选变量列表中选择需要的变量。具体操作方法和选项功能同"注视点数据的导出：Fixation Report"部分。

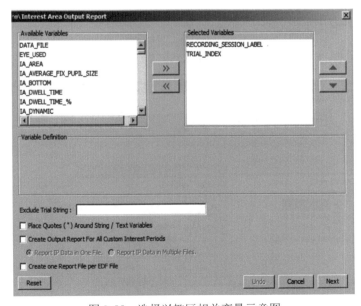

图 2-55　选择兴趣区相关变量示意图

3. 命名保存

对文件进行命名,并选择保存路径,点击"保存"完成导出,如图 2-56 所示。

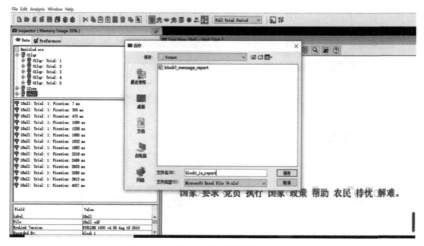

图 2-56　保存兴趣区数据示意图

(四)试次数据的导出:Trial Report

Trial Report 总结了单个试次的整体情况,导出方法同前面的 Fixation Report,具体如下。

1. 选择"Trial Report"

点击菜单栏"Analysis→Reports",选择"Trial Report…",如图 2-57 所示。

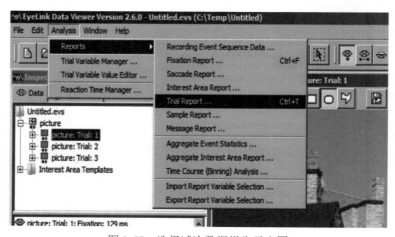

图 2-57　选择试次数据报告示意图

2. 选择导出变量

在弹出的"Output Report"对话框中，从可选变量列表中选择所需的变量，如图2-58所示。具体操作方法和选项功能同"注视点数据的导出：Fixation Report"部分。

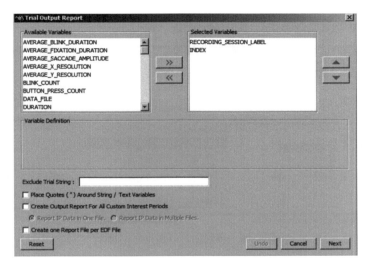

图2-58　选择试次相关变量示意图

3. 命名保存

对文件进行命名，并选择保存路径，点击"保存"完成导出，如图2-59所示。

图2-59　保存试次数据示意图

（五）信息数据的导出：Message Report

Message Report提供在每个试次中编写的信息以及与这些信息相关的眼动事件

的信息。与其他报告一样，Message Report 只输出在每个试次兴趣阶段内的信息。

1. 选择"Message Report"

点击菜单栏"Analysis→Reports"，选择要导出的"Message Report"，如图 2-60 所示。

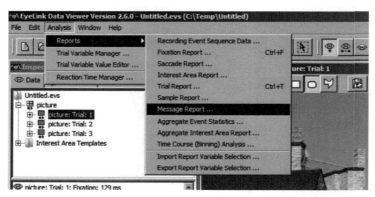

图 2-60   选择信息数据报告示意图

2. 选择导出变量

在弹出的 Output Report 对话框中，如图 2-61 所示，从可选变量列表中选择所需的变量，具体操作方法和选项功能同"注视点数据的导出：Fixation Report"部分。

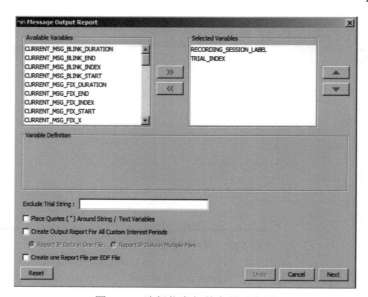

图 2-61   选择信息相关变量示意图

3. 命名保存

对文件进行命名，并选择保存路径，点击"保存"完成导出，如图 2-62 所示。

图 2-62 保存信息数据示意图

第三节 五类眼动数据简介

上一节介绍了五个报告数据的输出，每一个报告都包含大量数据，接下来分别介绍这五个报告输出的数据的含义，以供研究者根据需求进行选择。

一、Trial Report 数据报告中的指标

Trial Report 里输出的数据如图 2-63 所示，这个数据报告结果总结了每个被试在每个试次上的一般眼动特征。

表 2-2 为 Trial Report 中输出的指标，其中"*"标记表示如果使用不同的兴趣区，被标记的指标会发生变化。例如，Trail Report 中的这些变量在设定的兴趣区与完整试次区间是不同的，因为前者只是完整数据中的子集。因此，要确保在创建数据报告时选择了正确的兴趣阶段。在没有定义兴趣区的试次中，那些标有"¶"符号的指标，将被记录为缺失值（"."）。

	A	B	C	D	E	F	G	H	I	J	K	L
1	RECORDING	AVERAGE_E	AVERAGE_F	AVERAGE_S	AVERAGE_J	AVERAGE_Y	BLINK_COU	BUTTON_PF	DATA_FILE	DURATION	END_TIME	EYE_USE
2	o101zyh	137.5	298.48	2.29	29.67	29	4	1	o101zyh.e	12625	5618371	RIGHT
3	o101zyh	209	225.81	2.62	29.61	28.98	1	1	o101zyh.e	20804	5664373	RIGHT
4	o101zyh	231	236.71	1.89	29.53	28.93	2	1	o101zyh.e	5142	5686566	RIGHT
5	o101zyh	180.67	259.96	2.41	29.51	28.92	3	1	o101zyh.e	8073	5695833	RIGHT
6	o101zyh	168	222.58	1.92	29.65	28.99	2	1	o101zyh.e	5428	5702558	RIGHT
7	o101zyh	199	237.62	3.04	29.93	29.12	2	1	o101zyh.e	14391	5734977	RIGHT
8	o101zyh	158	265.71	3.48	29.62	28.99	2	1	o101zyh.e	11471	5762285	RIGHT
9	o101zyh	162	280.92	1.9	29.76	29.04	1	1	o101zyh.e	3718	5767978	RIGHT
10	o101zyh	187	274.86	2.5	29.62	28.98	2	1	o101zyh.e	13610	5807638	RIGHT
11	o101zyh	242	257.75	1.83	29.94	29.13	1	1	o101zyh.e	11480	5891750	RIGHT
12	o101zyh	195.5	230.93	1.81	29.64	28.98	2	1	o101zyh.e	4427	5897692	RIGHT
13	o101zyh	186	259.67	2.27	29.56	28.95	1	1	o101zyh.e	4206	5903883	RIGHT
14	o101zyh	140	269.23	1.66	29.61	28.98	1	1	o101zyh.e	6769	5919151	RIGHT
15	o101zyh	130	266.56	1.69	29.83	29.06	1	1	o101zyh.e	7512	5928485	RIGHT
16	o101zyh	216	215.04	1.78	29.73	29.03	1	1	o101zyh.e	6045	5956612	RIGHT
17	o101zyh	.	218.88	1.63	29.75	29.04	0	1	o101zyh.e	9171	5968653	RIGHT
18	o101zyh	182	311.31	1.9	29.46	28.89	2	1	o101zyh.e	6009	6032514	RIGHT
19	o101zyh	164	267.22	2.7	29.47	28.91	1	1	o101zyh.e	5801	6040707	RIGHT
20	o101zyh	215	241.29	1.42	29.72	29.02	2	1	o101zyh.e	4941	6153870	RIGHT
21	o101zyh	116	234.16	1.77	29.61	28.98	2	1	o101zyh.e	5156	6168204	RIGHT
22	o101zyh	171.5	253.29	1.72	29.41	28.89	2	1	o101zyh.e	8270	6178480	RIGHT
23	o101zyh	155.5	244.94	1.73	29.74	29.03	2	1	o101zyh.e	9585	6189571	RIGHT
24	o101zyh	225.5	209.43	1.91	29.6	28.97	2	1	o101zyh.e	12862	6205539	RIGHT
25	o101zyh	219.5	222.81	1.72	29.72	29.03	1	1	o101zyh.e	5234	6220798	RIGHT
26	o101zyh	930	256.2	1.99	29.6	28.97	1	1	o101zyh.e	5553	6240616	RIGHT

图 2-63　Trial Report 输出的数据示意图

表 2-2　Trial Report 中的指标简介

序号	指标	含义
1	RECORDING_SESSION_LABEL	数据文件的标签
2	*AVERAGE_BLINK_DURATION	在当前选定的兴趣阶段内，每个试次上所有眨眼的平均时间（单位为 ms）
3	*AVERAGE_FIXATION_DURATION	在当前选定的兴趣阶段内，每个试次上所有注视的平均持续时间（单位为 ms）
4	*AVERAGE_SACCADE_AMPLITUDE	在当前选定的兴趣阶段内，每个试次上所有眼跳的平均幅度（以视角为单位）
5	AVERAGE_X/Y_RESOLUTION	每个试次的水平/垂直角分辨率（以每度视角的屏幕像素值为单位）
6	*BLINK_COUNT	在当前选定的兴趣阶段内，每个试次上眨眼的总数
7	*BUTTON_PRESS_COUNT	在当前选定的兴趣阶段内，每个试次中按下按钮的总数
8	DATA_FILE	EDF 数据文件的文件名
9	DURATION	眼动仪记录当前试次的持续时间（即记录阶段中"开始"事件和"结束"事件之间的持续时间）。此持续时间不受任何兴趣阶段或反应期筛选的影响
10	END_TIME	记录试次结束时的时间（自 Eyelink 追踪起计时，单位为 ms，例如，EDF 文件时间）
11	EYE_USED	记录哪只眼（左眼或右眼）的数据用于创建此报告
12	*FIXATION_COUNT	在当前选定的兴趣阶段内，每个试次中注视的总次数

续表

序号	指标	含义
13	FIXATION_DURATION_MAX	试次中最长的注视时间（单位为 ms）
14	FIXATION_DURATION_MAX_TIME	试次中注视时间最长的注视点的开始时间（自 EyeLink 追踪起计毫秒，例如，EDF 文件时间）
15	FIXATION_DURATION_MIN	试次中最短的注视时间（单位为 ms）
16	FIXATION_DURATION_MIN_TIME	试次中注视时间最短的注视点的开始时间（自 EyeLink 追踪起计毫秒；例如 EDF 文件时间）
17	IA_COUNT	报告了试次中独立兴趣区的总数
18	INDEX	报告中试次的顺序
19	* INPUT_COUNT	在当前选定的兴趣阶段内，每个试次中发生的输入事件的数量
20	INTEREST_AREA_FIXATION_SEQUENCE	在当前试次中，兴趣区被注视的时间顺序。请注意，这个序列计算与 RUN_COUNT 有两方面的不同：①该变量考虑缺失值（当没有注视兴趣区时），并在表中用 0 来表示；②对于重叠兴趣区的注视（如果没有勾选"Include Fixation in Single IA"这个选项），只取每个注视的第一个兴趣区，不考虑其他重叠兴趣区。RUN_COUNT 是通过将所有注视过的兴趣区（可能包含重叠，但不计算缺失值）数量相加得到的
21	INTEREST_AREA_SET	设置兴趣区（如果导入或创建了兴趣区，则是"自定义兴趣区"；如果没有，则是"空兴趣区"）
22	* IP_DURATION	兴趣阶段的持续时间（单位为 ms）
23	IP_END_EVENT_MATCHED	在当前试次中是否发现有与所选兴趣阶段结束相匹配的事件
24	* IP_END_TIME	兴趣阶段的结束时间（自 EyeLink 追踪起计毫秒）
25	IP_INDEX	由用户创建的兴趣阶段指标（从 1 开始）。对于整个试次阶段或反应时间阶段，当不是由用户创建时，会给出一个缺失值
26	IP_LABEL	当前兴趣阶段的标签
27	IP_START_EVENT_MATCHED	在当前试次中是否发现与所选兴趣阶段开始相匹配的事件
28	IP_START_TIME	兴趣阶段的开始时间（自 EyeLink 追踪起计毫秒）
29	MEDIAN_FIXATION_DURATION	在当前选定的兴趣阶段内，每个试次中所有注视持续时间的中位数（单位为 ms）
30	MEDIAN_SACCADE_AMPLITUDE	在当前选定的兴趣阶段内，每个 trail 中所有眼跳幅度的中位数（单位为°）
31	*MESSAGE_COUNT	在当前选定的兴趣阶段内，试次中的 message 总数
32	* PUPIL_SIZE_MAX	在当前选定的兴趣阶段内，在 Trail Report 中以任意单位表示的最大瞳孔。请注意，如果没有将示例导入，那么 PUPIL_SIZE_MAX、PUPIL_SIZE_MEAN 和 PUPIL_SIZE_MIN 几栏输出的将是缺失值
33	*PUPIL_SIZE_MAX_TIME	最大瞳孔直径样本的 EDF 时间（自 EyeLink 追踪激活以后的 EDF 文件时间，单位为 ms）。注意，如果没有将示例导入，该栏将输出一个缺失值
34	*PUPIL_SIZE_MAX_X	PUPIL_SIZE_MAX_TIME 的凝视位置的水平分辨率。注意，如果没有将示例导入当前在 DV 中的数据处理工程中，或者眼睛处于眨眼状态，该栏将输出一个缺失值

序号	指标	含义
35	*PUPIL_SIZE_MAX_Y	PUPIL_SIZE_MAX_TIME 的凝视位置的垂直分辨率。注意，如果没有将示例导入当前在 DV 中的数据处理工程中，或者眼睛处于眨眼状态，该栏将输出一个缺失值
36	*PUPIL_SIZE_MEAN	每个试次中的平均瞳孔直径，任意单位（in arbitrary units）。注意，如果没有将示例导入当前在 DV 中的数据处理工程中，或者眼睛处于眨眼状态，该栏将输出一个缺失值
37	* PUPIL_SIZE_MIN	每个试次中的最小瞳孔直径，任意单位。注意，如果没有将示例导入当前在 DV 中的数据处理工程中，或者眼睛处于眨眼状态，该栏将输出一个缺失值
38	*PUPIL_SIZE_MIN_TIME	最小瞳孔直径样本的 EDF 时间（自 EyeLink 追踪激活来的 EDF 文件时间，单位为 ms）。注意，如果没有将示例导入当前在 DV 中的数据处理工程中，或者眼睛处于眨眼状态，该栏将输出一个缺失值
39	* PUPIL_SIZE_MIN_X	PUPIL_SIZE_MIN_TIME 的凝视位置的水平分辨率。注意，如果没有将示例导入当前在 DV 中的数据处理工程中，或者眼睛处于眨眼状态，该栏将输出一个缺失值
40	*PUPIL_SIZE_MIN_Y	PUPIL_SIZE_MIN_TIME 的凝视位置的垂直分辨率。注意，如果没有将示例导入当前在 DV 中的数据处理工程中，或者眼睛处于眨眼状态，该栏将输出一个缺失值
41	¶ REACTION_TIME	可配置的反应时由与试次相关的反应时（reaction time）定义决定。如果试次没有反应时的结束事件，这个变量会反馈一个"."
42	¶RT_DEFINITION_LABEL	反应时定义的标签（如果未定义就是"."）。如果反应时是自定义的，则为"CUSTOM_RT"
43	¶RT_EVENT_BUTTON_ID	如果反应时结束事件是按钮按下（press）/松开（release），则记录按钮 ID；否则，记录为"."
44	¶RT_EVENT_END_TIME	事件结束的时间（自 EyeLink 追踪起计毫秒，例如，EDF 文件时间）。如果结束事件不是眼动事件（注视或眼跳），则该变量等于 RT_EVENT_START_TIME
45	¶ RT_EVENT_INDEX	结束事件的顺序（该指标基于所有事件中的特定事件类型）；"−1"表示 NO_MATCH
46	¶ RT_EVENT_INPUT	如果反应时结束事件是定义的 INPUT 事件，则报告新的 INPUT 值；否则，报告缺失值"."
47	¶RT_EVENT_MESSAGE_TEXT	报告结束事件的信息文本。如果结束事件不是信息事件，则报告"."
48	¶RT_EVENT_POSITION_X/Y	报告注视或跳读结束事件的水平/垂直坐标，如果是以按键、输入或信息事件结束，则报告"."
49	¶ RT_EVENT_START_TIME	结束事件的开始时间（自 EyeLink 记录起计毫秒，例如，EDF 文件时间）
50	¶ RT_EVENT_TYPE	每个试次的反应时定义的结束事件类型（分别是按键、输入、注视、眼跳、信息或 NO_MATCH）
51	¶ RT_START_TIME	每个试次定义的反应时的开始时间（自 EyeLink 记录起计毫秒；例如 EDF 文件时间）
52	* RUN_COUNT	在当前选定的兴趣阶段内，每个试次的总注视运行次数（同一兴趣区内连续两次注视属于同一运行次数）

续表

序号	指标	含义
53	* SACCADE_COUNT	在当前选定的兴趣阶段内，每个试次的眼跳总次数
54	* SAMPLE_COUNT	在当前选定的兴趣阶段内，每个试次的样本总数
55	* SD_SACCADE_AMPLITUDE	在当前选定的兴趣阶段内，每个试次中所有眼跳幅度（单位为°）的标准差
56	*SD_FIXATION_DURATION	在当前选定的兴趣阶段内，每个试次中所有注视点的持续时间（单位为 ms）的标准差
57	START_TIME	试次记录开始时的时间戳（自 EyeLink 追踪起计毫秒；例如 EDF 文件时间）
58	TRIAL_LABEL	每个试次的标签
59	VISITED_INTEREST_AREA_COUNT	报告在试次中经过的特定兴趣区的总数（也就是不包含替换的运行次数）

二、Interest Area Report 数据报告中的指标

Interest Area Report 里输出的数据如图 2-64 所示，每一行数据总结了每个被试在每个兴趣区上的眼动特征。

	A	B	C	D	G	H	I	J	K	L	M	N
1	RECORDING	TRIAL_INDE	DATA_FILE	EYE_USED	IA_AVERAG	IA_BOTTOM	IA_DWELL_1	IA_DWELL_1	IA_DYNAMI	IA_END_TIM	IA_FIRST_FI	IA_FIRST_FI
2	cmm_1	1	cmm_1.edf	RIGHT	5093	330	134	0.0626	FALSE	.	134	10
3	cmm_1	1	cmm_1.edf	RIGHT	.	890	0	0	FALSE	.	.	.
4	cmm_1	1	cmm_1.edf	RIGHT	.	330	0	0	FALSE	.	.	.
5	cmm_1	1	cmm_1.edf	RIGHT	4816	590	102	0.0477	FALSE	.	102	3
6	cmm_1	1	cmm_1.edf	RIGHT	5174	590	101	0.0472	FALSE	.	101	8
7	cmm_1	1	cmm_1.edf	RIGHT	.	440	0	0	FALSE	.	.	.
8	cmm_1	1	cmm_1.edf	RIGHT	5227	440	731	0.3416	FALSE	.	209	9
9	cmm_1	1	cmm_1.edf	RIGHT	5031	850	170	0.0794	FALSE	.	170	4
10	cmm_1	1	cmm_1.edf	RIGHT	5280	740	332	0.1551	FALSE	.	199	6
11	cmm_1	1	cmm_1.edf	RIGHT	5087	590	276	0.129	FALSE	.	276	1
12	cmm_1	1	cmm_1.edf	RIGHT	5198	850	93	0.0435	FALSE	.	93	5
13	cmm_1	1	cmm_1.edf	RIGHT	4918	740	201	0.0939	FALSE	.	201	2
14	cmm_1	1	cmm_1.edf	RIGHT	.	290	0	0	FALSE	.	.	.
15	cmm_1	2	cmm_1.edf	RIGHT	5019.5	290	689	0.3408	FALSE	.	134	5
16	cmm_1	2	cmm_1.edf	RIGHT	4806	440	175	0.0865	FALSE	.	175	4
17	cmm_1	2	cmm_1.edf	RIGHT	.	440	0	0	FALSE	.	.	.
18	cmm_1	2	cmm_1.edf	RIGHT	5232	850	112	0.0554	FALSE	.	112	2
19	cmm_1	2	cmm_1.edf	RIGHT	5048	590	774	0.3828	FALSE	.	774	1
20	cmm_1	3	cmm_1.edf	RIGHT	5049	850	124	0.0711	FALSE	.	124	3
21	cmm_1	3	cmm_1.edf	RIGHT	4890	590	213	0.1221	FALSE	.	213	6
22	cmm_1	3	cmm_1.edf	RIGHT	5104	740	335	0.192	FALSE	.	232	4
23	cmm_1	3	cmm_1.edf	RIGHT	.	330	0	0	FALSE	.	.	.
24	cmm_1	3	cmm_1.edf	RIGHT	5082	590	930	0.533	FALSE	.	930	1

40-IA +

图 2-64　Interest Area Report 输出的数据示意图

表 2-3 为 Interest Area Report 输出的指标。需要注意的是，所有标有“¶”符号的变量的值都是相对于 TRIAL_START_TIME 计算的，因此会因在试次中是否找到有效的反应时间而有所不同。如果使用不同的兴趣区，此报告中大多数变量的输出值将发生变化。

表 2-3　Interest Area Report 中的指标简介

序号	指标	含义
1	RECORDING_SESSION_LABEL	数据文件的标签。即实验开始时输入的每个被试的名称
2	DATA_FILE	记录的文件名称
3	EYE_USED	记录被试在实验过程中使用的是哪一只眼睛（左眼或右眼）
4	IA_AREA	当前兴趣区的面积区域
5	IA_AVERAGE_FIX_PUPIL_SIZE	兴趣区内所有注视的平均瞳孔大小
6	IA_BOTTOM	矩形或椭圆兴趣区右下角的 y 坐标（"."表示手动创建的兴趣区）
7	IA_DWELL_TIME	当前兴趣区中所有注视的持续时间之和
8	IA_DWELL_TIME_%	注视当前兴趣区时所花费时间占整个试次注视时间的百分比（即 IA_DWELL_TIME/TRIAL_DWELL_TIME×100%，其中第二个指标是该试次下兴趣区注视时间的总和）
9	IA_DYNAMIC	当前兴趣区是否是动态的（是或不是）
10	IA_END_TIME	当前兴趣区最后一个事件结束的时间（相对于当前兴趣区的开始阶段来说）。此变量仅适用于动态兴趣区
11	IA_FIRST_FIXATION_DURATION	当前兴趣区内第一次注视的持续时间
12	IA_FIRST_FIXATION_INDEX	当前兴趣区内的首次注视在整个试次中的序号
13	IA_FIRST_FIXATION_PREVIOUS_FIX_IA	当前兴趣区的首次注视进入该兴趣区之前所注视的兴趣区的 ID
14	IA_FIRST_FIXATION_PREVIOUS_IAREAS	当前兴趣区的首次注视进入该兴趣区之前所注视的所有兴趣区的 ID。最近注视过的兴趣区的 ID 出现在最前面
15	IA_FIRST_FIXATION_RUN_INDEX	当对某兴趣区进行第一次注视时，这次注视是属于第几遍注视。包括当前注视
16	IA_FIRST_FIXATION_TIME	当前兴趣区首次注视开始的时间（相对于当前试次"TRIAL_START_TIME"的开始时间，单位为 ms）
17	IA_FIRST_FIXATION_VISITED_IA_COUNT	当前兴趣区的首次注视在进入当前兴趣区之前注视过的不同兴趣区的数量
18	IA_FIRST_FIXATION_X	当前兴趣区首次注视位置的水平像素值
19	IA_FIRST_FIXATION_Y	当前兴趣区首次注视位置的垂直像素值
20	IA_FIRST_FIX_PROGRESSIVE	检查当前兴趣区被首次注视之前是否已经注视了后面的兴趣区。1 表示没有，0 表示有。这一指标在检验阅读中当前兴趣区中的首次注视是否是真正的首次注视是非常有用的
21	IA_FIRST_RUN_DWELL_TIME	第一遍阅读的总注视时间。注意，这一指标不包括眼跳时间。可以通过从 IA_FIRST_RUN_END_TIME 中减去 IA_FIRST_RUN_START_TIME 得到首次通过兴趣区的总时间
22	IA_FIRST_RUN_END_TIME	当前兴趣区中第一遍注视的结束时间（相对于当前试次"TRIAL_START_TIME"的开始时间，单位为 ms）
23	IA_FIRST_RUN_FIXATION_%	当前兴趣区第一遍注视次数占整个试次中所有注视次数的百分比

续表

序号	指标	含义
24	IA_FIRST_RUN_FIXATION_CO UNT	当前兴趣区第一遍注视次数的总和
25	IA_FIRST_RUN_LANDING_POSITION	第一遍通过当前兴趣区期间首次注视的水平位置到兴趣区的左边界的像素数。对于从右到左阅读的语言，这时要计算第一遍通过当前兴趣区期间首次注视的水平位置与兴趣区的右边界之间的像素差。如果将"Report Distance in"（输出/分析首选项）设置为"Degrees"，则报告角度距离（单位为度，"degree"）
26	IA_FIRST_RUN_LAUNCH_SITE	落到当前兴趣区的首次注视之前的一次注视的水平位置到兴趣区的左边界的水平像素值。对于从右到左阅读的语言，这时要计算首次注视前的注视点的水平位置与兴趣区的右边界之间的像素差。如果将"Report Distance in"（输出/分析首选项）设置为"Degrees"，则报告角度距离（单位为°）
27	¶ IA_FIRST_RUN_START_TIME	当前兴趣区中第一遍注视开始的时间（相对于当前试次"TRIAL_START_TIME"的开始时间，单位为ms）
28	IA_FIRST_SACCADE_AMPLITU DE	当前兴趣区的首次跳读的幅度（单位为°）
29	IA_FIRST_SACCADE_ANGLE	水平面与在当前兴趣区的首次眼跳方向之间的夹角
30	¶ IA_FIRST_SACCADE_END_TIME	首次落在当前兴趣区内的眼跳的结束时间（相对于当前试次"TRIAL_START_TIME"的开始时间，单位为ms）
31	IA_FIRST_SACCADE_INDEX	首先落在当前兴趣区内的眼跳的顺序标号
32	¶ IA_FIRST_SACCADE_START_TIME	开始时间（相对于当前试次"TRIAL_START_TIME"的开始时间，单位为ms）
33	IA_FIXATION_%	落到当前兴趣区的注视占整个试次所有注视的百分比
34	IA_FIXATION_COUNT	兴趣区内的注视点总数
35	IA_FSA_COUNT	注视次数，其中（注视 n）从当前兴趣区开始，并且（注视 n+Fixation_Skip_Count）在当前兴趣区中结束。
36	IA_FSA_DURATION	所有注视的时间总和，其中（注视 N）从当前兴趣区开始，并且（注视 N+Fixation_Skip_Count）结束于当前兴趣区。
37	IA_GROUP	当前兴趣区的组标签
38	IA_ID	当前兴趣区的地址/序号
39	IA_INSTANCE_COUNT	当前动态兴趣区的单个示例的总数
40	IA_LABEL	当前兴趣区的标签
41	IA_LAST_FIXATION_DURATION	当前兴趣区的最后一次注视的时间
42	IA_LAST_FIXATION_RUN	最后一次注视是在第几遍阅读中
43	¶IA_LAST_FIXATION_TIME	当前兴趣区的最后一次注视的开始时间（相对于当前试次"TRIAL_START_TIME"的开始时间而言，以ms为单位）
44	IA_LAST_FIXATION_X	当前兴趣区内的最后一次注视所在位置的水平像素值
45	IA_LAST_FIXATION_Y	当前兴趣区内的最后一次注视所在位置的垂直像素值
46	IA_LAST_RUN_DWELL_TIME	最后一遍注视的所有注视点持续时间的总和
47	IA_LAST_RUN_END_TIME	当前兴趣区最后一遍注视的结束时间（相对于当前试次"TRIAL_START_TIME"开始的毫秒数）

序号	指标	含义
48	IA_LAST_RUN_FIXATION_%	在当前兴趣区的最后一遍注视占整个试次所有注视总数的百分比
49	IA_LAST_RUN_FIXATION_COUNT	当前兴趣区最后一遍注视的注视点总数
50	IA_LAST_RUN_LANDING_POSITION	当前兴趣区内最后一遍注视中，首次注视点所在的水平位置到兴趣区的左边界的距离（像素值）。对于从右往左读的语言（请参阅"输出/分析"首选项中的"从左到右阅读"设置），这时要计算该兴趣区最后一遍被注视期间首次注视点的水平位置与兴趣区右边界之间的像素差。如果"报告距离"（输出/分析首选项）设置为"度"，则报告距离（单位为°）
51	IA_LAST_RUN_LAUNCH_SITE	进入当前兴趣区的最后一遍注视前，注视点的水平位置到兴趣区的左边界的距离（像素值）。对于从右往左阅读的语言（请参阅"输出/分析"首选项中的"从左到右阅读"设置），这时要计算进入该兴趣区进行最后一遍注视之前的注视点的水平位置与兴趣区右边界之间的像素差。如果"报告距离"（输出/分析首选项）设置为"度"，则报告角距（单位为°）
52	IA_LAST_RUN_START_TIME	当前兴趣区中最后一遍注视的开始时间（相对于当前试次"TRIAL_START_TIME"的开始时间，单位为ms）
53	IA_LAST_SACCADE_AMPLITUDE	当前兴趣区的最后一次眼跳幅度（单位为°）
54	IA_LAST_SACCADE_ANGLE	当前兴趣区内最后一次眼跳方向与水平面之间的角度，单位为°
55	IA_LAST_SACCADE_END_TI ME	兴趣区内最后一次眼跳的结束时间（相对于当前试次"TRIAL_START_TIME"的开始时间，单位为ms）
56	IA_LAST_SACCADE_INDEX	落在当前兴趣区的最后一次眼跳的序号
57	IA_LAST_SACCADE_START_TIME	开始时间（相对于当前试次"TRIAL_START_TIME"的开始时间，单位为ms）
58	IA_LEFT	矩形或椭圆形兴趣区左上角的横坐标像素值（"."适用于手动创建的兴趣区）
59	IA_LEGAL	该兴趣区 N 的首次注视点在该试次中提早落到了兴趣区 N−1，此时兴趣区 N 的 IA_LEGAL 才等于1。该兴趣区 N 的首次注视点在该试次中没有提早落到兴趣区 N−1，则 IA_LEGAL 为0。这个变量与呈现变化范式（如边界范式、移动窗口范式等）的实验相关，能够确保读者在实际注视目标区域之前就能看到目标区域
60	IA_LEGAL_IMMEDIATE	只有当首次注视点在兴趣区 N 之前紧接着的一个注视点在兴趣区 N−1 时，兴趣区 N 的 IA_LEGAL_IMMEDIATE 才等于1。如果在兴趣区 N 的首次注视之前没有一个在兴趣区 N−1 的注视点，则 IA_LEGAL_IMMEDIATE 为0。这个变量在一些呈现变化范式（如边界范式、移动窗口范式等）的实验中出现，能够使读者提前注视到目标区域
61	IA_MAX_FIX_ SIZE	兴趣区内注视点中的最大瞳孔值。请注意，此指标是兴趣区内注视点的最大瞳孔 CURRENT_FIX_PUPIL_SIZE 的值，不是某次注视中瞳孔的最大值，URRENT_FIX_PUPIL_SIZE 表示注视期间的平均瞳孔大小
62	IA_MIN_FIX_PUPIL_SIZE	兴趣区内的所有注视中的最小瞳孔大小。请注意，该指标不表示一次注视期间的最小瞳孔大小
63	IA_POINTS	自由绘制兴趣区的点列表（没有则报告"."）
64	IA_REGRESSION_IN	当前兴趣区中是否包含至少一次从比当前兴趣区的地址数字更大的兴趣区（例如，句子的后半部分）过来的回视。"1"表示当前兴趣区包含从后面更高 IA_ID（英文中是从右侧）中过来的回视，"0"表示没有

续表

序号	指标	含义
65	IA_REGRESSION_IN_COUNT	从更高的兴趣区 ID 进入当前兴趣区的次数（英语中为从右侧过来）
66	IA_REGRESSION_OUT	是否存在一个从当前兴趣区离开并进入一个较早兴趣区（如英语中左侧的区域）的注视，即回视，然后继续向前阅读。"1"表示有；"0"表示没有
67	IA_REGRESSION_OUT_COUNT	从当前兴趣区离开并进入一个较早兴趣区（如英语中左侧的区域）的注视的次数
68	IA_REGRESSION_OUT_FULL	是否存在从当前兴趣区回视到更早的兴趣区的注视。"1"表示有；"0"则表示没有。注意，IA_REGRESSION_OUT 只考虑了第一遍回视，而 IA_REGRESSION_OUT_FULL 则考虑了所有回视，不论之后的兴趣区是否已经被注视过
69	IA_REGRESSION_OUT_FULL_COUNT	眼睛从当前兴趣区离开然后进入具有较低 ID 兴趣区的次数
70	IA_REGRESSION_PATH_DURATION	从眼睛进入当前兴趣区产生的首次注视到眼睛进入具有较高 ID 的兴趣区的注视点的持续时间总和
71	IA_RIGHT	矩形或椭圆兴趣区右下角的水平坐标位置（"."适用于手动创建的兴趣区）
72	IA_RUN_COUNT	进入和离开当前兴趣区的次数
73	IA_SECOND_FIXATION_DURATION	当前兴趣区中的第二次注视的时间，不论是第几遍注视
74	IA_SECOND_FIXATION_RUN	第二次注视在当前兴趣区的第几遍阅读中
75	IA_SECOND_FIXATION_TIME	当前兴趣区内第二次注视的时间，不论是第几遍注视（参照"TRIAL_START_TIME"，单位为 ms）
76	IA_SECOND_FIXATION_X	当前兴趣区第二次注视的水平位置
77	IA_SECOND_FIXATION_Y	当前兴趣区第二次注视的垂直位置
78	IA_SECOND_RUN_DWELL_TIME	第二遍注视的总注视时间。读者在第二遍注视当前兴趣区时产生的所有注视点时间的总和
79	IA_SECOND_RUN_END_TIME	当前兴趣区中第二遍注视的结束时间（参照"TRIAL_START_TIME"，单位为 ms）
80	IA_SECOND_RUN_FIXATION_%	对当前兴趣区的第二遍注视占本试次中所有注视点的百分比
81	IA_SECOND_RUN_FIXATION_COUNT	当前兴趣区的第二遍注视的注视点个数
82	IA_SECOND_RUN_LANDING_POSITION	在对当前兴趣区第二遍注视期间，从首次注视点的水平位置到兴趣区的左边界的像素数。对于从右往左阅读的语言（请参阅输出/分析首选项中的"从左到右阅读"设置），这时要计算第二遍注视期间首次注视点的水平位置与兴趣区的右边缘之间的像素差。如果将"Report Distance in"（输出/分析首选项）设置为"Degrees"，则报告角度距离（单位为°）
83	IA_SECOND_RUN_LAUNCH_SITE	当前兴趣区内第二遍注视的前一次注视点的水平位置到兴趣区的左边界的像素数。对于从右到左阅读的语言（请参阅输出/分析首选项中的"从左到右阅读"设置），这时要计算紧接在第二次注视之前的注视点的水平位置与兴趣区的右边缘之间的像素差。如果将"Report Distance in"（输出/分析首选项）设置为"Degrees"，则报告角度距离（单位为°）
84	IA_SECOND_RUN_START_TIME	第二次注视当前兴趣区时注视点的开始时间。（相对于当前试次"TRIAL_START_TIME"的开始时间，单位为 ms）

续表

序号	指标	含义
85	IA_SELECTIVE_REGRESSION_PATH_DURATION	在眼睛进入 ID 更高的兴趣区之前对当前兴趣区注视和再注视的持续时间之和
86	IA_SKIP	如果眼睛在第一次通过该兴趣区时没有发生注视，则该兴趣区被跳读（例如，IA_SKIP=1）
87	IA_SPILLOVER	首次通过兴趣区 N 并离开后，首次注视兴趣区 N+1 的时间。
88	IA_START_TIME	当前兴趣区的第一个事件开始的时间（相对于当前兴趣阶段的开始）。此变量仅适用于动态兴趣区
89	IA_THIRD_FIXATION_DURATION	兴趣区的第三次注视的持续时间，与第几遍阅读无关
90	IA_THIRD_FIXATION_RUN	当前兴趣区第三次注视属于第几遍阅读
91	IA_THIRD_FIXATION_TIME	当前兴趣区中第三次注视的时间（相对于当前试次"TRIAL_START_TIME"的开始时间，单位为 ms），与第几遍阅读无关
92	IA_THIRD_FIXATION_X	当前兴趣区内的第三次注视的注视点所在的水平位置
93	IA_THIRD_FIXATION_Y	当前兴趣区内的第三次注视的注视点所在的垂直位置
94	IA_THIRD_RUN_DWELL_TIME	当前兴趣区内第三遍注视的时间总和
95	IA_THIRD_RUN_END_TIME	当前兴趣区第三遍注视的结束时间（相对于当前试次"TRIAL_START_TIME"的开始时间，单位为 ms）
96	IA_THIRD_RUN_FIXATION_%	第三遍通过当前兴趣区时注视点数目占整个试次中所有注视点的百分比
97	IA_THIRD_RUN_FIXATION_CO UNT	第三遍通过当前兴趣区时的注视点个数
98	IA_THIRD_RUN_LANDING_PO SITION	在对当前兴趣区第三遍注视期间，从首次注视点的水平位置到兴趣区的左边界的像素值。对于从右往左阅读的语言（请参阅输出/分析首选项中的"从左到右阅读"设置），这时要计算第三次通过兴趣区期间首次注视的水平位置与兴趣区的右边缘之间的像素差。如果将"Report Distance in"（输出/分析首选项）设置为"Degrees"，则报告角度距离（单位为°）
99	IA_THIRD_RUN_LAUNCH_SITE	当前兴趣区内第三遍注视的前一次注视点的水平位置到兴趣区的左边界的像素数。对于从右往左阅读的语言（请参阅输出/分析首选项中的"从左到右阅读"设置），这时要计算紧接着第三次通过前的注视点的水平位置与兴趣区的右边缘之间的像素差。如果将"Report Distance in"（输出/分析首选项）设置为"Degrees"，则报告角度距离（单位为°）
100	IA_THIRD_RUN_START_TIME	当前兴趣区中第三遍注视的开始时间（相对于当前试次"TRIAL_START_TIME"的开始时间，单位为 ms）
101	IA_TOP	矩形或椭圆兴趣区左上角的纵坐标（"."适用于手动创建的兴趣区）
102	IA_TYPE	兴趣区的类型（矩形、椭圆形或手动创建）
103	IP_END_EVENT_MATCHED	在当前试次中是否发现与所选的兴趣阶段的结束相匹配的事件
104	IP_END_TIME	兴趣阶段的结束时间（单位为 ms，自 EyeLink 眼动仪被激活算起，即 EDF 文件时间）
105	IP_INDEX	由用户创建的兴趣阶段的序号（从 1 开始）。对于 Full-Trial Period 或者 Reaction-Time Period 的情况，即用户没有创建兴趣阶段，则会给出一个缺失值
106	IP_LABEL	在可视阶段选择的当前兴趣阶段的序号

续表

序号	指标	含义
107	IP_START_EVENT_MATCHED	在当前试次中是否发现与所选兴趣阶段开始的事件的匹配事件
108	IP_START_TIME	兴趣阶段的开始时间（单位为 ms，自 EyeLink 眼动仪被激活算起，即 EDF 文件时间）
109	REPORTING_METHOD	在创建兴趣区报告时，是否利用了基于注视或者基于模板的计算。报告的方法可以通过“Output/Analysis Preference->Perform Sample-based Calculation”得到
110	TRIAL_DWELL_TIME	当前选定兴趣阶段内，该试次的总注视时间（即所有注视时间之和）
111	TRIAL_FIXATION_COUNT	当前选定兴趣阶段内，该试次的注视总次数
112	TRIAL_IA_COUNT	当前试次中的兴趣区总数
113	TRIAL_INDEX	当前试次在记录中的顺序号
114	TRIAL_LABEL	试次的标签
115	TRIAL_START_TIME	试次的开始时间（单位为 ms，自 EyeLink 眼动仪被激活算起，即 EDF 文件时间）。如果在试次中找到一个有效的反应时，TRIAL_START_TIME 将被设置为反应时定义的开始时间
116	TRIAL_TOTAL_VISITED_IA_COUNT	在一个试次中眼睛进入特定兴趣区的总数

三、Fixation Report 数据报告中的指标

Fixation Report 里输出的数据如图 2-65 所示，总结了每个被试在每一个试次中的每一个注视点的情况。

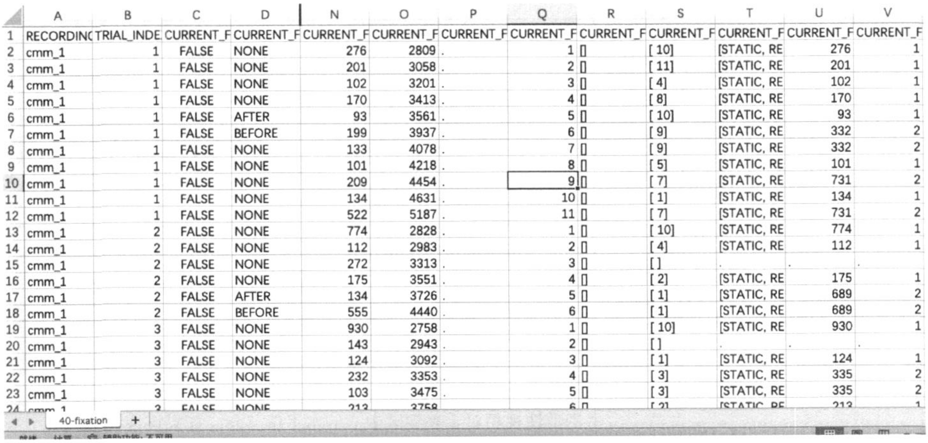

	A	B	C	D	N	O	P	Q	R	S	T	U	V
1	RECORDINC	TRIAL_INDE	CURRENT_F	CURRENT_F	CURRENT_F	CURRENT_F	CURRENT_F	CURRENT_F	CURRENT_F	CURRENT_F	CURRENT_F	CURRENT_F	CURRENT_F
2	cmm_1	1	FALSE	NONE	276	2809	.	1	[]	[10]	[STATIC, RE	276	1
3	cmm_1	1	FALSE	NONE	201	3058	.	2	[]	[11]	[STATIC, RE	201	1
4	cmm_1	1	FALSE	NONE	102	3201	.	3	[]	[4]	[STATIC, RE	102	1
5	cmm_1	1	FALSE	NONE	170	3413	.	4	[]	[8]	[STATIC, RE	170	1
6	cmm_1	1	FALSE	AFTER	93	3561	.	5	[]	[10]	[STATIC, RE	93	1
7	cmm_1	1	FALSE	BEFORE	199	3937	.	6	[]	[9]	[STATIC, RE	332	2
8	cmm_1	1	FALSE	NONE	133	4078	.	7	[]	[9]	[STATIC, RE	332	2
9	cmm_1	1	FALSE	NONE	101	4218	.	8	[]	[5]	[STATIC, RE	101	1
10	cmm_1	1	FALSE	NONE	209	4454	.	9	[]	[7]	[STATIC, RE	731	2
11	cmm_1	1	FALSE	NONE	134	4631	.	10	[]	[1]	[STATIC, RE	134	1
12	cmm_1	1	FALSE	NONE	522	5187	.	11	[]	[7]	[STATIC, RE	731	2
13	cmm_1	2	FALSE	NONE	774	2828	.	1	[]	[10]	[STATIC, RE	774	1
14	cmm_1	2	FALSE	NONE	112	2983	.	2	[]	[4]	[STATIC, RE	112	1
15	cmm_1	2	FALSE	NONE	272	3313	.	3	[]	[]	.	.	.
16	cmm_1	2	FALSE	NONE	175	3551	.	4	[]	[2]	[STATIC, RE	175	1
17	cmm_1	2	FALSE	AFTER	134	3726	.	5	[]	[1]	[STATIC, RE	689	2
18	cmm_1	2	FALSE	BEFORE	555	4440	.	6	[]	[1]	[STATIC, RE	689	2
19	cmm_1	3	FALSE	NONE	930	2758	.	1	[]	[10]	[STATIC, RE	930	1
20	cmm_1	3	FALSE	NONE	143	2943	.	2	[]	[]	.	.	.
21	cmm_1	3	FALSE	NONE	124	3092	.	3	[]	[1]	[STATIC, RE	124	1
22	cmm_1	3	FALSE	NONE	232	3353	.	4	[]	[3]	[STATIC, RE	335	2
23	cmm_1	3	FALSE	NONE	103	3475	.	5	[]	[3]	[STATIC, RE	335	2
24	cmm_1	3	FALSE	NONE	213	3758	.	6	[]	[2]	[STATIC, RE	213	1

40-fixation

图 2-65 Fixation Report 输出的数据示意图

表 2-4 为 Fixation Report 输出的常见变量。

表 2-4 Fixation Report 中的变量简介

序号	指标	含义
1	RECORDING_SESSION_ LABEL	数据文件的标签
2	CURRENT_FIX_ADJUSTED	当前的注视是否被手动调整过
3	CURRENT_FIX_BLINK_ AROUND	当前注视之前或之后是否有眨眼。可能的值为"AFTER"（在当前注视之后有眨眼）、"BEFORE"（在当前注视之前有眨眼）、"BOTH"（当前注视前后均有眨眼）或"NONE"（当前注视周围没有眨眼）
4	CURRENT_FIX_BUTTON_ 0_PRESS… CURRENT_FIX_ BUTTON_8_PRESS	如果在注视期间或注视之后按下了特定的按键（0~8），则为试次的时间（相对于当前试次"TRIAL_START_TIME"的开始时间，单位为 ms）。如果从当前注视开始到下一次注视开始没有按下按键，则标记为缺失值"."
5	CURRENT_FIX_DURATION	当前注视时间
6	¶ CURRENT_FIX_END	当前注视结束后的试次时间（相对于当前试次"TRIAL_START_TIME"的开始时间，单位为 ms）
7	¶CURRENT_FIX_END_ OTHER	当前注视结束后的试次时间（用于双眼记录中的另一只眼睛）（相对于当前试次"TRIAL_START_TIME"的开始时间，单位为 ms）
8	CURRENT_FIX_INDEX	试次中当前注视的位置（或序号）。数值范围为 $1 \sim n$，其中 n 是试次中注视的总次数
9	CURRENT_FIX_INPUT_ EVENTS	用于存储当前注视期间发生的新输入事件（时间和事件代码）的列表
10	CURRENT_FIX_INTEREST_ AREAS	当前注视所进入的所有兴趣区的 ID 列表
11	CURRENT_FIX_INTEREST_ AREA_DATA	包含当前注视所处兴趣区的所有数据（兴趣区类型，比如矩形、椭圆形或者任意图形；动态或者静态兴趣区，坐标数据）的列表
12	CURRENT_FIX_INTEREST_ AREA_DWELL_TIME	当前注视所处兴趣区的总注视时间（单位为 ms）
13	CURRENT_FIX_INTEREST_ AREA_FIX_COUNT	当前注视所处兴趣区的总注视次数
14	CURRENT_FIX_ INTERESTAREA_GROUP	当前注视所处兴趣区的组标签
15	CURRENT_FIX_INTEREST AREA_ID	当前注视所处的兴趣区 ID
16	CURRENT_FIX_INTEREST AREA_INDEX	当前注视点所在的兴趣区的索引。这个指标与 CURRENT_FIX_ INTEREST_AREA_ID 相同，除非有多个具有相同 ID 的兴趣区，或者兴趣区的 ID 不是从 1 开始的
17	CURRENT_FIX_ INTEREST_AREA_LABEL	当前注视所处兴趣区的标签
18	CURRENT_FIX_INTEREST_ AREA_PIXEL_AREA	当前注视所处兴趣区的像素区域
19	CURRENT_FIX_INTEREST_ AREA_RUN_ID	当前注视是发生在当前兴趣区内的第几遍注视。如果当前兴趣区先前没有发生注视，此变量将被赋值为 1
20	CURRENT_FIX_INTEREST_ AREA_X_OFFSET	当前注视相对于兴趣区中心的水平偏移量。如果该注视落入多个兴趣区，则只返回相对于第一个兴趣区的偏移量值。对于手动创建的兴趣区，将返回一个缺失值（.）

续表

序号	指标	含义
21	CURRENT_FIX_INTEREST_AREA_Y_OFFSET	当前注视相对于兴趣区中心的垂直偏移量。如果该注视落入多个兴趣区，则只返回相对于第一个兴趣区的偏移量值。对于手动创建的兴趣区，将返回一个缺失值（.）
22	CURRENT_FIX_IS_RT_END	当前注视是否为反应时定义的结束事件
23	¶ CURRENT_FIX_LABEL	当前注视的标签
24	CURRENT_FIX_MSG_COUNT[1]	与当前注视事件有关的可见的信息数量[1]。这个数字不会超过输出/分析首选项设置中设置的"眼动事件中的最大信息变量"
25	CURRENT_FIX_MSG_TEXT_#[1]	与当前注视事件有关的文本字符串信息。此值与输出/分析首选项的"眼动事件中的最大信息变量"属性中设置的值一样多
26	¶CURRENT_FIX_MSG_TIME_#[1]	试次时间（相对于当前试次"TRIAL_START_TIME"的开始时间，单位为ms）。此值与输出/分析首选项的"眼动事件中的最大信息变量"属性中设置的值一样多
27	CURRENT_FIX_NEAREST_INTEREST_AREA	当前注视最近的兴趣区。如果注视点落在多个兴趣区内，则根据到兴趣区中心的最短距离进行赋值。如果注视点不落在任何兴趣区内，则根据到兴趣区最近边缘的最短距离进行赋值
28	CURRENT_FIX_NEAREST_INTEREST_AREA_DISTANCE	当前注视点和与当前注视点最近的兴趣区的中心之间的距离（单位为°）
29	CURRENT_FIX_NEAREST_INTEREST_AREA_LABEL	当前注视最近兴趣区的标签
30	CURRENT_FIX_INTEREST_AREA_INDEX	当前注视点所在的兴趣区的索引。这个指标与CURRENT_FIX_INTEREST AREA_ID相同，除非有多个具有相同ID的兴趣区，或者兴趣区ID不是从1开始的
31	CURRENT_FIX_PUPIL	当前注视中的平均瞳孔大小
32	CURRENT_FIX_REFIX_INTEREST_AREA	当前试次中是否存在一次先前注视，其所在兴趣区与当前注视所在兴趣区相同。如果有的话，则报告该兴趣区第一次注视的CURRENT_FIX_INDEX的值。如果没有，则报告0
33	CURRENT_FIX_REFIX_PREV_INTEREST_AREA	本试次中是否存在一次之前的注视，其所在的兴趣区ID比当前注视所在兴趣区的ID更高
34	CURRENT_FIX_RUN_DWELL_TIME	当前注视所在的第N轮注视，此轮注视的总注视时间（单位为ms）
35	CURRENT_FIX_RUN_INDEX	当前注视在本轮注视中的事件序号。第一次注视被标记为1，第二次注视被标记为2，以此类推
36	CURRENT_FIX_RUN_SIZE	本轮注视中的所有注视次数总和
37	¶ CURRENT_FIX_START	当前注视开始的试次时间（相对于当前试次"TRIAL_START_TIME"的开始时间，单位为ms）
38	¶CURRENT_FIX_START_OTHER	当前注视开始时的试次时间（用于双眼记录中的另一只眼睛）（相对于当前试次"TRIAL_START_TIME"的开始时间，单位为ms）
39	CURRENT_FIX_TRIAL_SPAN	当前注视是否在该试次开始前开始，在试次开始后结束，还是在试次结束前开始并在试次结束后结束
40	CURRENT_FIX_X	当前注视的x坐标
41	CURRENT_FIX_X_OTHER	当前注视的x坐标（用于双眼记录中的另一只眼睛）

续表

序号	指标	含义
42	CURRENT_FIX_X_RESOLUTION	当前注视的水平像素分辨率/度
43	CURRENT_FIX_Y	当前注视的 y 坐标
44	CURRENT_FIX_Y_OTHER	当前注视的 y 坐标（用于双眼记录中的另一只眼睛）
45	CURRENT_FIX_Y_RESOLUTION[2]	当前注视的垂直像素分辨率/度
46	DATA_FILE	记录的文件名称
47	EYE_USED	记录当前报告中使用的是哪只眼睛的数据（左眼或右眼）
48	IP_END_EVENT_MATCHED	在当前试次中是否发现与所选兴趣区结束相匹配的事件
49	IP_END_TIME	兴趣区的结束时间（自眼动仪运行起，即 EDF 文件时间）
50	IP_INDEX	由用户创建的兴趣区索引（从 1 开始）。由于整个试次及反应区域不是用户创建的，系统会报告一个缺失值（.）
51	IP_LABEL	在观察阶段所选择的兴趣阶段的标签
52	IP_START_EVENT_MATCHED	在当前试次中是否发现与所选兴趣阶段开始相匹配的事件
53	IP_START_TIME	兴趣阶段的开始时间（自眼动仪运行起，即 EDF 文件时间）
54	LAST_BUTTON_PRESSED	所按按钮的 ID
55	¶LAST_BUTTON_PRESS_TIME	最后一个按钮按下的试次时间（相对于当前试次"TRIAL_START_TIME"的开始时间，单位为 ms）。
56	LAST_BUTTON_RELEASED	最后一个松开的按钮的 ID
57	¶LAST_BUTTON_RELEASED_TIME	最后一个按钮松开的试次时间（相对于当前试次"TRIAL_START_TIME"的开始时间，单位为 ms）
58	¶ LAST_BUTTON_TIME	最后一个按钮按下或松开的试次时间（相对于当前试次"TRIAL_START_TIME"的开始时间，单位为 ms）
59	NEXT_FIX_ANGLE, PREVIOUS_FIX_ANGLE	水平线和连接当前注视与下一次注视（或者前一次注视）线的夹角
60	NEXT_FIX_DIRECTION, PREVIOUS_FIX_DIRECTION	相对于当前注视，先前/下一次注视所在位置的方向（左、右、上、下）
61	NEXT_FIX_DISTANCE, PREVIOUS_FIX_DISTANCE	当前注视与下一次/先前注视之间的距离（单位为°）
62	NEXT_SAC_AMPLITUDE	下一次眼跳的幅度（单位为°）
63	NEXT_SAC_ANGLE	下一次眼跳方向与水平面的夹角（单位为°）
64	NEXT_SAC_AVG_VELOCITY	下一次眼跳的平均速度（单位为°/s）
65	NEXT_SAC_BLINK_DURATION	在下一次眼跳中眨眼持续时间（单位为 ms）。如果没有发生眨眼事件，则给出一个缺失值（.）
66	NEXT_SAC_BLINK_END	在前一次眼跳事件中发现的眨眼的结束时间（相对于当前试次"TRIAL_START_TIME"的开始时间，单位为 ms）。如果没有发生眨眼事件，则给出一个缺失值（.）
67	NEXT_SAC_BLINK_START	在前一次眼跳事件中发现的眨眼开始时间（相对于当前试次"TRIAL_START_TIME"的开始时间，单位为 ms）。如果没有发生眨眼事件，则给出一个缺失值（.）

续表

序号	指标	含义
68	NEXT_SAC_CONTAINS_BLINK	下一次眼跳事件是否包含眨眼
69	NEXT_SAC_DIRECTION	相对于当前注视，下一次眼跳方向（左、右、上、下）。NEXT_SAC_AMPLITUDE 小于 0.5°，则会报告一个缺失值（.）
70	NEXT_SAC_DURATION	下一次眼跳的持续时间（单位为 ms）
71	NEXT_SAC_END_INTEREST_AREAS	下一次眼跳结束点所在的兴趣区
72	NEXT_SAC_END_INTEREST_AREA_ID	下一次眼跳结束点所在兴趣区的 ID
73	NEXT_SAC_END_INTEREST_AREA_INDEX	下一次眼跳结束点所在的兴趣区。这个指标与 NEXT_SAC_END_INTEREST_AREA_ID 相同，除非有多个兴趣区具有相同的 ID，或者兴趣区 ID 不是从 1 开始的
74	NEXT_SAC_END_INTEREST_AREA_LABEL	下一次眼跳结束位置所在的兴趣区标签
75	¶ NEXT_SAC_END_TIME	下一次眼跳结束的试次时间（相对于当前试次"TRIAL_START_TIME"的开始时间，单位为 ms）
76	NEXT_SAC_END_X_RESOLUTION	眼跳结束时的水平视角分辨率（以屏幕像素/度为单位）。如果样本加载到兴趣阶段，则取眼跳中的最后一个样本的水平分辨率；否则，使用下一次注视的水平分辨率
77	NEXT_SAC_END_Y	下一次眼跳结束点的 y 坐标
78	NEXT_SAC_END_Y_RESOLUTION	眼跳结束时的垂直角分辨率（以屏幕像素/度为单位）。如果样本加载到兴趣阶段，则取眼跳中的最后一个样本的垂直分辨率；否则，使用下一次注视的垂直分辨率
79	NEXT_SAC_INDEX	下一次眼跳的序数
80	NEXT_SAC_INPUT_EVENTS	用于存储下一次眼跳期间发生的新输入事件（时间和事件代码）的列表
81	NEXT_SAC_IS_RT_END	下一次眼跳是否为反应时定义的结束时间
82	¶ NEXT_SAC_LABEL	下一次眼跳的标签
83	NEXT_SAC_MSG_COUNT[2]	与下一次眼跳事件相关的可见信息数量。这个数量不会超过输出/分析首选项中设置的"眼动事件中的最大信息变量"
84	NEXT_SAC_MSG_TEXT[1]	与下一次眼跳事件相关的信息文本字符串.此值将会与输出/分析首选项的"眼动事件中的最大信息变量"属性中设置的值一样多
85	¶ NEXT_SAC_MSG_TIME[2]	信息的试次时间（相对于当前试次"TRIAL_START_TIME"的开始时间，单位为 ms）
86	NEXT_SAC_NEAREST_END_INTEREST_AREA	距离下一次眼跳结束点最近的兴趣区
87	NEXT_SAC_NEAREST_END_INTEREST_AREA_LABEL	距离下一次眼跳结束点最近的兴趣区的标签
88	NEXT_SAC_NEAREST_START_INTEREST_AREA	距离下一次眼跳开始点最近的兴趣区
89	NEXT_SAC_NEAREST_START_INTEREST_AREA_LABEL	距离下一次眼跳开始点最近的兴趣区的标签

续表

序号	指标	含义
90	NEXT_SAC_PEAK_VELOCITY	下一次眼跳的速度峰值（以可视度数/秒为单位）。峰值速度的计算取决于样本是否加载在兴趣阶段
91	NEXT_SAC_START_INTEREST_AREAS	下一次眼跳的开始点落入的兴趣区
92	NEXT_SAC_START_INTEREST_AREA_ID	下一次眼跳的开始点落入的兴趣区 ID
93	NEXT_SAC_START_INTEREST_AREA_INDEX	下一次眼跳的开始点落入的兴趣区的索引。这个指标与 NEXT_SAC_START_INTEREST AREA_ID 相同，除非有多个兴趣区具有相同的 ID，或者兴趣区 ID 不是从 1 开始的
94	NEXT_SAC_START_INTEREST_AREA_LABEL	下一次眼跳开始位置所在的兴趣区标签
95	¶NEXT_SAC_START_TIME	下一次眼跳结束的试次时间（相对于当前试次"TRIAL_START_TIME"的开始时间，单位为 ms）
96	NEXT_SAC_START_X	下一次眼跳起始点的 x 坐标
97	NEXT_SAC_START_X_RESOLUTION	眼跳开始时的水平视角分辨率（以屏幕像素/度为单位）。如果样本加载到兴趣阶段，则取眼跳中的第一个样本的水平分辨率；否则，使用当前注视的水平分辨率
98	NEXT_SAC_START_Y	下一次眼跳开始点的 y 坐标
99	NEXT_SAC_START_Y_RESOLUTION[3]	眼跳开始时的垂直视角分辨率（以屏幕像素/度为单位）。如果样本加载到兴趣阶段，则取眼跳中的第一个样本的垂直分辨率；否则，使用当前注视的垂直分辨率
100	TRIAL_FIXATION_TOTAL	一个试次中选择的当前兴趣阶段的总注视次数
101	TRIAL_INDEX	记录中试次的序号
102	TRIAL_LABEL	试次的标签
103	TRIAL_SACCADE_TOTAL	一个试次中选择的当前兴趣阶段的总眼跳次数
104	¶ TRIAL_START_TIME	试次的开始时间（单位为 ms，自眼动仪运行开始，即 EDF 文件时间）。如果在试次中找到一个有效的反应时，则将 TRIAL_START_TIME 设置为反应时定义的开始时间
105	VIDEO_FRAME_INDEX_END	眼动事件结束时可见的视频画面的索引
106	VIDEO_FRAME_INDEX_START	眼动事件开始时可见的视频画面的索引。注意，所有"VIDEO_"变量只适用于 SceneLink 或 Experiment Builder 记录
107	VIDEO_NAME_END	眼动事件结束时可见的视频画面的名称
108	VIDEO_NAME_START	眼动事件开始时可见的视频画面的名称

注：1）写入 EDF 文件的信息（Message）将与其时间上最接近的事件关联。因此，对于注视的报告，信息可能出现在前一次的眼跳（PREVIOUS_SAC_MSG_#）或后一次的眼跳 NEXT_SAC_MSG_#）期间。在极少数情况下，如果信息是在注视的最后一次采样（或眼跳）之后，但在随后的眼跳（或注视）的第一次采样之前写入，则信息可以同时写入眼跳和注视事件。

2）对于前一次注视（以 PREVIOUS_FIX 开头）和下一次注视（以 NEXT_FIX 开头）的分析是相同的。

3）对于先前眼跳（以 PREVIOUS_SAC 开头）的分析是相同的。

四、Saccade Report 数据报告中的指标

Saccade Report 里输出的数据提供了每个被试在每一个试次中的每一次眼跳

情况，其中包括以下与眼跳相关的信息：索引、标签、开始时间、结束时间、开始时间的 x 坐标和 y 坐标、结束时间的 x 坐标和 y 坐标、持续时间、幅度、视角、方向、平均速度、峰值速度、事件开始和结束时的兴趣阶段，以及眼跳过程中发生的信息事件。它还包含上一次注视和下一次注视的信息：视角、眨眼的范围、方向、距离、持续时间、开始时间、结束时间、瞳孔大小、试次时间、注视所处的兴趣区域、最近的兴趣区域、是否选择了注视等。此外，该报告还包含数据文件、数据文件和个别试次的标签，以及其他用户定义的变量（完整的变量列表及其含义见 Fixation Report 中的变量）。图 2-66 为 Saccade Report 输出的部分数据。

1	RECORDING	TRIAL_INDE	CURRENT_S	CURRENT_S	CURRENT_S	CURRENT_S	CURRENT_S	CURRENT_S	CURRENT_S	CURRENT_S	CURRENT_S	CURRENT_S	CURRE
2	cmm_1	1	FALSE	5.04	-41.74	113.97	.	.	.	FALSE	RIGHT	48	[11]
3	cmm_1	1	FALSE	3.38	78.09	83.57	.	.	.	FALSE	UP	41	[4]
4	cmm_1	1	FALSE	4.79	-116.19	114.15	.	.	.	FALSE	DOWN	42	[8]
5	cmm_1	1	FALSE	5.36	175.41	113.09	.	.	.	FALSE	LEFT	55	[10]
6	cmm_1	1	FALSE	2.44	126.31	289.47	58	3651	3594	TRUE	UP	177	[]
7	cmm_1	1	FALSE	0.24	11.17	25.54	.	.	.	FALSE	.	8	[9]
8	cmm_1	1	FALSE	3.4	104.61	86.68	.	.	.	FALSE	UP	39	[]
9	cmm_1	1	FALSE	2.15	75.73	78.52	.	.	.	FALSE	UP	27	[7]
10	cmm_1	1	FALSE	2.96	30.89	67.78	.	.	.	FALSE	RIGHT	43	[1]
11	cmm_1	1	FALSE	3.44	-149.16	102.51	.	.	.	FALSE	LEFT	34	[7]
12	cmm_1	2	FALSE	4.7	-128.22	111.89	.	.	.	FALSE	DOWN	43	[4]
13	cmm_1	2	FALSE	8.28	98.35	146.04	.	.	.	FALSE	UP	58	[]
14	cmm_1	2	FALSE	8.05	-4.57	142.04	.	.	.	FALSE	RIGHT	63	[2]
15	cmm_1	2	FALSE	4.36	154.08	107.01	.	.	.	FALSE	LEFT	41	[1]
16	cmm_1	2	FALSE	0.52	6.51	360.76	60	3821	3762	TRUE	RIGHT	159	[1]
17	cmm_1	3	FALSE	4.06	-139.81	99.58	.	.	.	FALSE	LEFT	42	[]
18	cmm_1	3	FALSE	1.62	-57.08	63.74	.	.	.	FALSE	DOWN	25	[1]
19	cmm_1	3	FALSE	2.23	152.62	76.11	.	.	.	FALSE	LEFT	29	[3]
20	cmm_1	3	FALSE	0.67	157.27	32.73	.	.	.	FALSE	LEFT	19	[]
21	cmm_1	3	FALSE	10.28	17.42	158.49	.	.	.	FALSE	RIGHT	70	[2]
22	cmm_1	4	FALSE	3.31	-42.15	93.43	.	.	.	FALSE	RIGHT	38	[]
23	cmm_1	4	FALSE	3.41	41.95	81.46	.	.	.	FALSE	RIGHT	43	[3]
24	cmm_1	4	FALSE	1.23	60.86	315.64	43	3208	3166	TRUE	UP	180	[]
25	cmm_1	4	FALSE	4.66	117.59	114.25	.	.	.	FALSE	UP	41	[2]

40-sac

图 2-66 Saccade Report 输出的数据示意图

五、Message Report 数据报告中的指标

图 2-67 为 Message Report 输出的部分数据。

A1 fx RECORDING_SESSION_LABEL

	A	B	G	H	I	J	K	L	M	N	O	P	Q
1	RECORDI	TRIAL_IN	CURRENT	CURRENT	CURRENT	CURRENT	CURRENT	CURRENT	CURRENT	CURRENT	CURRENT	CURRENT	CURRENT
2	cmm_1	1	276	2809	1	2534	955.8	531.7	1	[10]	10	10	FixPoint
3	cmm_1	1	522	5187	11	4666	681.7	398.6	2	[7]	7	7	T2
4	cmm_1	2	774	2828	1	2055	961.3	562.9	1	[10]	10	5	FixPoint
5	cmm_1	2	555	4440	6	3886	989.1	230.4	2	[1]	1	1	T1
6	cmm_1	3	930	2758	1	1829	934.8	530.2	1	[10]	10	5	FixPoint
7	cmm_1	3	213	3758	6	3546	1255.4	502.1	2	[2]	2	2	D1
8	cmm_1	4	578	2796	1	2219	927.4	536.9	1	[10]	10	5	FixPoint
9	cmm_1	4	372	4392	8	4021	700.7	367.5	2	[1]	1	1	T1
10	cmm_1	5	254	2811	1	2558	898.8	521.6	1	.	.	.	.
11	cmm_1	5	249	4356	7	4108	1107.2	277.5	2	[5]	5	5	D2
12	cmm_1	6	1843	2620	1	778	964.5	517.1	1	[10]	10	5	FixPoint
13	cmm_1	6	478	3857	6	3380	1093.5	787.7	2	[3]	3	3	T2
14	cmm_1	7	944	2787	1	1844	946.1	532.1	1	[10]	10	10	FixPoint
15	cmm_1	7	443	5539	13	5097	852.5	817.3	2	[7]	7	7	T2
16	cmm_1	8	411	2912	1	2502	956	509.4	1	[10]	10	5	FixPoint
17	cmm_1	8	288	4107	5	3820	1231.5	498.1	2	[1]	1	1	T1

40-message

图 2-67 Message Report 输出的数据示意图

表 2-5 为 Message Report 输出的常见变量及其简介。

表 2-5　Message Report 中的变量简介

序号	指标	含义
1	RECORDING_SESSION_LABEL	数据文件的标签
2	CURRENT_MSG_BLINK_DURATION	与信息相关的眨眼时间
3	¶ CURRENT_MSG_BLINK_END	与信息相关的眨眼结束时间（相对于当前试次"TRIAL_START_TIME"开始的时间，单位为 ms）
4	CURRENT_MSG_BLINK_INDEX	与信息相关的眨眼索引
5	¶CURRENT_MSG_BLINK_START	信息被写入时的眨眼开始时间（相对于当前试次"TRIAL_START_TIME"开始的时间，单位为 ms）
6	CURRENT_MSG_FIX_DURATION	与信息相关的注视时间
7	¶ CURRENT_MSG_FIX_END	与信息相关的注视结束时间（相对于当前试次"TRIAL_START_TIME"的开始时间，单位为 ms）
8	CURRENT_MSG_FIX_INDEX	与信息相关的注视索引
9	¶ CURRENT_MSG_FIX_START	与信息相关的注视开始时间（相对于当前试次"TRIAL_START_TIME"的开始时间，单位为 ms）
10	CURRENT_MSG_FIX_X	与信息相关的注视的横坐标 x 位置
11	CURRENT_MSG_FIX_Y	与信息相关的注视的纵坐标 y 位置
12	CURRENT_MSG_INDEX	当前信息的索引
13	CURRENT_MSG_INTEREST_AREAS	记录信息时当前眼睛位置所在的兴趣区列表
14	CURRENT_MSG_INTEREST_AREA_ID	记录信息时当前眼睛位置所在的兴趣区 ID。如果信息落入多个兴趣区，则使用 ID 最低的兴趣区
15	CURRENT_MSG_INTEREST_AREA_INDEX	记录信息时当前眼睛位置所在的兴趣区的索引。这个指标与 CURRENT_MSG_INTEREST_AREA_ID 相同，除非有多个具有相同 ID 的兴趣区，或者兴趣区 ID 不是从 1 开始的
16	CURRENT_MSG_INTEREST_AREA_LABEL	记录信息时当前眼睛位置所在的兴趣区标签
17	CURRENT_MSG_IS_RT_END	当前信息是否为反应时定义的结束事件
18	CURRENT_MSG_IS_RT_START	当前信息是否为反应时定义的开始事件
19	¶ CURRENT_MSG_LABEL	当前信息事件的标签
20	CURRENT_MSG_SAC_AMPLITUDE	与信息相关的眼跳幅度（单位为°）
21	CURRENT_MSG_SAC_AVG_VELOCITY	与信息相关的眼跳平均速度（以°/s 为单位）
22	CURRENT_MSG_SAC_DURATION	与信息相关的眼跳时间，单位为 ms
23	¶CURRENT_MSG_SAC_END_TIME	与信息相关的眼跳结束时间（相对于当前试次开始的时间，单位为 ms）
24	CURRENT_MSG_SAC_END_X	与信息相关的眼跳结束点的横坐标 x 像素值
25	CURRENT_MSG_SAC_END_Y	与信息相关的眼跳结束点的纵坐标 y 像素值
26	CURRENT_MSG_SAC_INDEX	与信息相关的眼跳索引

续表

序号	指标	含义
27	CURRENT_MSG_SAC_PEAK_VELOCITY	与信息相关的眼跳速度峰值（以可视度数/秒为单位）。峰值速度的计算取决于样本是否加载在观察节段
28	¶CURRENT_MSG_SAC_START_TIME	与信息相关的眼跳开始时间（相对于当前试次的开始时间，单位为 ms）
29	CURRENT_MSG_SAC_START_X	与信息相关的眼跳开始点的 x 坐标
30	CURRENT_MSG_SAC_START_Y	与信息相关的眼跳开始点的 y 坐标
31	CURRENT_MSG_TEXT	当前信息的文本字符串
32	¶ CURRENT_MSG_TIME	信息的试次时间（相对于当前试次的开始时间，单位为 ms）
33	CURRENT_MSG_X_POSITION	当前信息文本的横坐标位置。如果样本没有在兴趣阶段内加载，将会是一个缺失值，显示为 "."
34	CURRENT_MSG_Y_POSITION	当前信息文本的纵坐标位置。如果样本没有在兴趣阶段加载，将会是一个缺失值，显示为 "."
35	DATA_FILE	EDF 数据文件的名称
36	EYE_USED	记录哪只眼睛（左眼或右眼）的数据
37	IP_DURATION	兴趣区的持续时间（单位为 ms）
38	IP_END_EVENT_MATCHED	在当前试次中是否找到与所选兴趣区结束时所匹配的事件
39	IP_END_TIME	兴趣阶段的结束时间（自眼动仪开始运行，单位为 ms）
40	IP_INDEX	由用户创建的兴趣阶段索引（从 1 开始）。由于整个试次及反应区域不是用户创建的，系统会报告一个缺失值
41	IP_LABEL	在当前兴趣阶段中选择的兴趣区标签
42	IP_START_EVENT_MATCHED	在当前试验中是否发现与所选兴趣区开始相匹配的事件
43	IP_START_TIME	兴趣阶段的开始时间（自眼动仪运行起，即 EDF 文件时间）
44	TRIAL_INDEX	记录中试次的序号
45	TRIAL_LABEL	试次的标签
46	¶ TRIAL_START_TIME	试次开始的时间（单位为 ms，自眼动仪运行开始，即 EDF 文件时间）。如果在试次中找到一个有效的反应时，则将 TRIAL_START_TIME 设置为反应时定义的开始时间

　　从以上介绍的五种类型的报告输出的数据和相应的变量可以看出，Data Viewer 为使用者提供的数据非常丰富，包含每一次注视和眼跳的时间与位置信息，如注视点的持续时间和顺序、注视点在空间范围内的具体位置，以及眼跳的方向、长度、速度等，也包含研究者选取的兴趣区和兴趣阶段内的信息，如凝视时间、总注视时间、回视、眼跳落点位置等，还包含整个试次的相关信息，如总阅读时间、平均注视时间、平均眼跳幅度等。当然，有一些指标是这 5 种类型的报告无法直接提供的，如注视比率、回视次数等，但是可以通过其中的相关数据计算得到。

综合以上对五种类型的报告所提供的指标的简单介绍，我们可以将眼动指标大体归为两类，即时间维度的眼动指标和空间维度的眼动指标。接下来，第三章和第四章将从这两个维度出发来介绍一些常用眼动指标。

参 考 文 献

白学军, 孟红霞, 王敬欣, 田静, 臧传丽, 闫国利. (2011). 阅读障碍儿童与其年龄和能力匹配儿童阅读空格文本的注视位置效应. *心理学报*, *43*(8), 851-862.

陈庆荣, 谭顶良, 邓铸, 徐晓东. (2010). 句法预测对句子理解影响的眼动实验. *心理学报*, *42*(6), 672-682.

迟慧, 闫国利, 许晓露, 夏萤, 崔磊, 白学军. (2014). 声旁语音信息对形声字加工的影响——来自眼动研究的证据. *心理学报*, (9), 1242-1260.

任桂琴, 韩玉昌, 于泽. (2012). 句子语境中汉语词汇形、音作用的眼动研究. *心理学报*, *44*(4), 427-434.

王敬欣, 徐倩倩, 郝立莎, 张雪. (2020). 汉字间空格大小对青年人和老年人阅读的影响:眼动研究. *心理科学*, *43*(1), 68-74.

王穗苹, 佟秀红, 杨锦绵, 冷英. (2009). 中文句子阅读中语义信息对眼动预视效应的影响. *心理学报*, *41*(3), 220-232.

王永胜, 赵冰洁, 陈茗静, 李馨, 闫国利, 白学军. (2018). 中央凹加工负荷与副中央凹信息在汉语阅读眼跳目标选择中的作用. *心理学报*, *50*(12), 1336-1345.

闫国利. (1999). 不同年级学生阅读科技文章的眼动研究. *心理科学*, *22* (3), 226-228.

Chen, Q. R., & Huang, Y. (2012). Processing coordinate structures in Chinese: Evidence from eye movements. *PLoS One*, *7*(4), e35517.

Ferreira, F., & Clifton, C. (1986). The independence of syntactic processing. *Journal of Memory and Language*, *25*(3), 348-368.

Inhoff, A. W., & Wu, C. (2005). Eye movements and the identification of spatially ambiguous words during Chinese sentence reading. *Memory & Cognition*, *33*(8), 1345-1356.

Inhoff, A. W., Briihl, D. S., & Schwartz, J. (1996). Compound word effects differ in reading, on-line naming, and delayed naming tasks. *Memory & Cognition*, *24*(4), 466-476.

Ma, G., & Li, X. (2015). How character complexity modulates eye movement control in Chinese reading. *Read & Writ*, 28, 747-761.

McConkie, G. W., Reddix, M. D., & Zola, D. (1992). Perception and cognition in reading: Where is the meeting piont. In K. Rayner (Ed.), *Eye Movements and Vision Cognition*: *Scene Perception and Reading* (pp. 293-303). New York: Springer.

Rayner, K. (1998). Eye movements in reading and information processing: 20 years of research. *Psychological Bulletin*, *124*(3), 37-422.

Rayner, K., & Pollatsek, A. (1989). *The Psychology of Reading*. Englewood Cliffs: Prentice-Hall.

Rayner, K., & Raney, G. E. (1996). Eye movement control in reading and visual search: Effects of word frequency. *Psychonomic Bulletin & Review*, *3*(2), 245-248.

Reingold, E. M., Yang, J., & Rayner, K. (2010). The time course of word frequency and case alternation effects on fixation times in reading: Evidence for lexical control of eye movements. *Journal of Experimental Psychology*: *Human Perception and Performance*, *36*(6), 1677-1683.

Slattery, T. J., Angele, B., & Rayner, K. (2011). Eye movements and display change detection during reading. *Journal of Experimental Psychology*: *Human Perception and Performance*, *37*(6), 1924-1938.

Trueswell, J. C., Tanenhans, M. K., & Gamsey, S. M. (1994). Semantic influences on parsing: Use of thematic role information in syntactic ambiguity resolution. *Journal of Memory and Language*, *33*(3), 285-318.

van Gompela, R. P. G., Pickering, M. J., Pearson, J., & Liversedge, S. P. (2005). Evidence against competition during syntactic ambiguity resolution. *Journal of Memory and Language*, *52*(2), 284-307.

Vitu, F., O'Regan, J. K., & Mittau, M. (1990). Optimal landing position in reading isolated words and continuous text. *Perception & Psychophysics*, *47*(6), 583-600.

Wang, S., Chen, H. C., Yang, J., & Mo, L. (2008). Immediacy of integration in discourse comprehension: Evidence from Chinese readers' eye movements. *Language and Cognitive Processes*, *23*(2), 241-257.

Yan, M., Kliegl, R., Richter, E. M., Nuthmann, A., & Shu, H. (2010). Flexible saccade target selection in Chinese reading. *Quarterly Journal of Experimental Psychology*, *63*, 705-725.

Yan, M., Zhou, W., Shu, H., & Kliegl, R. (2015). Perceptual span depends on font size during the reading of Chinese sentences. *Journal of Experimental Psychology*: *Learning, Memory, and Cognition*, *41*(1), 209-219.

Yang, J., Wang, S., Tong, X., & Rayner, K. (2012). Semantic and plausibility effects on preview benefit during eye fixations in Chinese reading. *Reading and Writing*, *25*(5), 1031-1052.

Zang, C., Fu, Y., Bai, X., Yan, G., & Liversedge, S. P. (2021). Foveal and parafoveal processing of Chinese three-character idioms in reading. *Journal of Memory and Language*, *119*(1), 104243.

第三章

时间维度的眼动指标

在阅读研究中，需要研究者回答的两个重要问题是"when"和"where"，即何时移动眼睛、眼睛移动到何处。何时移动，主要涉及注视时间相关的问题。以字或词为兴趣区时，常用指标的有首次注视时间（first fixation duration，FFD）、单一注视时间（single fixation duration，SFD）、凝视时间（gaze duration）、第二次注视时间（second fixation duration）、总注视时间（total fixation duration）、回视时间（regression time）等；以短语或句子为兴趣区时，指标有第一遍阅读时间（first pass reading time/first-pass fixation time）、第二遍阅读时间（second pass reading time）、回视路径阅读时间（regression path reading time）、总阅读时间（total reading time）、平均注视时间（average fixaiton duration）等。这类指标不仅可以将读者对某个区域的加工时间划分为多个阶段，据此推断阅读理解加工的时间进程，还可以揭示不同区域的加工情况，如字词、句子、篇章等，考察相关区域属性对读者阅读加工的影响，是研究者使用最为广泛的指标类型。接下来笔者将按照兴趣区的大小，分别介绍以字或词为兴趣区的眼动指标和以短语或句子为兴趣区的眼动指标，包括其具体含义、计算方法以及影响因素等。

第一节　以字或词为兴趣区的眼动指标

一、早期指标

（一）首次注视时间

首次注视时间指第一遍阅读中某兴趣区内的首个注视点的注视时间，如图 3-1

所示，注视点 1、2、3、4、6、7、11、12、13 和 16 是相应兴趣区的首次注视。首次注视时间能有效反映词汇通达的早期阶段特征和即时效应，是当前阅读眼动研究中使用最普遍的指标之一。

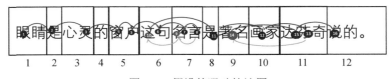

图 3-1　假设的眼动轨迹图

注：图中红色框线是兴趣区的划分，下面数字代表的是对应的兴趣区 ID。圆点代表注视点
（蓝色为向前注视产生的注视点，橙色为回视产生的注视点），注视点中的数字序号代表注视次序，
箭头代表眼跳方向（绿色为向前眼跳，黄色为回视）

从眼动仪中可以直接导出首次注视时间的数据。在导出的兴趣区数据报告（IA Report）中，首先确定要计算首次注视时间的兴趣区，即找到该兴趣区的地址（IA_ID，如 2）或名称（IA_LABEL，如 IA2），然后找到名称为"IA_FIRST_FIXATION_DURATION"的一列数据，该列数据就是首次注视时间。由于对一个兴趣区的首次注视时间是发生在第一遍阅读中的，因此要删除兴趣区在第一遍阅读中被跳读的情况，即找到名称为"IA_SKIP"的一列数据，筛选出 IA_SKIP 为 1 的数据并删除，保留 IA_SKIP 为 0 的数据，如图 3-2 所示。

	A	B	K	AP	AR	CG	CH	CI	CJ	CK	C
1	RECORDI	DATA_FI	IA_FIRST_FIXATION_DURATION	IA_ID	IA_LABEL	IA_SKIP	IA_SPIL	IA_STAR	IA_THIR	IA_THIR	IA_TF
3	o101zyh	o101zyh. e	338	2 IA2	0	394		373	1	
28	o101zyh	o101zyh. e	363	2 IA2	0	292		260	2	
33	o101zyh	o101zyh. e	295	2 IA2	0.	.		103	2	
63	o101zyh	o101zyh. e	153	2 IA2	0	173	.			
73	o101zyh	o101zyh. e	370	2 IA2	0.	.		223	1	
83	o101zyh	o101zyh. e	231	2 IA2	0	574	.			
88	o101zyh	o101zyh. e	584	2 IA2	0	228	.	349	2	
93	o101zyh	o101zyh. e	215	2 IA2	0			267	2	
98	o101zyh	o101zyh. e	148	2 IA2	0	417	.			
103	o101zyh	o101zyh. e	354	2 IA2	0	195	.	445	2	
113	o101zyh	o101zyh. e	303	2 IA2	0	.				
123	o101zyh	o101zyh. e	238	2 IA2	0			148	2	
133	o101zyh	o101zyh. e	434	2 IA2	0	297	.	429	2	
138	o101zyh	o101zyh. e	210	2 IA2	0	126	.	440	2	
153	o101zyh	o101zyh. e	260	2 IA2	0	351	.			
163	o101zyh	o101zyh. e	310	2 IA2	0	298	.	336	2	
168	o101zyh	o101zyh. e	406	2 IA2	0	.				
173	o101zyh	o101zyh. e	160	2 IA2	0	.				
198	o101zyh	o101zyh. e	240	2 IA2	0	180	.			
208	o101zyh	o101zyh. e	523	2 IA2	0	348	.			
233	o101zyh	o101zyh. e	293	2 IA2	0	.				
243	o101zyh	o101zyh. e	346	2 IA2	0	503	.	193	1	
248	o101zyh	o101zyh. e	202	2 IA2	0	.		185	2	
288	o101zyh	o101zyh. e	349	2 IA2	0	365	.	135	1	
298	o101zyh	o101zyh. e	180	2 IA2	0	326	.	204	1	

图 3-2　首次注视时间数据筛选

研究发现，首次注视时间对多个言语特征反应敏感，包括视觉水平的特征、亚词汇和词汇水平的特征，以及语境等方面的因素。

1）视觉水平特征的影响。一些研究为揭示词汇识别的过程，考察了文本的物理特性，如模糊或清晰程度对词汇识别的影响，结果发现，词汇清晰程度越高，首次注视时间越短（White & Staub，2012）。在汉语阅读中，首次注视时间还受到汉字笔画数，即视觉复杂性的影响。Ma 和 Li（2015）考察了双字词首字与尾字的视觉复杂性对读者眼动控制的影响。实验中，研究者操纵了关键词的首字和尾字的笔画数，如"铁匠听到这个消息愤怒地将这些瓦块（糖块/瓦罐/糖罐）摔到了地上"，考察字的复杂性对注视时间和注视位置的影响。结果发现，首字的复杂性显著影响了读者在该词上的首次注视时间，首字笔画数较少时，读者的注视时间缩短。

2）亚词汇水平特征的影响。大量研究发现，正字法、语音等亚词汇水平信息均会影响首次注视时间。关于正字法特征的影响，White 等（2008）在研究中将单词的字母顺序调换，将词首的两个字母调换（将"problem"替换成"porblem"），或者词尾的两个字母调换（将"problem"替换成"probelm"）。结果发现，关键词上的首次注视时间受到了显著影响，读者加工调换开头两个字母的词时的首次注视时间显著长于加工未调换的词的首次注视时间。关于语音特性的影响，Ashby（2006）考察了默读过程中的韵律加工情况。实验中，研究者操纵目标词的预视类型（一致预视和不一致预视），如原词为"position"，在一致预视条件下，呈现词首两个字母和下划线、辅音字母串，如"po_zvzvz"，而在不一致预视条件下，呈现词首三个字母和下划线、辅音字母串，如"pos_zvzvz"。实验发现，在低频目标词上，一致预视条件下的首次注视时间显著短于不一致预视条件下的首次注视时间。近年来，南京师范大学陈庆荣教授带领的团队对古诗歌阅读的认知机制进行了探讨，考察了阅读古诗时押韵规则对眼动行为的影响（陈庆荣，杨亦鸣，2017）。研究者选取两句连续押韵的七言律诗和绝句作为实验材料，如"西原驿路挂城头，客散红亭雨未收"，通过替换第二行诗句的相押字形成押韵规则违反材料，如"西原驿路挂城头，客散红亭雨未停"。结果发现，押韵规则违反条件下，读者阅读关键字时的首次注视时间显著长于押韵规则正常条件下的首次注视时间，呈现出规则违反的阻碍效应。

3）词汇水平特征的影响。词长、词频和词的预测性是词汇水平的三大属性，这三个属性对词汇加工的影响非常稳定，不同文字阅读的研究均发现了显著的词长效应、词频效应和词的预测性效应，但这三大效应在首次注视时间上的表现并不完全相同。

首先，词长效应是指读者对长词的注视时间更长，加工更困难（Pollatsek et al.，2008）。少量研究发现，词长影响了读者在词上的首次注视时间，如 Li 等（2018）

探讨了词长对老年和青年读者眼动控制行为的影响。研究选取双字词和四字词并将其放入相同的句子框架中，材料如图 3-3 所示。结果发现，读者在四字词上的首次注视时间显著长于双字词。然而，综合以往研究发现，词长对首次注视时间的影响并不稳定，Rayner（2009）提出，读者在阅读中决定向哪里移动眼睛是由文本的低水平特征决定的，如当前注视词或注视点右侧词的词长、词间空格等，而何时移动眼睛是由当前注视词的难易程度来决定的，因此在一个词上的注视时间通常会受到词频、词的预测性、词义的多少等词汇和语言因素的影响。这可能是研究者很难在首次注视时间上发现存在词长效应的原因之一。

短词条件：	我在街头帮助过的那个 流浪 的男子竟是父亲的战友。
长词条件：	我在街头帮助过的那个 身无分文 的男子竟是父亲的战友。
问题句：	那个人是父亲的战友吗？

图 3-3 材料举例（Li et al.，2018）

注：加框的部分为关键词，正式实验中不加框显示

其次，词频效应是指读者在加工低频词时比加工高频词困难，需要花更长的时间。大量相关研究发现，词频能够显著影响首次注视时间，如 Yang 和 McConkie（1999）利用眼动记录技术考察了自然阅读中的词频效应。结果发现，相比于低频词，读者在高频词上的首次注视时间显著更长。随后的大量研究均验证了这一结果，包括拼音文字和汉语阅读的研究（Rayner et al.，2004；Rayner & Duffy，1986；Wei et al.，2013；Yan et al.，2006）。因此，词频效应也成为反映词汇早期加工的重要标志。

最后，词的预测性效应。读者在阅读过程中能够从上文中预测出后面是某个字或词，预测正确的概率反映了预测性的大小，是影响词汇加工最重要的三个变量之一。而相应的预测性效应是指，读者加工高预测性词比加工低预测性词更容易，因此在高预测性词上的注视时间更短，跳读率也更高。研究发现，词的预测性效应首先表现在首次注视时间上（Rayner et al.，2005；Wang et al.，2010），而且这种影响在注视开始的 140ms 就开始起作用（Sheridan & Reingold，2012）。卢张龙等（2008）探讨了汉语阅读中词的预测性对读者词汇加工的影响，在首次注视时间上也发现了显著的词的预测性效应。

4）句子水平的属性，如语境限制性也会影响首次注视时间（Frisson et al.，2005）。语境限制性是指前文对后面可能出现的所有内容范围的限制程度。Frisson 等（2005）考察了不同语境限制性对读者加工高预测性词和低预测性词的影响，

材料如图 3-4 所示。结果发现，在名词（如材料中的"defeat"和"losses"）的加工中，存在显著的语境限制性效应，即读者在高限制性语境中对目标词的首次注视时间显著短于低限制性语境。

1a. As they cannot afford to lose the game, the team will not accept defeat even when they're far behind (constraining context, high TP: C-H).

1b. Since their mission is to make money, the manager will not accept losses even when it means pay cuts (constraining con-text, low TP: C-L).

1c. It is silly that they simply will not accept defeat even when they're far behind (neutral context, high TP: N-H).

1d. It is silly that they simply will not accept losses even when it means pay cuts (neutral context, low TP: N-L).

图 3-4　高低语境限制性阅读材料（Frisson et al.，2005）

注：阴影部分为关键词，正式实验中不加阴影显示

此外，被试特征，如成人在关键词上的首次注视时间显著短于儿童（梁菲菲等，2017；Joseph et al.，2009）和老年人（何立媛等，2023；He et al.，2021；Li et al.，2018；McGowan et al.，2014；Zang et al.，2016）。除了语言和被试方面的因素，注视位置也会影响首次注视时间。已有研究发现，当读者首次注视落在词的中心位置时，首次注视时间会更长，随着离词中心位置的距离逐渐增加，首次注视时间逐渐减少，呈倒"U"形曲线，如图 3-5 所示，这种现象被称为反向最佳注视位置（inverted optimal viewing position，IOVP）效应（Vitu et al.，2001；Nuthmann et al.，2007）。

虽然首次注视时间能够反映影响词汇加工的多方面因素，但由于混淆了兴趣区内注视的两种情况而存在一定的缺陷。一种情况是读者在某个兴趣区仅注视了一次，如图 3-1 中的"眼睛""是""心灵"三个兴趣区内的注视点 1、2、3，这表明读者在第一次注视时就已经获取了这个区域的信息。另一种情况是读者在这个兴趣区注视了两次甚至更多次，如图 3-1 中的"窗户""名言"两个兴趣区中的注视点 4 和 7，这说明读者在第一次注视时并没有完全获取词汇信息。以上两种情况代表了不同的心理加工过程，因此研究者在使用首次注视时间这个指标时就需要注意这类问题。Reingold 等（2010）使用了首次加工有多次注视的首次注视时间这一指标，这就使得首次注视时间指标更加纯粹，也能更好地反映早期加工。该指标的计算方法为，在完成重复首次注视时间的计算步骤之后，还要找到"IA_FIRST_RUN_FIXATION_COUNT"（第一遍阅读的注视次数）一列，并选择大于 1 的数据（图 3-6），筛选出来的数据就是第一遍有多次注视的首次注视时间。

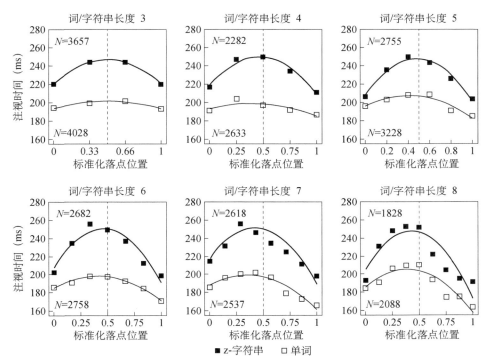

图 3-5　不同词长/字符串长度的反向最佳注视位置效应（Nuthmann et al.，2007）

注：平均注视时间作为单词（word）/字符串（string）内标准化落点位置的函数。z-字符串阅读数据（黑色方块）与正常阅读数据（正方形）的比较。每个图表示给定单词/字符串长度（3～8）的数据。线表示二阶多项式的最佳拟合

AR88　fx　IA2

	A	B	K	V	AP	AR	CG	CH	CI	
1	RECORDI	DATA_FI	IA_FIRST_FIXATION_DURATION	IA_FIRST_RUN_FIXATION_COUNT	IA_ID	IA_LABEL	IA_SKIP	IA_SPIL	IA_STAR	IA_
3	o101zyh	o101zyh.e	338	3	2	IA2	0	394	.	
28	o101zyh	o101zyh.e	363	2	2	IA2	0	292	.	
33	o101zyh	o101zyh.e	295	2	2	IA2	0	.	.	
63	o101zyh	o101zyh.e	153	2	2	IA2	0	173	.	.
73	o101zyh	o101zyh.e	370	3	2	IA2	0	.	.	
83	o101zyh	o101zyh.e	231	2	2	IA2	0	574	.	.
88	o101zyh	o101zyh.e	584	2	2	IA2	0	228	.	
93	o101zyh	o101zyh.e	215	2	2	IA2	0	.	.	
98	o101zyh	o101zyh.e	148	2	2	IA2	0	417	.	.
103	o101zyh	o101zyh.e	354	2	2	IA2	0	195	.	
113	o101zyh	o101zyh.e	303	2	2	IA2	0	.	.	.
123	o101zyh	o101zyh.e	238	2	2	IA2	0	.	.	
133	o101zyh	o101zyh.e	434	2	2	IA2	0	297	.	
138	o101zyh	o101zyh.e	210	3	2	IA2	0	126	.	
153	o101zyh	o101zyh.e	260	2	2	IA2	0	351	.	.
163	o101zyh	o101zyh.e	310	2	2	IA2	0	298	.	
168	o101zyh	o101zyh.e	406	2	2	IA2	0	.	.	.
173	o101zyh	o101zyh.e	160	2	2	IA2	0	.	.	.
198	o101zyh	o101zyh.e	240	2	2	IA2	0	180	.	.
208	o101zyh	o101zyh.e	523	2	2	IA2	0	348	.	.
233	o101zyh	o101zyh.e	293	2	2	IA2	0	.	.	.
243	o101zyh	o101zyh.e	346	4	2	IA2	0	503	.	
248	o101zyh	o101zyh.e	202	2	2	IA2	0	.	.	
288	o101zyh	o101zyh.e	349	3	2	IA2	0	365	.	
298	o101zyh	o101zyh.e	180	3	2	IA2	0	326	.	

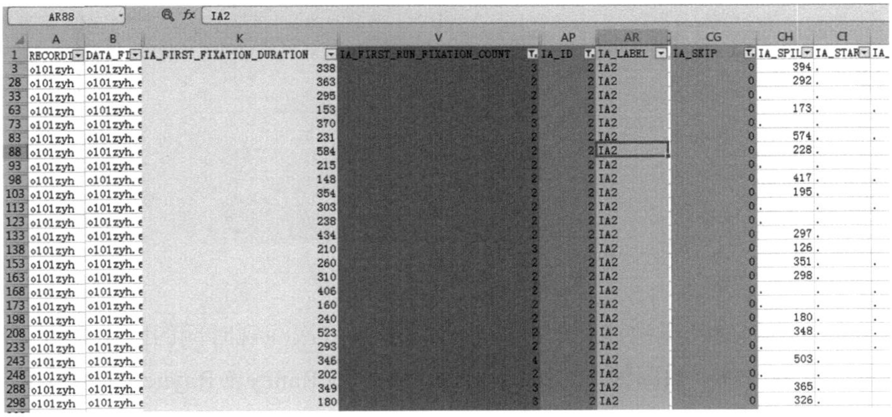

图 3-6　首次加工有多次注视的首次注视时间计算

然而，研究者需要注意的是，正常阅读中一个词被注视两次甚至更多次的情况非常少，仅有 15%（闫国利等，2013），所以收集多次注视中的首次注视时间数

据会非常困难，尤其是长度较短、频率较高的词汇加工，限制了这个指标的使用范围。与此同时，相关研究发现，这个指标对词频、字母大小写等因素的敏感度与首次注视时间、单一注视时间和凝视时间相同，结果模式也类似（Reingold et al.，2010）。综上所述，研究者在使用这一指标时，要注意其与其他早期指标的关系，具体问题具体分析，如果多次注视的情况占多数，则建议采用该指标。

（二）单一注视时间

单一注视时间是指在最初的从左到右的句子阅读中，兴趣区内有且只有一次注视时的注视时间，如图 3-1 中的注视点 1、2、3、6、11、12 和 16，也是反映词汇识别的早期指标之一，被认为是字词识别中语义激活阶段的良好指标。与存在两次注视的首次注视时间或者第二次注视时间相比，单一注视时间通常长于任意一次注视时间（张仙峰，叶文玲，2006；Rayner，1998）。该指标的计算方法与“首次加工有多次注视的首次注视时间”这一指标的计算方法相似，只不过需要在“IA_FIRST_RUN_FIXATION_COUNT”（第一遍阅读的注视次数）一列中选择等于 1 的数据，即第一遍注视次数为 1，如图 3-7 所示。

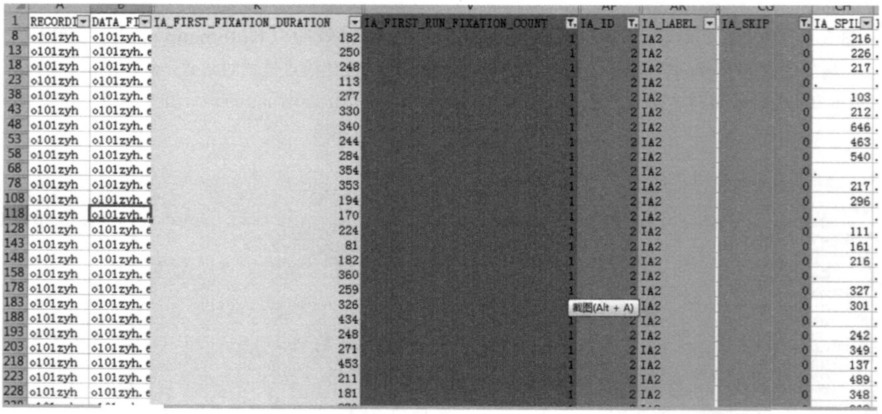

1	RECORDI	DATA_FI	IA_FIRST_FIXATION_DURATION	IA_FIRST_RUN_FIXATION_COUNT	IA_ID	IA_LABEL	IA_SKIP	IA_SPIL
8	o101zyh	o101zyh.e	182	1	2	IA2	0	216
13	o101zyh	o101zyh.e	250	1	2	IA2	0	226
18	o101zyh	o101zyh.e	248	1	2	IA2	0	217
23	o101zyh	o101zyh.e	113	1	2	IA2	0	.
38	o101zyh	o101zyh.e	277	1	2	IA2	0	103
43	o101zyh	o101zyh.e	330	1	2	IA2	0	212
48	o101zyh	o101zyh.e	340	1	2	IA2	0	646
53	o101zyh	o101zyh.e	244	1	2	IA2	0	463
58	o101zyh	o101zyh.e	284	1	2	IA2	0	540
68	o101zyh	o101zyh.e	354	1	2	IA2	0	.
78	o101zyh	o101zyh.e	353	1	2	IA2	0	217
108	o101zyh	o101zyh.e	194	1	2	IA2	0	296
118	o101zyh	o101zyh.e	170	1	2	IA2	0	.
128	o101zyh	o101zyh.e	224	1	2	IA2	0	111
143	o101zyh	o101zyh.e	81	1	2	IA2	0	161
148	o101zyh	o101zyh.e	182	1	2	IA2	0	216
158	o101zyh	o101zyh.e	360	1	2	IA2	0	.
178	o101zyh	o101zyh.e	259	1	2	IA2	0	327
183	o101zyh	o101zyh.e	326	截图(Alt + A)		IA2	0	301
188	o101zyh	o101zyh.e	434	1	2	IA2	0	.
193	o101zyh	o101zyh.e	248	1	2	IA2	0	242
203	o101zyh	o101zyh.e	271	1	2	IA2	0	349
218	o101zyh	o101zyh.e	453	1	2	IA2	0	137
223	o101zyh	o101zyh.e	211	1	2	IA2	0	489
228	o101zyh	o101zyh.e	181	1	2	IA2	0	348

图 3-7　单一注视时间计算

由于一个词受到多次注视的概率较低，影响首次注视时间的因素也很可能会影响单一注视时间，如词频、词长、词的预测性等（Raney & Rayner，1995；Rayner et al.，1996）。除此之外，读者在当前词（词 N）上的单一注视时间也可能会受到词 N+1 词汇属性的影响，即出现了副中央凹-中央凹（parafoveal-on-foveal，POF）效应，也就是说，如果词 N+1 为低频词或者是长词等加工较为困难的词，那么读者在词 N 上的单一注视时间就越短（Drieghe et al.，2008）。词 N 的单一注视时间也会因词 N+1 词性的不同而存在差异，当词 N+1 为功能词时，词 N 的加工时间更长（Klieg et al.，2007）。研究者在汉语阅读相关研究中也发现了 POF 效应，词 N+1 首字的字形、语义、语音信息以及词 N+1 的语义信息均能够影响词 N 的单一注视时间（Yen et al.，2008，2009；Yan et al.，2009；Yang et al.，2009）。

是否选择单一注视时间这一眼动指标，要根据兴趣区的大小或者词汇类型（长度）来决定。如果兴趣区较大，如以短语或者四字词等词长较长的文本为关键区域，那么读者在兴趣区内的注视次数较多，单一注视的情况非常少，导致数据量小，变异大，因此可能得到不准确的结果。

（三）凝视时间

凝视时间是指读者对某一区域第一遍加工中的所有注视点持续时间的总和，是反映词汇早期加工阶段的重要指标。如图 3-1 中"心灵"的凝视时间为注视点 3 的注视时间，"窗户"的凝视时间为 4 和 5 两个注视点的持续时间之和。需要注意的是，凝视时间的计算包括读者第一遍加工时在兴趣区内产生的回视，如图 3-1 中的注视点 7、8 和 9 的注视时间之和就是兴趣区"名言"的凝视时间。由此可见，凝视时间与首次注视时间和单一注视时间的关系都非常密切，当读者在某个兴趣区的第一遍注视中只有一次注视时，三者是相同的（注意删除兴趣区在第一遍阅读中被跳读的情况，如图 3-1 中的兴趣区"著名"）。

凝视时间指标可从眼动仪导出的兴趣区数据（IA Report）中筛选出来。在导出的兴趣区数据中，首先确定计算凝视时间的兴趣区，即找到该兴趣区的地址（IA_ID，如 2）或名称（IA_LABEL，如 IA2），然后找到名称为 IA_FIRST_RUN_DWELL_TIME 的一列数据，该列数据就是凝视时间。与首次注视时间和单一注视时间指标类似，需要删除兴趣区在第一遍阅读中被跳读的情况，即找到名称为"IA_SKIP"的一列数据，筛选出 IA_SKIP 为 1 的数据并删除，保留 IA_SKIP 为 0 的数据，如图 3-8 所示。

作为反映词汇早期加工的指标之一，凝视时间与首次注视时间和单一注视时间相同，对于文本的视觉特征、亚词汇和词汇特征、语境、被试特征等都反应敏感。如前文所述，注视位置与首次注视时间（和单一注视时间）的关系呈倒"U"形，如果注视点落在词的中心位置，注视时间最长，但是其再注视比率大大降低，因此所花费的总时间也最短，这被称为"最佳注视位置"（optimal viewing position，OVP）。研究发现，注视位置不仅会影响首次注视时间和再注视比率，还会影响凝视时间，即首次注视位置偏离词中心越远，读者对该词的凝视时间越长（Nuthmann et al.，2005）。

1	RECORDI▼	DATA_FI▼	IA_FIRST_RUN_DWELL_TIME ▼	IA_ID ▼	IA_LABEL ▼	IA_SKIP	▼
2	y102zy	y102zy	163	2	IA2	0	
3	y102zy	y102zy	136	2	IA2	0	
4	y102zy	y102zy	144	2	IA2	0	
5	y102zy	y102zy	137	2	IA2	0	
6	y102zy	y102zy	182	2	IA2	0	
7	y102zy	y102zy	138	2	IA2	0	
8	y102zy	y102zy	188	2	IA2	0	
9	y102zy	y102zy	136	2	IA2	0	
10	y102zy	y102zy	174	2	IA2	0	
11	y102zy	y102zy	173	2	IA2	0	
12	y102zy	y102zy	135	2	IA2	0	
13	y102zy	y102zy	135	2	IA2	0	
14	y102zy	y102zy	176	2	IA2		

图 3-8　凝视时间计算

二、晚期指标

（一）第二次注视时间

若一个兴趣区在第一遍加工中被多次注视，则除首次注视外，其余所有注视点的注视时间之和被称为第二次注视时间。如图 3-1 中注视点 5 的注视时间是兴趣区"窗户"的第二次注视时间。需要注意的是，这一指标不仅仅包括第一遍加工中第二次注视的时间，也包含第三次及更多次注视的时间之和。

第二次注视时间数据可通过简单的计算得到。在导出的兴趣区数据（IA Report）中，首先确定要计算的第二次注视时间的兴趣区（IA_ID，如兴趣区 2），然后筛选出兴趣区未被跳读的数据（即 IA_SKIP 为 0），然后选择该兴趣区上存在多次注视的数据（即 IA_FIRST_RUN_FIXATION_COUNT 大于 1 的数据），再插入一列并将其命名为"第二次注视时间"，用凝视时间（IA_FIRST_RUN_DWELL_TIME）减去首次注视时间（IA_FIRST_FIXATION_DURATION），就是兴趣区 2 的第二次注视时间，如图 3-9 所示。

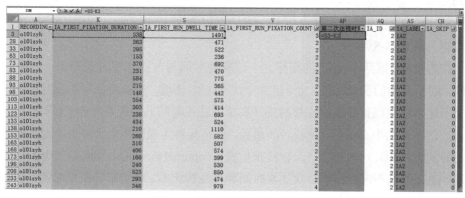

图 3-9　第二次注视时间的计算

研究发现，首次注视位置是影响第二次注视时间的重要因素。O'Regan 和 Jacobs（1992）提出的战略-战术模型认为，读者在阅读时倾向于将注视点定位在每个单词的最佳注视位置上，然而这一策略并不总是能够准确实施的，有时眼跳会错过计划的注视位置，因此读者会采取一种词内战术来补偿这一失误。也就是说，当眼跳落点不是在最佳注视位置时，读者会立即将注视点移向单词的另一端，对单词进行再注视，而再注视的持续时间更能够反映所注视词的加工情况（McDonald et al.，2005；Nuthmann et al.，2005；Hyönä & Bertram，2011）。例如，McDonald 等（2005）在以英文为材料的阅读研究中发现，第二次注视时间与首次注视位置关系密切。此外，也有研究发现了词频和词长等词汇属性对第二次注视时间的影响，如在汉语阅读研究中，李馨（2008）操纵了目标词词频（高频、低频）这一条件，结果发现，第二次注视时间上存在显著的词频主效应，低频词的第二次注视时间比高频词长 25ms。

综上所述，在阅读过程中，如果第一遍加工时存在多次注视，那么第二次注视是读者在首次注视的基础上，根据已获得的信息调整注视位置、选择更有利于词汇识别的信息的过程，因此，第二次注视时间不失为一项反映中后期加工阶段的优秀指标。然而，正如在介绍首次注视时间这一指标时所述，正常阅读中一个词被注视两次甚至更多次的情况非常少，目前使用第二次注视时间的研究还比较少，但对于分析区域较大，或者词长较长的材料，如芬兰语中的复合词较多，词长较长，读者做出第二次、第三次注视的可能性更高，所以该指标在芬兰语阅读相关研究中应用比较多，也常被看作一个能较好反映复合词系列加工的指标（Pollatsek & Hyönä，2005）。

（二）总注视时间

总注视时间也被称为总停留时间（total dwell time）、总阅读时间（total reading time）或总观看时间（total viewing time），是指兴趣区内所有注视点的时间总和，例如，在图 3-1 中，"窗户"这个兴趣区的总注视时间是注视点 4 和 5 的注视时间的总和，"这句"兴趣区的总注视时间为注视点 6 和 10 的注视时间的总和。该指标适用于分析过程较慢或花费时间较长的认知加工。若在某次分析中，如果只在早期指标上发现了显著的不同条件下的差异，而在总注视时间上没有发现显著差异，则说明该差异有可能只存在于早期阶段，而无法持续到后期阶段，也可能是后期加工中出现了相反的差异，从而将该效应抵消掉了。如果出现相反的情况，则说明了该效应出现较晚。由此可见，总注视时间能够反映认知加工过程中相对靠后的加工情况。然而，总注视时间不包括从该兴趣区回到之前的兴趣区然后再回到当前兴趣区期间，读者在其他兴趣区产生的注视时间，所以不等于对兴趣区的完全加工时间。

从眼动仪中可以直接将"总注视时间"这一指标的数据导出。在导出的兴趣区数据（IA Report）中，可以找到总注视时间这一指标，即数据列 IA_DWELL_TIME。在计算时，首先，选择将要分析的兴趣区，在数据列 IA_ID 或 IA_LABEL 中筛选出该兴趣区，如兴趣区 3 等；其次，将该指标中数据为 0 的情况剔除，即在数据列 IA_DWELL_TIME 中筛选出为 0 的数据并删除，如图 3-10 所示。

	RECORD	age	item	type	condit	IA_SKIP	IA_ID	IA_DWELL_TIME	IA_FIRS	IA_FIRS	IA_FIRS	RUN_FIXATION_COUNT
6	o201djz	2o	T26	3un	2o_3un	0	3	607	337	337	1	
10	o201djz	2o	T25	3un	2o_3un	0	3	399	567	283	2	
14	o201djz	2o	T44	11d	2o_11d	0	3	271	300	300	1	
21	o201djz	2o	T40	11d	2o_11d	0	3	1039	211	211	1	
25	o201djz	2o	T01	2sem	2o_2sem	0	3	320	607	318	2	
32	o201djz	2o	T17	3un	2o_3un	0	3	294	222	222	1	
34	o201djz	2o	T10	2sem	2o_2sem	0	3	222	774	291	3	
38	o201djz	2o	T19	3un	2o_3un	0	3	143	494	494	1	
41	o201djz	2o	T12	2sem	2o_2sem	0	3	431	399	399	1	
48	o201djz	2o	T43	11d	2o_11d	0	3	476	258	258	1	
52	o201djz	2o	T35	11d	2o_11d	0	3	129	289	289	1	
62	o201djz	2o	T20	3un	2o_3un	0	3	579	303	303	1	
66	o201djz	2o	T37	2sem	2o_2sem	0	3	786	271	271	1	
70	o201djz	2o	T37	11d	2o_11d	0	3	847	777	257	3	
73	o201djz	2o	T47	11d	2o_11d	0	3	387	200	200	1	
78	o201djz	2o	T33	11d	2o_11d	0	3	332	272	272	1	
82	o201djz	2o	T03	2sem	2o_2sem	0	3	214	482	482	1	
85	o201djz	2o	T46	11d	2o_11d	0	3	464	1076	297	4	
87	o201djz	2o	T16	3un	2o_3un	0	3	219	610	610	1	
90	o201djz	2o	T08	2sem	2o_2sem	0	3	1441	303	162	2	
102	o201djz	2o	T04	2sem	2o_2sem	0	3	405	151	151	1	
106	o201djz	2o	T15	2sem	2o_2sem	0	3	450	620	262	2	
109	o201djz	2o	T24	3un	2o_3un	0	3	333	218	218	1	
114	o201djz	2o	T30	3un	2o_3un	0	3	643	320	320	1	
121	o201djz	2o	T42	11d	2o_11d	0	3	261	224	224	1	

图 3-10　总注视时间的计算

总注视时间是应用非常广泛的指标之一。背景信息、句法和语篇水平等因素的影响更容易反映在总注视时间这一后期加工指标上。例如，句法歧义会使得读者在加工关键词或关键区域时花费的总注视时间更长。于秒等（2015）探讨了语言理解是模块化的还是相互作用的这一问题，通过实验考察了在不同语境中，读者对包含"V+N1+的+N2"式歧义结构句子（如图 3-11 中"督促老吴的雇员"）的加工情况。结果发现，在歧义区和解歧区的总注视时间上都出现了歧义性主效应，即相比于无歧义句子，被试花费更多的时间来理解包含歧义结构的句子。除了高水平信息外，一些影响早期加工的词汇水平信息，如词频、词长、词的预测性等也会影响总注视时间（丁锦红，王丽燕，2006；卢张龙等，2008；闫国利，白学军，2007；张仙峰，闫国利，2005；Just & Carpenter，1987；Pollatsek et al.，2008；Rayner et al.，2005；Wang et al.，2010；Williams & Morris，2004）。

部门经理一直督促老吴的雇员以防错过这次赚钱机会。（动宾语境，有歧义）
部门经理一直督促公司的雇员以防错过这次赚钱机会。（动宾语境，无歧义）
刚进公司的那些督促老吴的雇员认为皮革生意大有赚头。（定中语境，有歧义）
刚进公司的那些督促大家的雇员认为皮革生意大有赚头。（定中语境，无歧义）

部门经理一直	【督促】	【老吴】	的	【雇员】
	兴趣区 1	兴趣区 2		兴趣区 3
	【以防】	【错过】	这次	赚钱机会
	解歧区 1	解歧后区 1		

图 3-11　材料示例（于秒等，2015）

（三）回视时间

回视是指读者的眼动方向与正常阅读顺序相反的情况（Booth & Weger，2013），是对信息的再次注视（闫国利等，2015），这说明了读者在第一遍注视中没有完成所有的加工。回视行为在文本较复杂、存在歧义等情况下更容易出现，读者需要通过回视获取更多的信息来完成词汇通达或语义整合（陈双等，2015；杨帆，隋雪，2019；Tanaka et al.，2014；Eskenazi & Folk，2017），所以是相对后期的加工指标。与回视相关的指标包括时间维度的回视时间、回视路径阅读时间、选择性回视路径阅读时间等指标，此外还包括空间维度的回视次数、回视出/入次数（或比率）等指标。接下来将先介绍回视时间指标，其他回视相关指标将在相应部分介绍。

回视时间是指所有回视到当前兴趣区的注视时间之和。例如，图 3-1 中，注视点 10 的注视时间兴趣区"这句"的回视时间。需要注意的是，该指标与第二次注视时间容易混淆，第二次注视时间是指读者第一遍阅读中除首次注视之外的注视点持续时间的总和，而回视时间是指第二遍甚至更多遍阅读中注视点持续时间的总和，所以两者反映的加工阶段不同。

回视时间在眼动仪中无法直接得到，需要进行计算，为总注视时间减去凝视时间所得的结果。在导出的兴趣区数据（IA Report）中，首先确定要计算的兴趣区（IA_ID，如 3），其次确定有回视的试次，即总注视次数大于第一遍阅读次数的试次（IA_FIXATION_COUNT 减去 IA_FIRST_RUN_FIXATION_COUNT 大于 0），然后找到数据列 IA_DWELL_TIME（总注视时间）和 IA_FIRST_RUN_DWELL_TIME（凝视时间），并将两列数据相减，即可得到回视时间，如图 3-12 所示。

回视时间与第四章空间维度的眼动指标中的回视（次数和比率）是读者在阅读加工遇到困难的标志之一。例如，视觉复杂性较高的字词，或者词频较低的词更容易出现回视，回视时间更长（Yang & McConkie，1999）。目前，研究者并未广泛使用这一指标，一方面是由于回视在整个眼动行为中的占比较低，为 10%～

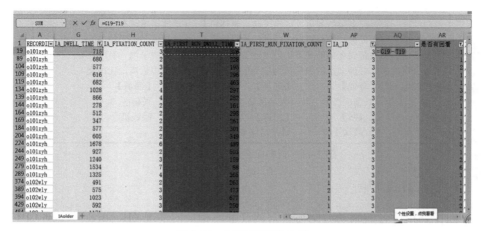

图 3-12　回视时间的计算

25%（Rayner & Pollatsek，1989），数据不容易获得；另一方面是由于其他关于回视的指标非常丰富，如回视入/出次数和比率等，可以避免数据差异过大的问题，所以研究者通常使用回视比率来反映读者的加工困难程度。

第二节　以短语或句子为兴趣区的眼动指标

一、第一遍阅读时间

第一遍阅读时间是指从读者首次注视某兴趣区开始至注视点离开当前兴趣区之前这一期间，所有在当前兴趣区内产生的注视点时间之和，也称"第一次通过总时间"。如图 3-13 所示，第一个兴趣区的第一遍阅读时间为注视点 1～5 的注视时间的总和。第一遍阅读时间反映的是对兴趣区的早期加工阶段，适用于对句子、短语或词的分析，在对目标词分析中等同于凝视时间。

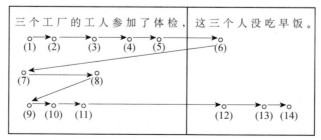

图 3-13　以句子为兴趣区的假设的眼动轨迹图（闫国利等，2013）

从眼动仪中可以直接导出第一遍阅读时间的数据。在导出的兴趣区数据（IA_Report）中，首先要确定计算第一遍阅读时间的兴趣区，比如，我们要分析的是兴趣区 2，那么就筛出 IA_LABEL 为 IA2 的数据，然后找到名称为"IA_FIRST_RUN_DWELL_TIME"的一列数据，该列数据就是第一遍阅读时间，如图 3-14 所示。

	A	B	C	D	E	F	G	H
	A1		f_x	RECORDING_SESSION_LABEL				
1	RECORDING	DATA_FILE	IA_FIRST_RUN_DWELL_TIME	IA_FIRST_RUN_START_TIME	IA_FIRST_RUN_END_TIME	IA_ID	IA_LABEL	IA_FIRST_S
2	02ydd	02ydd.edf	1105	47	1228	1	IA1	.
3	02ydd	02ydd.edf	169	1251	1419	2	IA2	0.78
4	02ydd	02ydd.edf	219	1446	1664	3	IA3	2.59
5	02ydd	02ydd.edf	180	1690	1869	4	IA4	2.33
6	02ydd	02ydd.edf	139	3255	3393	5	IA5	1.92
7	02ydd	02ydd.edf	1997	44	2344	1	IA1	.
8	02ydd	02ydd.edf	177	3051	3227	2	IA2	4.44
9	02ydd	02ydd.edf	113	2370	2482	3	IA3	2.26
10	02ydd	02ydd.edf	.	.	.	4	IA4	
11	02ydd	02ydd.edf	1053	3700	4790	5	IA5	2.32
12	02ydd	02ydd.edf	914	48	1289	1	IA1	
13	02ydd	02ydd.edf	262	1311	1572	2	IA2	1.22
14	02ydd	02ydd.edf	499	1592	2114	3	IA3	1.39
15	02ydd	02ydd.edf	.	.	.	4	IA4	
16	02ydd	02ydd.edf	398	2137	2557	5	IA5	1.9
17	02ydd	02ydd.edf	1854	46	2589	1	IA1	
18	02ydd	02ydd.edf	235	3524	3758	2	IA2	3.08
19	02ydd	02ydd.edf	824	2613	3498	3	IA3	2.53
20	02ydd	02ydd.edf	97	4365	4461	4	IA4	1.65
21	02ydd	02ydd.edf	1100	5797	6962	5	IA5	2.28
22	02ydd	02ydd.edf	729	43	962	1	IA1	
23	02ydd	02ydd.edf	.	.	.	2	IA2	
24	02ydd	02ydd.edf	1641	985	3160	3	IA3	2
25	02ydd	02ydd.edf	133	3192	3324	4	IA4	1.92

图 3-14　第一遍阅读时间计算

对于第一遍阅读时间的计算是否要包含眼跳时间，研究者有两种观点：有些研究者认为，眼跳时间非常短，加或者不加眼跳时间不会改变结果（Inhoff et al.，1998；Rayner，1998；Murray，2000）；另外一些研究者则认为，读者在眼跳期间仍然继续进行语言加工，不管眼跳时间长短，都应该计算在内（Vonk & Cozijn，2003）。目前，大多数研究者在计算第一遍阅读时间时是没有将眼跳时间计算在内的，包括总注视时间等其他时间指标也是如此。然而，对于这个问题也要具体情况具体分析，如果要分析的目标区域较大，或者材料的难度较大，那么眼跳时间可能就会变长，这会对总阅读时间产生影响，所以此时最好是加入眼跳时间，同时也要在研究中予以说明，以免引起误解。

如果将眼跳时间计入第一遍阅读时间，需要注意的是导出的兴趣区数据报告（IA Report）中不直接提供相应的数据，而是通过计算来得到这一数据。首先，找到 IA_FIRST_RUN_START_TIME（第一遍阅读的开始时间）和 IA_FIRST_RUN_END_TIME（第一遍阅读的结束时间）两列数据，用 IA_FIRST_RUN_END_TIME 减去 IA_FIRST_RUN_START_TIME 所得的数据，就是该兴趣区内包含眼跳时间的第一遍总阅读时间。

　　根据前文可知，当以字或词为兴趣区时，第一遍阅读时间就是凝视时间，其影响因素见上文凝视时间的介绍。当以短语或句子为兴趣区时，第一遍阅读时间对文字的低水平视觉特征反应比较敏感，比如，拼音文字书写系统中的词间空格，能够帮助读者完成词的切分，从而促进词汇识别。Perea 和 Acha（2009）在研究中操纵了词间空格的有无，结果发现，被试的第一遍阅读时间在删除词间空格的条件下显著延长。还有很多研究发现，第一遍阅读时间能够反映高水平的句法特征，特别是在包含歧义结构句子的阅读中，读者对歧义部分的第一遍阅读时间显著长于无歧义部分的阅读时间。例如，何文广等（2017）的研究考察了句法成分不同依附偏好对句子加工的影响，材料如图 3-15 所示，结果发现，在高依附偏好条件下，读者在被修饰名词（如 NP1 区域的"小偷"）上的第一遍阅读时间显著长于其他两种条件下的阅读时间，且后两者之间的差异不显著。总的来说，第一遍阅读时间是一个反映早期加工阶段特征的良好指标，但当目标区域较大时会受到眼跳时间的影响，需要根据具体情况分析怎样计算更加合适。

> 　　（3a）警察目送<u>打探情况</u>的**小偷** NP1 的**家人** NP2 走出警局。（依附歧义句）
>
> 　　（3b）警察目送<u>投案自首</u>的**小偷** NP1 的**家人** NP2 走出警局。（低依附偏好）
>
> 　　（3c）警察目送<u>大义灭亲</u>的**小偷** NP1 的**家人** NP2 走出警局。（高依附偏好）

图 3-15　实验材料举例（何文广等，2017）

二、回视路径阅读时间

　　回视路径阅读时间（regression path reading time），也被称为"回看时间"（go-past reading time）、"总体通过阅读时间"（total-pass reading time）等（闫国利等，2013）。它是指从当前兴趣区的第一次注视开始，到注视点进入右侧兴趣区之前的注视时间之和（不包括右侧兴趣区的注视点）。例如，在图 3-13 中，注视点 6～14 的注视时间之和就是第二个兴趣区的回视路径阅读时间。这个指标反映了被试在当前兴趣区内发现了问题，然后回到前面的相关区域进行重新加工以尝试解决问题的过程，所以该指标反映的是词汇或句子的后期加工过程，经常用于句子分析。需要注意的是，回视路径阅读时间需要删除第一遍注视中被跳读的情况。

　　从眼动仪中可以直接导出回视路径阅读时间的数据。在导出的兴趣区数据（IA Report）中，首先确定要计算回视路径阅读时间的兴趣区，即筛选出该兴趣区的地

址（IA_ID，如兴趣区 2），然后选择跳读（IA_SKIP）为 0 的试次，再找到名称为
"IA_REGRESSION_PATH_DURATION"的一列数据，该列数据就是兴趣区 2 的回
视路径阅读时间，如图 3-16 所示。其中有些数据可能为"."，表明该兴趣区没有
任何的注视，需要予以删除。

	A	B	C	H	O
1	RECORDING_SESSION_LABEL	item	IA_ID	IA_SKIP	IA_REGRESSION_PATH_DURATION
3	o101zyh	T16	2	0	1491
8	o101zyh	T04	2	0	1184
13	o101zyh	T15	2	0	1207
18	o101zyh	T06	2	0	248
23	o101zyh	T43	2	0	1245
28	o101zyh	T18	2	0	471
33	o101zyh	T05	2	0	522
38	o101zyh	T13	2	0	277
43	o101zyh	T51	2	0	330
48	o101zyh	T20	2	0	340
53	o101zyh	T56	2	0	244
58	o101zyh	T49	2	0	284
63	o101zyh	T41	2	0	236
68	o101zyh	T08	2	0	748

图 3-16　回视路径阅读时间的计算

回视路径阅读时间会受到亚词汇水平，如声旁位置（声旁在左侧还是右侧）
（迟慧等，2014）和词汇水平的属性（如词频）等因素的影响。研究发现，低频词
的回视路径阅读时间显著长于高频词的回视路径阅读时间（赵冰洁等，2018；Yan
et al.，2006；Yang & McConkie，1999）。在句子和篇章阅读相关研究中，回视路
径阅读时间的应用更为广泛，且语境、句法特征等会对阅读产生影响（陈庆荣等，
2010；陈双等，2015；于秒，闫国利，2015），比如，陈庆荣等（2010）探讨了句
法预测对句子阅读理解的影响，实验操纵了句法预测性和是否存在局部歧义，4 种
条件对应的句子材料如图 3-17 所示。结果发现，在回视路径阅读时间上，句法预
测的主效应显著，读者在阅读无句法预测的关键区域时的回视路径阅读时间显著
长于有句法预测的关键区域。

句法预测	局部歧义		NP 区域	关键区	关键后区	
有	有	或者球员更换	球队	或者经纪人	说服	经理给他加工资
	无	或者厂长补发	工资	或者工程师	拒绝	继续签新的合同
无	有	警察找到	物证	或者目击者	愿意	为受害者当人证
	无	叶林购买	轿车	或者她丈夫	租借	一辆车子给她用

图 3-17　材料举例（陈庆荣等，2010）

与回视路径阅读时间相似的另外一个指标为选择性回视路径阅读时间
（selective regression path reading time），它是指从首次注视某个兴趣区开始，直到

注视兴趣区右侧的区域为止，读者在这一期间产生的落在该兴趣区内的所有注视点的持续时间之和，如图 3-13 所示，后半句这个兴趣区的选择性回视路径阅读时间为注视点 6、12、13 和 14 的注视时间之和。可见，选择性回视路径阅读时间与回视路径阅读时间的区别在于是否包含在前面兴趣区中产生的注视。该指标整合了兴趣区第一遍和第二遍阅读中的注视情况，因此是能够反映早期加工和晚期整合的优秀指标。

选择性回视路径阅读时间的数据可以从眼动仪中直接导出。在导出的兴趣区数据（IA Report）中，同样先确定要计算回视路径阅读时间的兴趣区（IA_ID，如兴趣区 2），然后选择跳读（IA_SKIP）为 0 的数据，再找到名称为 IA_SELECTIVE_REGRESSION_PATH_DURATION 的一列数据，就是兴趣区 2 的回视路径阅读时间，如图 3-18 所示。

	A	B	C	CD	CE
1	RECORDING_SESSION_LABEL	item	IA_ID	IA_SELECTIVE_REGRESSION_PATH_DURATION	IA_SPILL(
273	o101zyh	T02	2	260	354
278	o101zyh	T01	2	524	.
283	o101zyh	T34	2	217	258
288	o101zyh	T25	2	879	365
293	o101zyh	T57	2	155	.
298	o101zyh	T19	2	1052	326
303	o102wly	T52	2	278	214
308	o102wly	T29	2	521	.
313	o102wly	T05	2	.	.
318	o102wly	T36	2	905	288
323	o102wly	T35	2	1259	420
328	o102wly	T22	2	1676	.
333	o102wly	T20	2	496	255
338	o102wly	T27	2	325	464
343	o102wly	T28	2	650	192
348	o102wly	T58	2	432	270

图 3-18   选择性回视路径阅读时间计算

虽然选择性回视路径阅读时间是一个非常有价值的指标，但在相关研究中的使用较少，Häikiö 等（2016）在研究中使用了这一指标。实验考察了芬兰语阅读中，连字符"-"作为音节切分线索对一年级和二年级儿童加工双音节（kah-vi，意为"咖啡"）和多音节词（ap-pel-sii-ni，意为"橘子"）的影响。研究者假设，读者如果发现当前兴趣区的词难以加工，或者难以整合到句子中时，很可能会回到更前面的词上，以再次激活前文信息获取帮助。结果发现，相比于加工正常呈现的词汇，被试在加工添加连字符的词时，凝视时间和选择性回视路径阅读时间更长。这表明，读者不仅在初次加工带有连字符的音节时存在困难，在将其与前文信息进行整合时也存在困难。

另外一个与回视路径阅读时间相似的概念是重读时间（re-reading time），是读者在目标区遇到困难后的再次加工，也称为"再检查时间"（reinspection time）（Blythe et al.，2011）或者"首次通过回视时间"（first-pass regression time）（van Gompel et al.，2001）。如图 3-13 所示，第二个兴趣区的重读时间为注视点 7～14 的注视持续时间之和，也就是扣除第一遍注视时间的回视路径阅读时间。具体计算方法是，在导出的兴趣区数据（IA Report）中，同样先确定要分析的兴趣区（IA_ID，如兴趣区 2），仍然选择兴趣区未被跳读（即 IA_SKIP 为 0）的数据，然后找到 IA_REGRESSION_PATH_DURATION（回视路径阅读时间）和 IA_FIRST_RUN_DWELL_TIME（第一遍阅读时间），两者相减得到的值为重读时间，如图 3-19 所示。由于读者在有些兴趣区上只是进行了第一遍注视，那么重读时间就为 0，因此，在数据处理时需要予以删除。

	A	B	C	E	O	P	
1	RECORDING_SESSION_LABEL	item	IA_ID	IA_FIRST_RUN_DWELL_TIME	IA_REGRESSION_PATH_DURATION	重读时间	IA
3	o101zyh	T16	2	1491	1491	=O3-E3	
8	o101zyh	T04	2	182	1184		
13	o101zyh	T15	2	250	1207		
18	o101zyh	T06	2	248	248		
23	o101zyh	T43	2	113	1245		
28	o101zyh	T18	2	471	471		
33	o101zyh	T05	2	522	522		
38	o101zyh	T13	2	277	277		
43	o101zyh	T51	2	330	330		
48	o101zyh	T20	2	340	340		
53	o101zyh	T56	2	244	244		
58	o101zyh	T49	2	284	284		
63	o101zyh	T41	2	236	236		

图 3-19　重读时间计算

由重读时间、回视路径阅读时间和选择性回视路径阅读时间的含义可知，这三个指标是读者在阅读过程中的某个区域遇到了困难，然后进行再加工的体现，是时间上具有前后顺序的注视点的整合，因此能够清楚地反映加工过程，揭示加工机制。例如，Liversedge 等（1998）关于歧义句的研究就同时使用了重读时间和回视路径阅读时间。实验要求被试阅读两种类型的定语从句，材料如图 3-20 所示，第一句容易出现歧义，即会出现所谓的"花园路径"效应，而第二句多了"who were"就能够避歧义，这是研究者操纵的第一个变量，即是否省略"who were"。如果在句子前面加一个词"only"是否能够帮助读者顺利通达语义，解决歧义问题？这是研究者重点关注的一个问题，因此设置了第二个变量，即是否在句首加"only"。随后，研究者分析了解歧区（"invited"）、解歧前区和解歧后区的眼动指标。结果发现，在解歧前区上，读者在第一遍阅读时间和总注视时间两个指标上表现出显著的主效应和交互效应，但是在解歧区上交互效应消失了。那么，读者在加工解歧词时是立即回视到之前的区域，还是加工完解歧词之后再回到之前的区域？于是研究者分析了解歧前区的回视路径阅读时间和重读时间，并发现了两者显著的交互作用，进一步的简单效应分析发现，相比于非省略句，解歧前区上的两个指标在省略"who were"的句子中更长，在句子前增加"only"时，省略和不省略两种条件之间的差异不显著。对解歧区两个指标的分析仍然和总注视时间结果一致。由此研究者推测，只在句前加"only"不能避免发生"花园路径"效应，但有利于读者对句子的重新分析。

> The teenagers/ allowed a/ party/ invited/ a juggler/ straightaway.
> Only teenagers/ allowed a/ party/ invited/ a juggler/ straightaway.
> The teenagers who were/ allowed a/ party/ invited/ a juggler/ straightaway.
> Only teenagers who were/ allowed a/ party/ invited/ a juggler/ straightaway.

图 3-20　实验材料举例（Liversedge et al.，1998）
注：图中斜线为研究者划分的兴趣区边界

该研究充分利用了时间上相邻注视点整合的指标和空间上相邻注视点整合的指标，结合读者在时间和空间两个维度上的注视行为来揭示认知加工过程，回答研究问题，值得借鉴。

三、总阅读时间

总阅读时间与上一节中提到的"总注视时间"（也称为总阅读时间）本质上是相同的，都是指读者在兴趣区内产生的所有注视点持续时间之和。但为了区分不同的兴趣区，所以采用不同的名称。当以短语或句子为兴趣区时，总阅读时间的导出方式与以字词为兴趣区的导出方式相同，具体的数据计算方法也相同，只是在具体的数值上会有所不同，短语或句子的总阅读时间是显著长于字或词的总阅读时间的。值得注意的是，如果在没有画兴趣区的情况下，且一个句子就是一个试次，想要分析句子的总阅读时间，可以在 Trail Report 导出的数据中找到，即名称为"IP_DURATION"的一列数据就是句子的总阅读时间，如图 3-21 所示。

短语或句子的总阅读时间会受到包括文本的视觉特征、词汇水平的特征、句子水平的特征以及被试特征等的影响。

首先是文本的视觉特征对总阅读时间的影响。比如，拼音文字中词与词之间的空格在阅读中起着重要作用，不仅帮助引导读者眼睛跳向哪里，还会影响读者的注视时间。上文中提到的 Perea 和 Acha（2009）的研究设置了三种文本类型的句子：有空格、无空格、黑体宋体字体交替呈现。整体分析结果标明，文本类型

	RECORDING_S	DATA_FILE	IP_DURATION	INDEX	AVERAGE_	AVERAGE_	AVERAGE_	AVERAGE_	AVERAGE_	BLINK_CO	BUTTON_F	DATA_FILE
1	RECORDING_S	DATA_FILE	IP_DURATION	INDEX	AVERAGE_	AVERAGE_	AVERAGE_	AVERAGE_	AVERAGE_	BLINK_CO	BUTTON_F	DATA_FILE
2	01lqr	01lqr.edf	3547	1	119	206.93	2.89	29.66	29.08	1	1	01lqr.edf
3	01lqr	01lqr.edf	3631	2	98.5	182.56	3.54	29.79	29.15	2	1	01lqr.edf
4	01lqr	01lqr.edf	6059	3	98	266.8	3.06	29.55	29.03	2	1	01lqr.edf
5	01lqr	01lqr.edf	3353	4	104	174.81	3.56	29.83	29.15	2	1	01lqr.edf
6	01lqr	01lqr.edf	2248	5	92	188.9	2.75	29.77	29.13	1	1	01lqr.edf
7	01lqr	01lqr.edf	2617	6		217.09	2.68	29.64	29.07	0	1	01lqr.edf
8	01lqr	01lqr.edf	2708	7		220	4.12	29.79	29.14	0	1	01lqr.edf
9	01lqr	01lqr.edf	2069	8	92	181.67	3.82	29.88	29.19	1	1	01lqr.edf
10	01lqr	01lqr.edf	4444	9	110	284.77	2.67	29.85	29.16	1	1	01lqr.edf
11	01lqr	01lqr.edf	4344	10	101	198	3.28	29.76	29.13	1	1	01lqr.edf
12	01lqr	01lqr.edf	3140	11		212.46	2.44	30	29.25	0	1	01lqr.edf
13	01lqr	01lqr.edf	3351	12	93	211.69	3.37	29.8	29.16	1	1	01lqr.edf
14	01lqr	01lqr.edf	4638	13	54.5	184.93	2.52	29.68	29.1	2	1	01lqr.edf
15	01lqr	01lqr.edf	4662	14	114	186.33	2.85	29.66	29.09	2	1	01lqr.edf
16	01lqr	01lqr.edf	3002	15	102	166.43	2.96	29.92	29.2	2	1	01lqr.edf
17	01lqr	01lqr.edf	2681	16	104	209	3.65	29.89	29.18	1	1	01lqr.edf
18	01lqr	01lqr.edf	2335	17	86	247.88	2.88	29.78	29.13	1	1	01lqr.edf
19	01lqr	01lqr.edf	2709	18	153	215.8	3.7	29.84	29.16	1	1	01lqr.edf
20	01lqr	01lqr.edf	2399	19	90	214.6	3.51	29.84	29.11	1	1	01lqr.edf
21	01lqr	01lqr.edf	2962	20	108	194.77	2.17	29.84	29.18	1	1	01lqr.edf

图 3-21　总阅读时间计算

的主效应显著，有空格句子的总注视时间显著比无空格的两种文本的时间短。这说明总注视时间这个指标对词空格效应反应敏感。

其次是词汇水平的特征对总阅读时间的影响。以往大量研究都发现了显著的词频效应，词频大多会对该词的加工产生显著影响，但也有研究发现目标词的词频会影响整个句子的总阅读时间。李馨等（2011）为揭示汉语阅读中词边界信息与词频的作用，在句子中设置了不同的空格形式，同时在句中插入不同频率的目标词。结果发现，在整体分析指标上存在词频的主效应，即相对于包含高频词的句子，读者在阅读包含低频词的句子时的总注视时间显著更长。研究者还发现词的预测性也会影响句子的总阅读时间。吴琼（2013）考察了语义预测对中文词素位置信息加工的影响。研究为4（词素位置信息：原词、换位、首位掩蔽、尾位掩蔽）×2（可预测性：高预测性、低预测性）的两因素被试内设计，目标词分别嵌入相同的句子结构中。材料举例如图3-22所示。整体分析结果显示，总注视时间上存在显著的预测性效应，即包含低预测性目标词的句子的总阅读时间显著长于包含高预测性目标词的句子。

预测性	句子
高预测性	为了科学事业，牛顿投入了全部的精力（力精/□□力/精□□）和毕生心血。
低预测性	为了科学事业，牛顿投入了全部的时间（间时/□□间/时□□）和毕生心血。
高预测性	我很忙，请不要浪费我的时间（间时/□□间/时□□）耽误我的工作。
低预测性	我很忙，请不要浪费我的精力（力精/□□力/精□□）耽误我的工作。

图 3-22　实验材料举例（吴琼，2013）

再次是句子歧义等句子水平特征对总阅读时间的影响。吕惠玲（2009）检验了动词偏向对直接宾语与句子补语（DO/SC）歧义句的影响。例如，歧义句"经理批评了全体员工没有完成这个月的工作任务"，句中的"全体员工"既是前半句的直接宾语，又是后半句的主语，"没有完成这个月的工作任务"是补语，导致这个句子包含两层意思：经理批评了全体员工，全体员工没有完成这个月的工作任务。实验采用 2（偏向性：DO 偏向、SC 偏向）×2（可能性：有歧义、无歧义）的两因素被试内设计，设置了两个兴趣区，分别为每个句子的第一个动词和这个动词后面的名词短语。结果发现，歧义句子的总阅读时间比非歧义句子要长。

最后是被试特征对总阅读时间的影响。随着年龄的增长，儿童的阅读水平和技能逐渐提高，总阅读时间也逐渐缩短。Joseph 等（2009）考察了词长对成人和儿童读者眼动控制的影响，对句子的整体分析发现，儿童的总阅读时间要显著长于成人读者。然而，个体步入老年期之后，受到认知老化的影响，阅读能力逐渐衰退，表现为老年人对句子的总阅读时间要显著长于青年人（Paterson et al., 2020）。

此外，与阅读同时进行的一些加工也会影响总阅读时间，如阅读时周围的无关声音。一些研究者考察了无关言语对句子阅读的影响，Yan 等（2018）比较了读者在安静、无意义言语和有意义言语背景下阅读句子时的眼动特征，结果发现，被试在有意义言语背景下阅读句子的时间显著长于无意义言语和安静背景下。总的来说，短语或句子的总阅读时间是一个反映整体加工的良好指标。然而，当不同条件下的阅读材料的长度（如词的数量或字的数量）不同时，读者在总注视时间上的差异就失去了意义，特别是句子阅读条件下，因此很多研究采用阅读效率这一指标，即用总注视时间除以相应的词或者字的数量，如 Rayner（1998）发现，把句子中的空格去除会使句子的阅读效率降低 54%，语篇的阅读效率降低 44%；当用 x 填充空格时，被试的阅读效率也会大大降低。

四、平均注视时间

平均注视时间是指兴趣区内所有注视点的持续时间的平均值。这一指标适用于分析不同大小的兴趣区，但对较大的兴趣区更适用，如句子、段落或篇章等，以此来反映整体的加工情况。

从眼动仪中可以直接导出平均注视时间的数据。在导出的 Trail Report 中找到名称为"AVERAGE_FIXATION_DURATION"的一列数据，该列数据就是整体分析中的平均注视时间，如图 3-23 所示。

平均注视时间和上面陈述的总注视时间以及第三章中的总注视次数两个指标之间的关系非常密切。平均注视时间可被认为是总注视时间除以总注视次数得到

	G9	fx	29.88								
	A	B	C	D	E	F	G	H	I	J	K	L
1	RECORDIN	DATA_FILE	INDEX	AVERAGE_	AVERAGE_FIXATION_DURATION	AVERAGE_	AVERAGE_	AVERAGE_	BLINK_CO	BUTTON_F	DATA_FILE	DURATION
2	01lqr	01lqr.edf	1	119	206.93	2.89	29.66	29.08	1	1	01lqr.edf	3624
3	01lqr	01lqr.edf	2	98.5	182.56	3.54	29.79	29.15	2	1	01lqr.edf	3707
4	01lqr	01lqr.edf	3	98	266.8	3.06	29.55	29.03	2	1	01lqr.edf	6136
5	01lqr	01lqr.edf	4	104	174.81	3.56	29.83	29.15	2	1	01lqr.edf	3435
6	01lqr	01lqr.edf	5	92	188.9	2.75	29.77	29.13	1	1	01lqr.edf	2325
7	01lqr	01lqr.edf	6	.	217.09	2.68	29.64	29.07	0	1	01lqr.edf	2692
8	01lqr	01lqr.edf	7	.	220	4.12	29.79	29.14	0	1	01lqr.edf	2781
9	01lqr	01lqr.edf	8	92	181.67	3.82	29.88	29.19	1	1	01lqr.edf	2152
10	01lqr	01lqr.edf	9	110	284.77	2.67	29.85	29.16	1	1	01lqr.edf	6638
11	01lqr	01lqr.edf	10	101	198	3.28	29.76	29.13	1	1	01lqr.edf	6825
12	01lqr	01lqr.edf	11	.	212.46	2.44	30	29.25	0	1	01lqr.edf	5906
13	01lqr	01lqr.edf	12	93	211.69	3.37	29.8	29.16	1	1	01lqr.edf	3428
14	01lqr	01lqr.edf	13	54.5	184.93	2.52	29.68	29.1	2	1	01lqr.edf	4713
15	01lqr	01lqr.edf	14	114	186.33	2.85	29.66	29.09	2	1	01lqr.edf	6365
16	01lqr	01lqr.edf	15	102	166.43	2.96	29.92	29.21	2	1	01lqr.edf	4976
17	01lqr	01lqr.edf	16	104	209	3.65	29.89	29.18	1	1	01lqr.edf	3988
18	01lqr	01lqr.edf	17	86	247.88	2.88	29.78	29.13	1	1	01lqr.edf	2408
19	01lqr	01lqr.edf	18	153	215.8	3.7	29.84	29.16	1	1	01lqr.edf	2779
20	01lqr	01lqr.edf	19	90	214.6	3.51	29.76	29.11	1	1	01lqr.edf	3857
21	01lqr	01lqr.edf	20	108	194.77	2.17	29.84	29.18	1	1	01lqr.edf	3038
22	01lqr	01lqr.edf	21	.	210	3.41	29.72	29.1	0	1	01lqr.edf	2319
23	01lqr	01lqr.edf	22	128	257.45	2.44	29.73	29.1	1	1	01lqr.edf	4792
24	01lqr	01lqr.edf	23	.	226.5	3.05	29.89	29.19	0	1	01lqr.edf	2070
25	01lqr	01lqr.edf	24	.	256.1	2.76	29.68	29.09	0	1	01lqr.edf	2879
26	01lqr	01lqr.edf	25	136	205.44	3.49	29.59	29.05	1	1	01lqr.edf	5471
27	01lqr	01lqr.edf	26	89	210	3.89	29.2	29.2	1	1	01lqr.edf	5001

图 3-23　平均注视时间计算

的值，因此，影响总注视时间的因素也很可能会影响平均注视时间，如阅读材料的视觉信息、阅读方式和环境、被试特征等。

首先是阅读材料的视觉信息对平均注视时间的影响。研究发现，在文本中加入空格，或者采用古文字，或者改变文本的清晰程度等阅读材料的视觉特征都会影响平均注视时间（Perea & Acha，2009；Rayner et al.，2006；Wang et al.，2018）。例如，Rayner 等（2006）比较了被试在阅读古英语和现代英语时的眼动特征，结果发现，被试在阅读古英语句子时的平均注视时间显著长于现代英语句子。Wang 等（2018）则考察了文本刺激质量变化对读者阅读过程中注视模式的影响。在实验一中，目标词以正常黑色或者降低对比度的灰色呈现在白色背景上，句子中的其他汉字都以正常黑色呈现。实验二采用同样的实验材料，整句以正常黑色呈现，或者以降低对比度的灰色呈现。两个实验的整体分析结果均发现了在平均阅读时间上，刺激质量的主效应显著，被试对模糊文本的平均阅读时间显著长于正常文本。

其次是阅读方式和环境对平均注视时间的影响。在日常生活中，读者会带着不同的目的进行阅读，如自然阅读、快速阅读、朗读以及校对阅读等，而不论哪种阅读，都可能在不同的环境背景下进行，如伴随噪声或者伴随音乐，这些阅读方式和环境因素的影响均可体现在平均注视时间这一指标上（闫国利等，2014；臧传丽等，2013）。例如，臧传丽等（2013）考察了副中央凹信息对朗读和默读的影响。实验要求被试在不同窗口条件下进行句子朗读和默读，结果发现，朗读条件下句子的平均注视时间（298ms）显著长于默读条件（272ms）。

最后是被试特征对平均注视时间的影响。正常儿童、老年人、第二语言学习者、阅读障碍儿童以及听障读者等特殊群体在阅读过程中往往表现出与普通读者不同的眼动特征，这些个体差异也体现在平均注视时间这个指标上。例如，闫国利等（2015）通过消失文本范式（disappearing text paradigm）操纵注视词的呈现时间，记录儿童与成人阅读消失文本和正常文本时的眼动行为，考察中文阅读中读者获取文本视觉信息速度的发展变化。对句子进行的整体分析结果表明，年龄的主效应显著，儿童的平均注视时间显著长于成年人。

平均注视时间是一个反映整体加工的良好指标，但是对兴趣区内的数据进行分析时有一定的弊端。如果目标区域的注视点分布不均，有多有少，那么平均注视时间不能准确地反映读者的加工情况，只能给出一个粗略的估计。因此，在使用平均注视时间这一指标时要注意这一点。

参 考 文 献

陈庆荣, 杨亦鸣. (2017). 古诗阅读的认知机制: 来自眼动的证据. *中国社会科学*, (3), 48-76.

陈庆荣, 谭顶良, 邓铸, 徐晓东. (2010). 句法预测对句子理解影响的眼动实验. *心理学报*, 42(6), 672-682.

陈双, 陈黎静, 杨晓虹, 杨玉芳. (2015). 语篇背景在语义整合中的作用. *心理学报*, 47(2), 167-175.

迟慧, 闫国利, 许晓露, 夏莹, 崔磊, 白学军. (2014). 声旁语音信息对形声字加工的影响——来自眼动研究的证据. *心理学报*, 46(9), 1242-1260.

丁锦红, 王丽燕. (2006). 语音回路与阅读理解关系的眼动研究. *心理学报*, 38(5), 694-701.

何立媛, 白玉, 赵星, 刘妮娜, 王永胜, 吴捷. (2023). 汉语阅读中副中央凹信息加工的老化: 来自词 N+2 预视的证据. *心理科学*, 46(3), 514-521.

何文广, 赵晓静, 沈兰玉. (2017). 不同认知方式个体句法成分整合歧义消解的眼动研究. *心理学报*, 49(12), 1494-1503.

李馨. (2008). *汉语双字词语义透明度的发展研究*. 硕士学位论文, 天津师范大学.

李馨, 白学军, 闫国利. (2011). 词边界信息和词频在汉语阅读中的作用. *心理与行为研究*, 9(2), 133-139.

梁菲菲, 章鹏, 张琪涵, 王永胜, 白学军. (2017). 自然阅读中儿童和成人新词学习能力的差异比较: 基于眼动的证据. *心理科学*, 40(4), 863-869.

刘志方, 张智君, 潘运, 仝文, 苏衡. (2017). 中文阅读中预视阶段和注视阶段内词汇视觉编码的过程特点: 来自消失文本的证据. *心理学报*, 49(7), 853-865.

卢张龙, 白学军, 闫国利. (2008). 汉语词汇识别中词频和可预测性交互作用的眼动研究. *心理研究*, 1(4), 29-33.

吕惠玲. (2009). *汉语句子歧义消除的眼动行为研究*. 硕士学位论文, 河南大学.

吴琼. (2013). *语义预测对中文词素位置信息加工的影响*. 硕士学位论文, 辽宁师范大学.

闫国利, 白学军. (2007). 汉语阅读的眼动研究. *心理与行为研究*, 5(3), 229-234.

闫国利, 孙莎莎, 张巧明, 白学军. (2014). 自然阅读与校对阅读的知觉广度研究. *心理科学*, 37(2), 298-302.

闫国利, 刘妮娜, 梁菲菲, 刘志方, 白学军. (2015). 中文读者词汇视觉信息获取速度的发展——来自消失文本的证据. *心理学报*, 47(3), 300-318.

杨帆, 隋雪. (2019). 回视引导机制: 言语记忆与空间记忆之争. *心理科学*, (5), 1274-1279.

于秒, 闫国利. (2015). 内隐韵律与语境影响歧义结构加工的眼动研究. *天津大学学报(自然科学与工程技术版)*, 48(8), 686-691.

于秒, 闫国利, 石锋. (2015). "v+n1+的+n2" 式歧义结构在句中加工的眼动研究. *南开语言学刊*, (1), 85-93.

臧传丽, 张慢慢, 岳音其, 白学军, 闫国利. (2013). 副中央凹信息量对中文朗读和默读的调节作用. *心理与行为研究*, 11(4), 444-450.

张仙峰, 闫国利. (2005). 大学生词的获得年龄、熟悉度、具体性和词频效应的眼动研究. *心理与行为研究*, 3(3), 194-198.

张仙峰, 叶文玲. (2006). 当前阅读研究中眼动指标述评. *心理与行为研究*, 4(3), 236-240.

赵冰洁, 王永胜, 陈茗静, 李馨, 闫国利, 白学军. (2018). 双字词整词加工与词素加工在眼跳目标选择中的作用. *心理与行为研究*, 16(6), 721-734.

Ashby, J. (2006). Prosody in skilled silent reading: Evidence from eye movements. *Journal of Research in Reading*, 29, 318-333.

Blythe, H. I., Häikiö, T., Bertam, R., Liversedge, S. P., & Hyönä, J. (2011). Reading disappearing text: Why do children refixate words? *Vision Research*, 51(1), 84-92.

Booth, R. W., & Weger, U. W. (2013). The function of regressions in reading: Backward eye movements allow rereading. *Memory & Cognition*, 41, 82-97.

Clifton, C., Bock, J., & Radó, J. (2000). Effects of the focus particle only and intrinsic contrast on comprehension of reduced relative clauses. In A. Kennedy, R. Radach, D. Heller, & J. Pynte (Eds.), *Reading as a Perceptual Process* (pp. 591-619). Oxford: Elsevier.

Drieghe, D., Rayner, K., & Pollatsek, A. (2008). Mislocated fixations can account for parafoveal-on-foveal effects in eye movements during reading. *The Quarterly Journal of Experimental Psychology*, 61(8), 1239-1249.

Eskenazi, M. A., & Folk, J. R. (2017). Regressions during reading: The cost depends on the cause. *Psychonomic Bulletin & Review*, 24, 1211-1216.

Frisson, S., Rayner, K., & Pickering, M. J. (2005). Effects of contextual predictability and transitional probability on eye movements during reading. *Journal of Experimental Psychology: Learning, Memory, and Cognition*, 31, 862-877.

Häikiö, T., Bertram, R., & Hyönä, J. (2016). The hyphen as a syllabification cue in reading bisyllabic and multisyllabic words among Finnish 1st and 2nd graders. *Reading and Writing*, 29, 159-182.

He, L., Ma, W., Shen, F., Wang, Y., Wu, J., Warrington, K. L., ... & Paterson, K. B. (2021). Adult age differences in parafoveal preview effects during reading: Evidence from Chinese. *Psychology and Aging, 36*(7), 822-833.

Hyönä, J., & Bertram, R. (2011). Optimal viewing position effects in reading Finnish. *Vision Research, 51*(11), 1279-1287.

Hyönä, J., Bertram, R., & Pollatsek, A. (2004). Are long compound words identified serially via their constituents? Evidence from an eye movement-contingent display change study. *Memory & Cognition, 32*, 523-532.

Hyönä, J., Lorch, R. F., & Kaakinen, J. K. (2002). Individual differences in reading to summarize expository text: Evidence from eye fixation patterns. *Journal of Educational Psychology, 94*, 44-55.

Hyönä, J., Lorch, R. F., & Rinck, M. (2003). Eye movement measures to study global text processing. In J. Hyönä, R. Radach, & H. Deubel (Eds.), *The Mind's Eye: Cognitive and Applied Aspects of Eye Movement Research* (pp. 159-176). Oxford: Elsevier.

Inhoff, A. W., & Liu, W. M. (1998). The perceptual span and oculomotor activity during the reading of Chinese sentences. *Journal of Experimental Psychology: Human Perception and Performance, 24*, 20-34.

Joseph, H. S., Liversedge, S. P., Blythe, H. I., White, S. J., & Rayner, K. (2009). Word length and landing position effects during reading in children and adults. *Vision Research, 49*(16), 2078-2086.

Just, M. A., & Carpenter, P. A. (1987). Orthography: Its structure and effects on reading. In M. A. Just & P. A. Carpenter (Eds.), *The Psychology of Reading and Language Processing* (pp. 287-325). Newton: Allyn and Bacon.

Kliegl, R., Risse, S., & Laubrock, J. (2007). Preview benefit and parafoveal-on-foveal effects from word n+ 2. *Journal of Experimental Psychology: Human Perception and Performance, 33*(5), 1250-1255.

Li, S., Li, L., Wang, J., McGowan, V. A., & Paterson, K. B. (2018). Effects of word length on eye guidance differ for young and older Chinese readers. *Psychology and Aging, 33*(4), 685-692.

Liversedge, S. P., Paterson, K. B., & Pickering, M. J. (1998). Eye movements and measures of reading time. In G. Underwood (Ed.), *Eye Guidance in Reading and Scene Perception* (pp. 55-77). Oxford: Oxford University Press.

Ma, G., & Li, X. (2015). How character complexity modulates eye movement control in Chinese reading. *Reading and Writing, 28*, 747-761.

McDonald, S. A., Carpenter, R. H. S., & Shillcock, R. C. (2005). An anatomically constrained, stochastic model of eye movement control in reading. *Psychological Review, 112*(4), 814-840.

McGowan, V. A., White, S. J., Jordan, T. R., & Paterson, K. B. (2014). Aging and the use of interword spaces during reading: Evidence from eye movements. *Psychonomic Bulletin & Review, 21*, 740-747.

Mitchell, D. C., Brysbaert, M., Grondelaers, S., & Swanepoel, P. (2000). Modifier attachment in Dutch: Testing aspects of construal theory. In A. Kennedy, R. Radach, D. Heller, & J. Pynte (Eds.), *Reading as a Perceptual Process* (pp. 493-517). Oxford: Elsevier.

Murray, W. (2000). Sentence processing: Issues and measures. In A. Kennedy, R. Radach, D. Heller, & J. Pynte (Eds.), *Reading as a Perceptual Process* (pp. 649-664). Oxford: Elsevier.

Nuthmann, A., Engbert, R., & Kliegl, R. (2005). Mislocated fixations during reading and the inverted optimal viewing position effect. *Vision Research*, *45*(17), 2201-2217.

Nuthmann, A., Engbert, R., & Kliegl, R. (2007). The iovp effect in mindless reading: Experiment and modeling. *Vision Research*, *47*, 990-1002.

O'Regan, J. K., &Jacobs, A. M. (1992). Optimal viewing position effect in word recognition: A challenge to current theory. *Journal of Experimental Psychology*: *Human Perception and Performance*, *18*, 185-197.

Paterson, K. B., McGowan, V. A., Warrington, K. L., Li, L., Li, S., Xie, F., ... & Wang, J. (2020). Effects of normative aging on eye movements during reading. *Vision*, *4*(1), 7.

Perea, M., & Acha, J. (2009). Does letter position coding depend on consonant/vowel status? Evidence with the masked priming technique. *Acta Psychologica*, *130*, 127-137.

Pollatsek, A., & Hyönä, J. (2005). The role of semantic transparency in the processing of Finnish compound words. *Language and Cognitive Processes*, *20*(1-2), 261-290.

Pollatsek, A., Juhasz, B. J., Reichle, E. D., Machacek, D., & Rayner, K. (2008). Immediate and delayed effects of word frequency and word length on eye movements in reading: A reversed delayed effect of word length. *Journal of Experimental Psychology*: *Human Perception and Performance*, *34*(3), 726-750.

Raney, G. E., & Rayner, K. (1995). Word frequency effects and eye movements during two readings of a text. *Canadian Journal of Experimental Psychology*, *49*, 151-172.

Rayner, K. (1998). Eye movements in reading and information processing: 20 years of research. *Psychological Bulletin*, *124*(3), 372-422.

Rayner, K. (2009). Eye movements and attention in reading, scene perception, and visual search. *The Quarterly Journal of Experimental Psychology*, *62*(8), 1457-1506.

Rayner, K., & Duffy, S. A. (1986). Lexical complexity and fixation times in reading: Effects of word frequency, verb complexity, and lexical ambiguity. *Memory & Cognition*, *14*(3), 191-201.

Rayner, K., & Pollatsek, A. (1989). *The Psychology of Reading*. Englewood Cliffs: Prentice-Hall.

Rayner, K., Raney, G. E., & Sereno, S. C. (1996). Eye movement control in reading: A comparison of two types of models. *Journal of Experimental Psychology*: *Human Perception and Performance*, *22*(5), 1188-1200.

Rayner, K., Ashby, J., Pollatsek, A., & Reichle, E. D. (2004). The effects of frequency and predictability on eye fixations in reading: Implications for the E-Z reader model. *Journal of Experimental Psychology*: *Human Perception and Performance*, *30*(4), 720-732.

Rayner, K., Li, X. S., Juhasz, B. J., & Yan, G. L. (2005). The effect of word predictability on the eye movements of Chinese readers. *Psychonomic Bulletin & Review*, *12*(6), 1089-1093.

Rayner, K., Reichle, E. D., Stroud, M. J., Williams, C. C., & Pollatsek, A. (2006). The effect of word frequency, word predictability, and font difficulty on the eye movements of young and older readers. *Psychology and Aging*, *21*(3), 448-465.

Reingold, E. M., Yang, J. M., & Rayner, K. (2010). The time course of word frequency and case alternation effects on fixation times in reading: Evidence for lexical control of eye movements. *Journal of Experimental Psychology*: *Human Perception and Performance, 36*(6), 1677-1683.

Schotter, E. R., Tran, R., & Rayner, K. (2014). Don't believe what you read (only once) comprehension is supported by regressions during reading. *Psychological Science, 25*(6), 1218-1226.

Sheridan, H., & Reingold, E. M. (2012). The time course of predictability effects in reading: Evidence from a survival analysis of fixation durations. *Visual Cognition, 20*(7), 733-745.

Tanaka, T., Sugimoto, M., Tanida, Y., & Saito, S. (2014). The influences of working memory representations on long-range regression in text reading: An eye-tracking study. *Frontiers in Human Neuroscience, 8*, 765-773.

van Gompel, R. P., Pickering, M. J., & Traxler, M. J. (2001). Reanalysis in sentence processing: Evidence against current constraint-based and two-stage models. *Journal of Memory and Language, 45*(2), 225-258.

Vitu, F., McConkie, G. W., Kerr, P., & O'Regan, J. K. (2001). Fixation location effects on fixation durations during reading: An inverted optimal viewing position effect. *Vision Research, 41*(25-26), 3513-3533.

Vonk, W., & Cozijn, R. (2003). On the treatment of saccades and regressions in eye movement measures of reading time. In J. Hyönä, R. Radach, & H. Deubel (Eds.), *The Mind's Eye*: *Cognitive and Applied Aspects of Eye Movement Research* (pp. 291-311). Oxford: Elsevier.

Wang, H. C., Pomplun, M., Chen, M., Ko, H., & Rayner, K. (2010). Estimating the effect of word predictability on eye movements in Chinese reading using latent semantic analysis and transitional probability. *Quarterly Journal of Experimental Psychology, 63*(7), 1374-1386.

Wang, J., Li, L., Li, S., Xie, F., Liversedge, S. P., & Paterson, K. B. (2018). Effects of aging and text-stimulus quality on the word-frequency effect during Chinese reading. *Psychology and Aging, 33*(4), 693-712.

Wei, W., Li, X., & Pollatsek, A. (2013). Word properties of a fixated region affect outgoing saccade length in Chinese reading. *Vision Research, 80*, 1-6.

White, S. J., & Staub, A. (2012). The distribution of fixation durations during reading: Effects of stimulus quality. *Journal of Experimental Psychology*: *Human Perception and Performance, 38*(3), 603-617.

White, S. J., Johnson, R. L., Liversedge, S. P., & Rayner, K. (2008). Eye movements when reading transposed text: The importance of word beginning letters. *Journal of Experimental Psychology*: *Human Perception and Performance, 34*, 1261-1276.

Williams, R., & Morris, R. (2004). Eye movements, word familiarity, and vocabulary acquisition. *European Journal of Cognitive Psychology, 16*(1-2), 312-339.

Yan, G., Tian, H., Bai, X., & Rayner, K. (2006). The effect of and character frequency on the eye movements of Chinese readers. *British Journal of Psychology, 97*(2), 259-268.

Yan, G., Meng, Z., Liu, N., He, L., & Paterson, K. B. (2018). Effects of irrelevant background speech on eye movements during reading. *Quarterly Journal of Experimental Psychology, 71*(6), 1270-

1275.

Yan, M., Richter, E. M., Shu, H., & Kliegl, R. (2009). Readers of Chinese extract semantic information from parafoveal words. *Psychonomic Bulletin & Review*, *16*(3), 561-566.

Yang, H. M., & McConkie, G. W. (1999). Reading Chinese: Some basic eye-movement characteristics. In J. Wang, A. W. Inhoff, & H. C. Chen (Eds.), *Reading Chinese Script*: *A Cognitive Analysis* (pp. 207-222). Mahwah: Lawrence Erlbaum Associates.

Yang, J., Wang, S., Xu, Y., & Rayner, K. (2009). Do Chinese readers obtain preview benefit from word n+2? Evidence from eye movements. *Journal of Experimental Psychology*: *Human Perception and Performance*, *35*(4), 1192-1204.

Yen, M. H., Tsai, J. L., Tzeng, O. J., & Hung, D. L. (2008). Eye movements and parafoveal word processing in reading Chinese. *Memory & Cognition*, *36*(5), 1033-1045.

Yen, M. H., Radach, R., Tzeng, O. J. L., Hung, D. L., & Tsai, J. L. (2009). Early parafoveal processing in reading Chinese sentences. *Acta Psychologica*, *131*(1), 24-33.

Zang, C., Zhang, M., Bai, X., Yan, G., Paterson, K. B., & Liversedge, S. P. (2016). Effects of word frequency and visual complexity on eye movements of young and older Chinese readers. *Quarterly Journal of Experimental Psychology*, *69*(7), 1409-1425.

第四章

空间维度的眼动指标

正常阅读中，读者在 1 秒钟内有 3～4 次眼跳（Reingold et al.，2012），其中既有向前的眼跳，也有回到之前注视过的内容的眼跳。那么，读者是如何决定眼跳方向的，又是如何选择眼跳落点位置的呢？本章将要介绍的就是可用于回答上述问题的相关指标，常用的指标有眼跳距离（saccadic size）、注视位置（landing position）、注视次数（number of fixations）和注视比率（fixation probability）等。

第一节　眼　跳　距　离

眼跳距离，也称眼跳长度（saccadic length）或眼跳幅度（saccadic amplitude），指从眼跳开始到此次眼跳结束之间的距离。我们可以将眼跳与注视类比为步行过程，而眼跳距离就是步幅的大小。步幅大小一方面反映了一个人腿的长短，另一方面反映了路是否好走。同理，眼跳距离既能反映读者的阅读技能或阅读习惯，也能反映阅读材料的难易程度。研究发现，在阅读任务中，阅读者的眼跳距离会随着文章难度的加大而变短（Rayner，1998），在视觉搜索任务中也是如此（Phillips & Edelman，2008）。总体来说，眼跳距离可以作为反映阅读效率的重要指标。

一、眼跳距离的分类及其算法

根据读者眼跳方向的不同，眼跳距离包含向前眼跳距离（forward saccade size）和回视眼跳距离（regressive saccade size）。向前眼跳距离指阅读过程中，按照文本阅读顺序，注视点由当前注视部分跳至尚未阅读部分的距离。在从左向右阅读的文本阅读中，向前眼跳距离即从当前注视部分跳向右侧区域的距离。回视眼跳距离与向前眼跳相反，指阅读过程中注视点由当前注视部分跳回至已阅读部分的距离。根据回视距离的长短，研究者把眼睛移动到知觉广度范围以内区域的回视称为短距离回视，而把眼睛移动到知觉广度范围以外的回视称为长距离回视（杨帆，隋雪，2019；Booth & Weger，2013；Weger & Inhoff，2007），在自然阅读中，常见的是短距离的回视，但是当读者不能充分理解当前的信息，或者阅读材料较难时，读者会做出长距离的回视，回到较早出现的词语上或者句首、段首等位置（闫国利等，2013）。在这里需要注意的是，在篇章阅读中，当读者加工完一行的文本后，眼睛会从这一行的行尾移动到下一行的行首，这种回视被称为回扫眼跳（return sweep saccade）。回扫眼跳通常从距离某行文本行尾的第 4～6 个字符起跳，落到距离下一行行首 5～8 个字符的位置，通常比回视眼跳距离（特别是短距离回视）更长，约有 30～70 个字符的距离（Hofmeister et al.，1999；Parker et al.，2019；Slattery & Vasilev，2019）。与普通意义上的回视不同，回扫眼跳是读者推进阅读的必要行为，往往不反映文本加工（Rayner，2009），因此，一些研究将扫视眼跳作为研究对象，考察其作用机制和影响因素等问题（Vasilev et al.，2021；Adedeji et al.，2022），在这里就不过多赘述。与此同时，回视眼跳距离的机制较为复杂，多数研究采用回视时间、回视次数或比率等回视相关指标来反映阅读的认知加工过程，很少采用回视眼跳距离这一指标，因此接下来将不再对这一指标进行相应的叙述。

除了向前眼跳距离，研究者还经常使用平均眼跳距离（average saccade size）来反映阅读困难程度。以上眼跳距离指标均可用于以句子或篇章为兴趣区的整体分析，而向前眼跳距离还常用于以字词或者短语为兴趣区的局部分析，以此来反映字词或短语加工负荷的大小。

关于眼跳距离的计算方法，因分析区域的不同而存在差异，主要包括基于句子或篇章兴趣区的较大分析区域，以及基于字词或者短语兴趣区的较小分析区域，具体计算方法如下。

（一）基于句子或者篇章兴趣区的眼跳距离

平均眼跳距离可以直接从 Trial Report 中提取，AVERAGE_SACCADE_AMPLITUDE 一列的数据就是平均眼跳距离。向前眼跳距离的数据需要筛选才能获得。首先在 Saccade Report 中找到 CURRENT_SAC_AMPLITUDE 以及 CURRENT_SAC_DIRECTION 两列数据，如图 4-1 所示。然后，若阅读顺序为从左向右，则向前眼跳为向右眼跳，选取 CURRENT_SAC_DIRECTION 为 RIGHT 对应的 CURRENT_SAC_AMPLITUDE 数据，就是每次向前眼跳的距离。

	A	B	C		D		J	K		L	M	N
	RECORDI	TRIAL_IN	CURRENT	CURRENT_SAC_AMPLITUDE			CURR	CURRENT_SAC_DIRECTION		CURRENT	CURRENT	CURRENT
	cmm_1	1	FALSE		5.04	FALSE	RIGHT			48	[11]	[STATIC, R
	cmm_1	1	FALSE		2.96	FALSE	RIGHT			43	[1]	[STATIC, R
	cmm_1	2	FALSE		8.05	FALSE	RIGHT			63	[2]	[STATIC, R
	cmm_1	2	FALSE		0.52	TRUE	RIGHT			159	[1]	[STATIC, R
	cmm_1	3	FALSE		10.28	FALSE	RIGHT			70	[2]	[STATIC, R
	cmm_1	4	FALSE		3.31	FALSE	RIGHT			38	[ ]	.
	cmm_1	4	FALSE		3.41	FALSE	RIGHT			43	[3]	[STATIC, R
	cmm_1	5	FALSE		5.87	FALSE	RIGHT			55	[2]	[STATIC, R
	cmm_1	6	FALSE		7.22	FALSE	RIGHT			55	[ ]	
	cmm_1	6	FALSE		1.14	FALSE	RIGHT			22	[3]	[STATIC, R
	cmm_1	7	FALSE		5.03	FALSE	RIGHT			49	[1]	[STATIC, R
	cmm_1	7	FALSE		2.18	FALSE	RIGHT			30	[7]	[STATIC, R
	cmm_1	8	FALSE		9.06	FALSE	RIGHT			70	[1]	[STATIC, R
	cmm_1	9	FALSE		4.28	FALSE	RIGHT			48	[5]	[STATIC, R
	cmm_1	9	FALSE		0.59	FALSE	RIGHT			16	[5]	[STATIC, R
	cmm_1	9	FALSE		1.21	TRUE	RIGHT			170	[ ]	.
	cmm_1	10	FALSE		4.47	FALSE	RIGHT			40	[2]	[STATIC, R

图 4-1　篇章/句子兴趣区中向前眼跳距离计算示意图

（二）基于字词或短语兴趣区的眼跳距离

向前眼跳距离作为局部兴趣区的常用指标，无法在数据报告中直接找到，但可以分别使用 Interest Area Report、Saccade Report 或 Fixation Report 计算。如图 4-2 所示，"这句"两个字为兴趣区（ID 为 2），以使用 Interest Area Report 的数据计算其向前眼跳距离为例，具体算法如下。

眼睛是心灵的窗口，这句名言是著名画家达芬奇说的。

IA_FIRST_RUN_LAUNCH_SITE　　IA_FIRST_RUN_LANDING_POSITION

眼跳距离

图 4-2　兴趣区眼跳距离示意图

首先，筛选出落在下一个兴趣区（ID 为 3）的首次注视。在兴趣区 ID 为 3 的数据中选择 IA_SKIP 为 0 的数据，也就是存在第一遍注视的数据。其次，找到 IA_FIRST_FIXATION_PREVIOUS_FIX_IA 和 IA_FIRST_FIXATION_PREVIOUS_IAREAS，这两个指标分别记录了读者的前一次注视所在的兴趣区和之前所注视过的所有兴趣区（倒序），并选择 IA_FIRST_FIXATION_PREVIOUS_FIX_IA 为 2 的数据，即从要分析的兴趣区出发的注视。同时，如果需要，还可以删除兴趣区 2 被多次注视的情况，在 IA_FIRST_FIXATION_PREVIOUS_IAREAS 一列的数据中，如果不是[2，1]的就可以删除。排除读者回视到兴趣区 2 然后再发起向前眼跳的情况，如果被试多次注视兴趣区 2，其向前眼跳长度可能无法反映最初的加工情况。再次，选择 IA_FIRST_RUN_LANDING_POSITION 和 IA_FIRST_RUN_LAUNCH_SITE 指标进行计算，如图 4-3 所示，IA_FIRST_RUN_LANDING_POSITION 为眼跳落点位置距当前兴趣区左边界的距离，IA_FIRST_RUN_LAUNCH_SITE 为起跳点距当前兴趣区左边界的距离，两者相加就是从前一个兴趣区起跳并落到当前注视区域的向前眼跳距离。最后，计算落在更后面兴趣区的眼跳距离。前三步完成了从兴趣区 2 起跳落在兴趣区 3 的眼跳距离，还存在从兴趣区 2 起跳越过兴趣区 3 而跳向兴趣区 4 甚至更后面的区域，因此可以根据与第三步相同的方法，选择从兴趣区 2 起跳而落在更后面区域的眼跳距离，然后将这些数据与前面的数据合并，即可得到特定兴趣区的向前眼跳距离的原始数据，并进行下一步处理。

K	L	M	N	O	P	Q	R	S	T
_DY ▾	IA_EN ▾	IA_FIE ▾	IA_FIE ▾	IA_FIRST_FIXATION_PREVIOUS_FIX_IA ▾	IA_FIRST_FIXATION_PREVIOUS_IAREAS ▾	IA_FIE ▾	IA_FIE ▾	IA_FIE ▾	IA_FIE ▾
FALSE	.	201	4	2 [2, 1]		3	798	2	374.(
FALSE	.	340	15	2 [2, 1]		3	3082	2	541.(
FALSE	.	251	12	2 [2, 1]		3	2484	2	420.(
FALSE	.	146	7	2 [2, 1]		3	1275	2	400.:
FALSE	.	271	8	2 [2, 1]		4	1878	2	362.!
FALSE	.	215	10	2 [2, 1]		5	2622	2	496.!
FALSE	.	158	3	2 [2, 1]		3	759	2	352.!
FALSE	.	350	5	2 [2, 1]		3	1178	2	395.!
FALSE	.	204	9	2 [2, 1]		3	1768	2	515.!
FALSE	.	137	8	2 [2, 1]		3	1461	2	463.(
FALSE	.	198	12	2 [2, 1]		3	3002	2	499.(
FALSE	.	402	9	2 [2, 1]		3	1881	2	557.:
FALSE	.	317	8				1319	2	549.:

图 4-3　字词或短语兴趣区眼跳距离计算

在计算眼跳距离时，需要注意以下问题：①不论使用哪个报告的数据，最重要的是找到眼跳的起跳位置和落点位置。基于字词或短语兴趣区的向前眼跳距离，通常为兴趣区第一遍阅读中的眼跳，因此在计算时需要确定相应的数据是否为第一遍阅读。②Data Viewer 导出的数据均是以视角为单位的，而为了便于理解，数据报告常常以字母或者汉字为单位描述眼跳距离，因此在筛选数据之后还要进行转换，即用眼跳距离数据除以实验中每个字母或汉字的视角度数。比如，计算平均眼跳距离，AVERAGE_SACCADE_AMPLITUDE 的数据为 3.2，实验材料呈现的一个汉字的视角大小为 1.2°，那么实际的眼跳距离为 3.2/1.2≈2.67 字。

二、影响眼跳距离的因素

在以句子或篇章为实验材料的研究中，研究者通常采用平均眼跳距离和向前眼跳距离，来反映读者在阅读过程中的眼动情况。其中，向前眼跳距离是读者将眼睛从当前注视文本移动至未加工的新文本上，如在从左到右的阅读中，向前眼跳即向右侧的眼跳，能够反映读者对于新信息的加工情况，向前眼跳距离越长，表明读者加工新信息越容易。影响向前眼跳或平均眼跳距离的因素主要来自读者本身和阅读材料。读者在阅读相同材料时，平均眼跳距离和向前眼跳距离的长短是反映读者阅读能力的重要指标。研究发现，相比于高阅读技能读者，低阅读技能读者（如初学阅读者、老年人等）的眼跳距离更短（熊建萍等，2009；闫国利等，2011；Ashby & Clifton，2005；Häikiö et al.，2009；Li et al.，2018；Rayner et al.，2010；Zang et al.，2016；Wang et al.，2018）。诸如阅读障碍儿童等存在阅读困难的读者的眼跳距离也显著短于正常读者（Rayner，2009；韩玉昌等，2005）。除个体差异外，阅读材料的文字特点、加工难度等不同，眼跳距离也存在差异，如汉语读者的平均眼跳距离通常为 2～3 个汉字（Inhoff & Liu，1998；闫国利，白学军，2007），英语读者的则为 7～9 个字母（Rayner，1998）。有研究比较了汉语读者、英语读者和芬兰读者分别在阅读自己母语时的眼动特征。结果发现，汉语读者的向前眼跳距离为 3.19 个字符，英语读者为 8.53 个字符，芬兰语读者为 9.35 个字符（Liversedge et al.，2016）。

以字词或短语为兴趣区的眼跳距离是研究者探讨字词属性等因素如何影响读者眼跳目标选择时通常采用的指标之一。研究表明，注视词及其右侧词的特点，如词长、词频、笔画数和预测性等也会对读者的眼跳距离产生影响。例如，Wei 等（2013）考察了当前注视区域词的数量和词频如何影响下一次眼跳。结果发现，从单个词或者高频词上发出的向前眼跳长度显著长于两个词或低频词的条件。此外，大量研究还发现，当注视点右侧的单词为长词（拼音文字阅读中）或为高频词、笔画数少的词时，下次眼跳距离也会更长（Inhoff et al.，2003；Juhasz et al.，2008；White et al.，2005；Liu et al.，2015；Ma & Li，2015；王永胜等，2018）。

第二节　注视位置

注视位置是指注视点所的位置，一个注视位置具有两种意义：一种是代表前一次眼跳的终点，另一种是代表下一次眼跳的起点，反映了读者对眼跳计划的执行结果。在阅读相关研究中，平均首次注视位置、单次注视中的平均首次注视位置、多次注视中的平均首次注视位置、向前注视的平均注视位置和起跳位置等都是常用的注视位置相关指标。如图 4-4 所示，注视点 6、7 分别是兴趣区"这句"和"名言"的首次注视，也是向前注视。注视点 6 为单次注视中的首次注视，7 为多次注视中的首次注视。综合多个被试或多个条件的注视位置数据求一个平均值就是平均注视位置。

起跳位置 注视位置

图 4-4 注视位置示意图

很多研究不仅分析了读者的注视位置，还对读者的注视位置分布情况进行了分析，并形成了多个相应的注视位置分布图。例如，白学军等（2011）研究探讨了词间空格如何影响阅读障碍儿童的注视位置，要求阅读障碍儿童，以及与之在年龄和阅读能力上相匹配的正常儿童阅读无空格和有词间空格的文本，并对其在双字词（如图 4-5 和图 4-6 所示，以"电视"为例）上的注视位置进行了分析。研究者将双字词分成 4 个部分，以半字为单位，计算了平均首次注视位置、单次注视和多次注视中的平均首次注视位置，以及注视位置的分布情况（图 4-7）。

（1）正常无空格条件
我们可以通过电视或网络了解国家大事。

（2）词间空格条件
我们 可以 通过 电视 或 网络 了解 国家 大事。

图 4-5 实验材料举例（白学军等，2011）

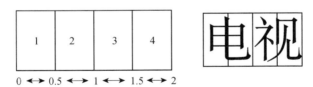

图 4-6 双字词注视位置分析的兴趣区划分方法（白学军等，2011）

一、不同注视位置的计算

在最新版本的 Data Viewer 中，Interest Area Report 导出的数据包含注视位置的数据，首次注视位置的数据为 IA_FIRST_RUN_LANDING_POSITION 一列的数据，同时每次注视的起跳位置数据为 IA_FIRST_RUN_LAUNCH_SITE 一列的数据，如图 4-8 所示。

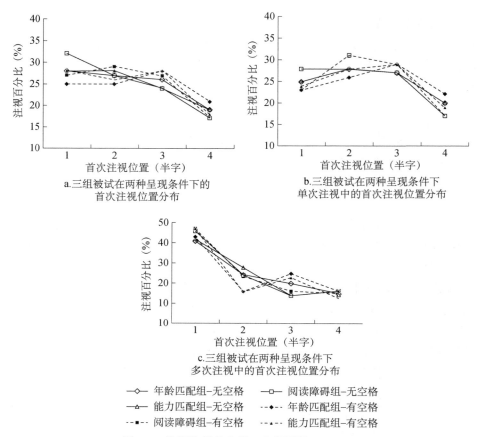

a.三组被试在两种呈现条件下的
首次注视位置分布

b.三组被试在两种呈现条件下
单次注视中的首次注视位置分布

c.三组被试在两种呈现条件下
多次注视中的首次注视位置分布

◇— 年龄匹配组-无空格	□— 阅读障碍组-无空格
△— 能力匹配组-无空格	··◆·· 年龄匹配组-有空格
··■·· 阅读障碍组-有空格	··▲·· 能力匹配组-有空格

图 4-7 注视位置分布图（白学军等，2011）

图 4-8 注视位置计算示例

平均首次注视位置是相应兴趣区首次注视位置的平均值。单次注视中的平均
首次注视位置的计算，则需要将相应兴趣区的单次注视的数据挑选出来（筛选方

法参照指标单一注视时间），并对其求平均值。多次注视中的平均首次注视位置的计算，则需要选择兴趣区在第一遍阅读中多次注视的情况，即第一遍注视次数大于 1 的数据，然后计算平均值。向前注视的平均注视位置的计算也需要先确定向前眼跳（参照指标向前眼跳距离），再找到相应的落点位置数据，然后计算平均值。

计算注视位置时需要注意的问题是，眼动记录仪通常是以二维（x, y）的坐标系统来记录注视位置，并以像素为单位，因此要进行数据单位的转换，用注视位置的原始数据除以每个字（或半字）的像素值，如落点位置为 46，一个字的像素值为 36，那么这个注视点就落在距离兴趣区左边界右侧的 1.28 个字符处，如果这个兴趣区是双字词，就说明读者这个注视点落在了第二个字靠前的位置。

二、注视位置效应

在一些研究中，尤其是拼音文字阅读研究中，研究者会报告各种注视位置效应，即读者的首次注视位置分布及其对词汇加工的影响，如偏好注视位置、最佳注视位置和反向最佳注视位置。首先，偏好注视位置在拼音文字阅读中为距离单词开头 1/4 处，是读者倾向于在首次注视时将眼睛落在的位置（Vitu et al.，2001；McDonald & Shillcock，2004；Rayner，2009），如图 4-9 所示，偏好注视位置近似呈高斯分布。但读者能够成功定位到这个位置需要依赖词间空格等词边界信息，如果没有词边界信息，偏好注视位置的分布则呈线性分布，读者会更多注视词的开始位置。

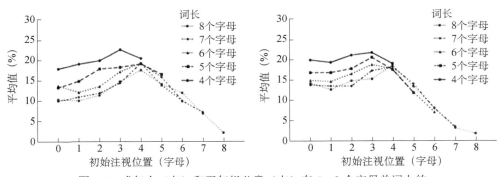

图 4-9　成年人（左）和五年级儿童（右）在 4～8 个字母单词上的
首次注视位置分布（Vitu et al., 2001）

在其他文字阅读过程中，偏好注视位置则呈现出不同的特征。研究发现，日语中的偏好注视位置呈线性分布（Kajii et al.，2001；Sainio et al.，2007），但在插入词间空格后，偏好注视位置开始呈高斯分布；泰语的偏好注视位置接近词的中心，但偏好注视位置曲线非常平滑（Reilly et al.，2005）。汉语阅读中这个问题则非常复杂，一些研究没有发现读者偏好特定的注视位置（Tsai & McConkie，2003；Yang & McConkie，1999），而一些研究则发现了与拼音文字阅读类似的偏好注视位置曲线（Yan et al.，2010），如图 4-10 所示，当然，这是在读者能够明确词边界的情况下出现的结果。

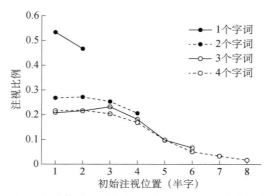

图 4-10　汉语中 1～4 个字词上的偏好注视位置分布（以半字为单位）（Yan et al.，2010）

最佳注视位置是指整个词的加工效率最高的落点位置，通常在词的中心位置。具体为，如果读者的首次注视位置在词的中心，那么相比于落在其他位置，读者在这个词上的注视时间显著更短，再注视比率最低，因此，最佳注视位置效应表现在注视时间和再注视比率上。拼音文字阅读中普遍存在最佳注视位置效应（Vitu et al.，2001；O'Regan，1992；Nuthmann et al.，2005）。在汉语阅读中，研究者发现最佳注视位置在词尾（Yan et al.，2010），如图 4-11 所示。他们认为，汉语读者在副中央凹的加工情况决定了注视位置，如果读者在副中央凹中进行了某些加工，如完成了词切分，就定位在词的中心，如果进行更高程度的加工，就定位在词尾，这两种情况均不需要多次注视。而如果没有完成切分，则定位在词首。日语阅读的相关研究也发现了类似的现象，只是最佳注视位置效应表现在时间指标上（Sainio et al.，2007）。

与最佳注视位置相关的还有反向最佳注视位置，指读者将首次注视落在词中心时的注视时间要比落在其他位置更长，表现为注视时间与注视位置呈倒"U"形曲线关系（Hyönä & Bertram，2011；Kliegl et al.，2006；Nuthmann et al.，2005；Vitu et al.，2001）。在汉语阅读研究中，Yan 等（2010）发现了单一注视时间上的反向最佳注视位置效应，如图 4-12 所示，但这一效应要小于拼音文字研究。

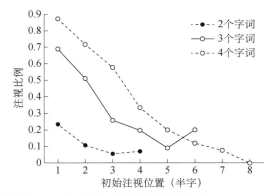

图 4-11　汉语中 2～4 个字词上的再注视比率的分布（Yan et al.，2010）

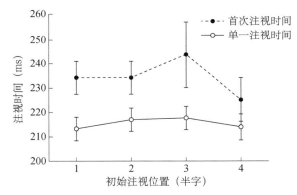

图 4-12　单一注视时间和两次注视中的首次注视时间分布（Yan et al.，2010）

三、影响注视位置的因素

通常情况下，注视位置主要受词长、词间空格等低水平信息的影响，而高水平的语言因素，如句法预测性等的影响非常小甚至不存在，特别是拼音文字阅读（Yan et al.，2010），词间空格和词长为读者提供了词边界信息，读者可以利用副中央凹预视过程中获取的词间空格和词长信息确定词边界，进而计划下一次的眼跳长度和落点位置（Nuthmann et al.，2005；Radach & McConkie，1998；Rayner et al.，1998）。而汉语中不存在词间空格和其他明确的词长信息，这使得读者的注视位置具有独特性，具体的机制还没有定论。另外一个影响注视位置的重要因素为起跳位置。研究发现，起跳位置和平均注视位置之间呈线性关系，且不受词长的影响（Nuthman et al.，2005；Krügel & Engbert，2010），甚至有研究者认为，起跳位置才是决定读者注视位置的最主要因素（Vitu，2011）。由此看来，注视位置仍然是一个需要继续探讨的眼动指标，包括在不同的文字阅读中，不同的读者以及文字材料的呈现方式等方面。

第三节　注　视　次　数

注视次数是指整个句子、段落、篇章或者一个兴趣区被注视的总次数，是一个反映认知负荷水平的眼动指标。该指标能反映实验材料的总体加工难度，加工难度越大，则注视次数越多（Henderson & Ferreira，1990）。此外，通常情况下，读者的注视次数越多，则每次注视的时间越短（Bai et al.，2008）。

根据注视对应的眼跳方向，注视次数还可细分为向前注视次数（number of forward fixations）和回视次数（number of regressive fixations）。向前注视次数是指向前眼跳带来的注视次数，与之前叙述的向前阅读时间和向前眼跳距离两个指标的含义相似，均反映了读者对新信息的加工情况。回视次数是指眼睛回到之前已经阅读过的文本上所带来的注视次数，与回视时间、回视路径阅读时间、选择性回视路径阅读时间等指标共同反映读者在阅读过程中遇到加工困难的情况。

一、不同注视次数的计算

注视次数的数据可以从眼动仪中直接导出。若需要计算整个句子的注视次数，则可以直接在导出的 Interest Area Report 数据文件中寻找名称为"TRIAL_FIXATION_COUNT"的一列数据，或在 Trial Report 数据文件中寻找名称为"FIXATION_COUNT"的一列数据即可，这两列数据列都是指注视次数，如图 4-13 和图 4-14 所示。

若要计算某个兴趣区的注视次数，则要先在导出的兴趣区数据（IA Report）中找到名称为"IA_FIXATION_COUNT"的一列数据，该列数据为各个兴趣区的注视次数，然后找到兴趣区的地址（IA_ID，如兴趣区 3），选出需要计算的兴趣区，此时 IA_FIXATION_COUNT 一列数据显示的就是该兴趣区的注视次数，如图 4-15 所示。

向前注视次数和回视次数通常是针对句子、篇章等较大兴趣区而采用的指标，相关数据无法直接从导出的数据中找到，需要经过筛选和整理才能得到。首先，在 Saccade Report 数据中找到名称为"CURRENT_SAC_DIRECTION"的一列数

◢	I	J	K	L	M	N	O	P	Q	R	S
1	TON_	BUTTON_	DATA_FIL	DURATIO	END_TIME	EYE_USEI	FIXATION_COUNT	FIXATION	FIXATION	FIXATION	FIXATION
2	0	0	cmm_1.edf	5189	8489302	RIGHT	11	522	8488779	93	8487582
3	0	0	cmm_1.edf	4442	8494819	RIGHT	6	774	8492432	112	8493249
4	0	0	cmm_1.edf	3760	8499636	RIGHT	6	930	8497705	103	8499249
5	0	0	cmm_1.edf	4394	8505102	RIGHT	8	578	8502927	21	8504015
6	0	0	cmm_1.edf	4358	8510535	RIGHT	7	420	8509837	147	8509467
7	0	0	cmm_1.edf	3859	8515468	RIGHT	6	1843	8512387	44	8514823
8	0	0	cmm_1.edf	5541	8522085	RIGHT	13	944	8518388	84	8519587
9	0	0	cmm_1.edf	4109	8527268	RIGHT	5	411	8525661	104	8526462
10	0	0	cmm_1.edf	3642	8531985	RIGHT	5	770	8530362	29	8531685
11	0	0	cmm_1.edf	4026	8537084	RIGHT	5	490	8536593	92	8535949
12	0	0	cmm_1.edf	3943	8542084	RIGHT	6	369	8540418	141	8541001
13	0	0	cmm_1.edf	5788	8548950	RIGHT	13	499	8548450	78	8546556
14	0	0	cmm_1.edf	5260	8555284	RIGHT	13	383	8554900	82	8553372
15	0	0	cmm_1.edf	4824	8561183	RIGHT	9	762	8558400	117	8559736
16	0	0	cmm_1.edf	3991	8566250	RIGHT	4	693	8565556	142	8565189
17	0	0	cmm_1.edf	4176	8571500	RIGHT	7	502	8570997	24	8570471
18	0	0	cmm_1.edf	4889	8579800	RIGHT	10	559	8579240	77	8578582

图 4-13　Interest Area Report 中的注视次数计算

	A	B	C	D	K	L	M	N	O	P	Q	R	S	T
1	RECORDING	INDEX	AVERAGE_B	AVERAGE_FI	DATA_FILE	DURATION	END_TIME	EYE_USED	FIXATION_COUNT	FIXATION_C	FIXATION_C	FIXATION_C	FIXATION_C	GROUPING
2	cmm_1	1	58	194.55	cmm_1.edf	5189	8489302	RIGHT	11	522	8488779	93	8487582	trialOutcom
3	cmm_1	2	60	337	cmm_1.edf	4442	8494819	RIGHT	6	774	8492432	112	8493249	trialOutcom
4	cmm_1	3.		290.83	cmm_1.edf	3760	8499636	RIGHT	6	930	8497705	103	8499249	trialOutcom
5	cmm_1	4	45	194.62	cmm_1.edf	4394	8505102	RIGHT	8	578	8502927	21	8504015	trialOutcom
6	cmm_1	5.		223.57	cmm_1.edf	4358	8510535	RIGHT	7	420	8509837	147	8509467	trialOutcom
7	cmm_1	6.		467.5	cmm_1.edf	3859	8515468	RIGHT	6	1843	8512387	44	8514823	trialOutcom
8	cmm_1	7	48	237.69	cmm_1.edf	5541	8522085	RIGHT	13	944	8518388	84	8519587	trialOutcom
9	cmm_1	8	33	251	cmm_1.edf	4109	8527268	RIGHT	5	411	8525661	104	8526462	trialOutcom
10	cmm_1	9	45	273.8	cmm_1.edf	3642	8531985	RIGHT	5	770	8530362	29	8531685	trialOutcom
11	cmm_1	10	55	259.2	cmm_1.edf	4026	8537084	RIGHT	5	490	8536593	92	8535949	trialOutcom
12	cmm_1	11		231.5	cmm_1.edf	3943	8542084	RIGHT	6	369	8540418	141	8541001	trialOutcom
13	cmm_1	12	7	199.69	cmm_1.edf	5788	8548950	RIGHT	13	499	8548450	78	8546556	trialOutcom
14	cmm_1	13		173.31	cmm_1.edf	5260	8555284	RIGHT	13	383	8554900	82	8553372	trialOutcom
15	cmm_1	14		276.44	cmm_1.edf	4824	8561183	RIGHT	9	762	8558400	117	8559736	trialOutcom
16	cmm_1	15		421	cmm_1.edf	3991	8566250	RIGHT	4	693	8565556	142	8565189	trialOutcom
17	cmm_1	16		187.71	cmm_1.edf	4176	8571500	RIGHT	7	502	8570997	24	8570471	trialOutcom
18	cmm_1	17		194.6	cmm_1.edf	4889	8579800	RIGHT	10	559	8579240	77	8578582	trialOutcom

图 4-14　Trial Report 中的注视次数计算

◢	Z	AA	AB	AC	AD	AE	AF	AG	AH	AI	AJ	AK	AL
1	IA_FIRS	IA_FIRS	IA_FIRS	IA_FIXA	IA_FIXA	IA_FIXATION_COUNT	IA_ID	IA_FSA	IA_FSA	IA_FSA	IA_FSA	IA_FSA	IA_FSA
4	0	1887	7	1864	0.0476	1	1	3	0	0	0	1	0
9	0	2915	12	2896	0.0526	1	1	3	0	0	0	1	0
14	0	1651	6	1627	0.1	2	2	3	0	0	1	1	0
19	0	1644	7	1625	0.0667	1	1	3	0	0	0	1	0
24	0	5108	17	5085	0.0926	5	5	3	1	2	0	1	1	228
29	0	3961	15	3934	0.1053	2	2	3	1	0	0	1	0	237
34	0	2187	9	2166	0.1842	7	7	3	0	1	3	2	0
39	0	1673	6	1651	0.0588	1	1	3	0	0	0	1	0
44	0	1820	6	1798	0.0667	1	1	3	0	0	0	1	0
49	0	1775	7	1753	0.0455	1	1	3	0	0	2	0	520
54	0	177		58	0.1905	4	4	3	1	0	0	1	0
59	0	4044	15	4027	0.0385	1	1	3	0	0	0	1	0
64	0	4110	16	4087	0.0357	1	1	3	0	0	0	1	0
69	0	2496	11	2476	0.0556	1	1	3	0	0	1	1	0
74	0	2558	9	2538	0.1	3	3	3	1	0	1	0	0
79	0	2452	10	2432	0.1579	3	3	3	1	1	1	1	0
84	0	2439	9	2354	0.0526	2	2	3	0	0	1	1	0
89	0	2486	10	2464	0.1111	2	2	3	0	0	0	1	0
94	0	1860	6	1840	0.2632	5	5	3	1	0	4	1	81
99	0	1927	8	1904	0.0714	1	1	3	0	0	1	0	0
104	0	1864	8	1842	0.1818	4	4	3	0	1	1	0	0

图 4-15　兴趣区注视次数计算

据，并在其后复制该列数据，将其命名为“forward”（回视则命名为“regression”），如果阅读顺序为从左向右，那么向前眼跳就是向右眼跳（回视则为向左眼跳），将该列为 RIGHT（回视为 LEFT）的数据替换为 1，其他为 0。然后，使用数据透视表等工具形成每个被试在每个试次上向右眼跳（回视为向左眼跳）的总和，就是向前注视次数（回视次数）。当然，还可以通过 Fixation Report 数据来计算，具体如下（如图 4-16 所示）：首先，找到当前注视的横坐标像素值（AV 列）和下一次注视的横坐标像素值（CV 列），在后面插入一列 direction（CW 列），用后者减去前者可得到两次注视之间的距离值和方向，如果大于 0 就是向前注视，如果小于 0 就是回视。在后面插入一列 forward（向前注视）和 regression（回视），如果 direction 的值大于 0，对应的 forward 列则输入数值 1，如果小于 0，则输入数值 0，regression 列相反。这样就得到了注视次数的初始数值。

	AO	AP	AQ	AR	AS	AT	AU	AV	CV	CW	CX	CY	CZ	DA	DB
1	URRENT_F	CURRENT_F	CURRENT_F	CURRENT_F	CURRENT_F	CURRENT_F	CURRENT_F	CURRENT_FIX_X	NEXT_FIX_X	direction	forward	regression	NEXT_FIX_X	NEXT_FIX_X	NEXT_FIX
2	0	907	1	4	38	.	SPAN_NONI	34.9	100.7	65.8	1	0	.	30.85	39
3	0	907	2	4	219	.	SPAN_NONI	100.7	67.1	-33.6	0	1	.	31.2	39
4	0	907	3	4	346	.	SPAN_NONI	67.1	158.7	91.6	1	0	.	30.45	39
5	0	907	4	4	567	.	SPAN_NONI	158.7	240.4	81.7	1	0	.	29.95	39
6	0	226	1	1	1055	.	SPAN_NONI	240.4	404.7	164.3	1	0	.	29.25	39
7	0	388	1	2	1316	.	SPAN_NONI	404.7	468.2	63.5	1	0	.	29.2	39
8	0	388	2	2	1578	.	SPAN_NONI	468.2	88.4	-379.8	0	1	.	31	39
9	1	446	1	2	2166	.	SPAN_NONI	88.4	153.7	65.3	1	0	.	30.45	39
10	1	446	2	2	2779	.	SPAN_NONI	153.7	.	#VALUE!	#VALUE!	#VALUE!	.	.	.
11	0	370	1	2	32	.	SPAN_NONI	41.9	77.3	35.4	1	0	.	31.1	39
12	0	370	2	2	229	.	SPAN_NONI	77.3	198.8	121.5	1	0	.	30.1	39
13	0	480	1	2	447	.	SPAN_NONI	198.8	307.8	109	1	0	.	29.55	39
14	0	480	2	2	705	.	SPAN_NONI	307.8	377.1	69.3	1	0	.	29.3	39
15	0	978	1	3	983	.	SPAN_NONI	377.1	474.6	97.5	1	0	.	29.2	39
16	0	978	2	3	1277	.	SPAN_NONI	474.6	660	185.4	1	0	.	29.45	39
17	0	978	3	3	1497	.	SPAN_NONI	660	233.2	-426.8	0	1	.	29.85	39
18	1	278	1	1	2372	.	SPAN_NONI	233.2	143.9	-89.3	0	1	.	30.6	39
19	1	137	1	1	2679	.	SPAN_NONI	143.9	.	#VALUE!	#VALUE!	#VALUE!	.	.	.
20	0	630	1	3	46	.	SPAN_NONI	67.3	117.8	50.5	1	0	.	30.75	39
21	0	630	2	3	214	.	SPAN_NONI	117.8	229.1	111.3	1	0	.	29.95	39
22	0	630	3	3	537	.	SPAN_NONI	229.1	339.3	110.2	1	0	.	29.45	39
23	0	556	1	2	760	.	SPAN_NONI	339.3	406.6	67.3	1	0	.	29.25	39
24	0	556	2	2	1027	.	SPAN_NONI	406.6	551.5	144.9	1	0	.	29.2	39
25	0	599	1	2	1379	.	SPAN_NONI	551.5	663.6	112.1	1	0	.	29.4	39
26	0	599	2	2	1641	.	SPAN_NONI	663.6	141.8	-521.8	0	1	.	30.55	39

图 4-16　使用 Fixation Report 计算向前注视次数和回视次数示意图

接下来就需要进一步整理，得到每一个被试在每一个试次上的向前注视的总次数和回视的总次数（图 4-17）。这样就可以和其他指标数据一样进行下一步的分析了。

针对某个词的回视，通常采用注视比率这一指标，该部分内容将在本章第四节中进行详细介绍。

二、不同注视次数的影响因素

总的注视次数与总阅读时间或注视时间趋势是一致的，能够影响注视时间的因素也会对注视次数产生影响，如空格等视觉水平的特征，语音、笔画数、词频

	A	B	C	D
3	行标签	计数项:forward	计数项:regression	
4	a01hby	880	880	
5	T01	8	8	
6	T02	9	9	
7	T03	9	9	
8	T04	8	8	
9	T05	6	6	
10	T06	7	7	
11	T07	6	6	
12	T08	5	5	
13	T09	5	5	
14	T10	8	8	
15	T100	5	5	
16	T101	5	5	
17	T102	8	8	
18	T103	5	5	
19	T104	6	6	
20	T105	6	6	
21	T106	6	6	
22	T107	5	5	
23	T108	4	4	
24	T109	9	9	

Sheet2　Sheet1　+

图 4-17　向前注视次数和回视次数的整理

等词汇水平的特征（徐迩嘉，隋雪，2018；Bai et al.，2008；Li et al.，2014；Liversedge et al.，2014；Yan et al.，2006）。同时，在不同语言的阅读过程中，读者的注视次数也存在显著差异，如 Liversedge 等（2016）在研究中将相同的阅读材料分别翻译为汉语、英语和芬兰语三种语言，要求这三种语言的母语者阅读文本并记录其眼动行为，结果发现，汉语读者的注视次数最少但注视时间最长；而芬兰语读者的注视次数最多，注视时间最短；英语读者的注视次数和注视时间处于汉语和芬兰语读者相应数据的中间。研究者认为，这是由于不同文字的信息密度不同使得读者在阅读时表现出不同的眼动特征，相比于英语和芬兰语，汉语是由大小相等的汉字组成的，词与词之间没有空格，信息密度大，读者一次注视能够获取的信息较多，需要较长时间才能完成词汇通达，所以读者的注视次数较少，但是每次注视的持续时间较长。句法结构信息作为高水平的文本信息，其复杂性、合理性等特点的变化也会引起总注视次数和回视次数的改变，如于秒等（2016）在实验中选取了“Q+NP1+的+NP2”式歧义结构并形成了歧义句，同时基于这一结构形成了两个对应的解歧句（材料示例见图 4-18），然后要求读者阅读句子并记录眼动特征，以考察读者对整体歧义句及其消歧后构成的解歧句的加工情况，并揭示句子加工的内部心理机制，即是模块化加工还是相互作用加工。研究者分析了三类句子中的数量词（兴趣区 1，为解歧区）、名词（兴趣区 2），结果发现，解歧句 2 中两个兴趣区上的回视入次数均大于解歧句 1 和整体歧义句，支持了句子加工的短持续竞争模型，即交互作用加工。

编号	句例	水平
a	四个体院的学生参加会议真是不容易	整体歧义句
b	四所体院的学生参加会议真是不容易	解歧句 1
c	四名体院的学生参加会议真是不容易	解歧句 2

图 4-18　实验材料举例（于秒等，2016）

注：第一个方框为兴趣区 1，第二个方框为兴趣区 2

此外，个体差异，如年龄差异等也会对注视次数产生影响。研究发现，老年读者比青年读者的注视次数更多，注视时间更长，回视次数更多（Rayner et al.，2010，2011）。对于儿童来说，随着生理年龄的增长或阅读技能的不断提高，其在阅读过程中的注视次数不断减少，直到 11 岁左右时，儿童的注视次数接近成人水平（Blyth et al.，2011）。

第四节　注 视 比 率

一、跳读率

（一）关于跳读

跳读（skip）是指读者在阅读过程中没有注视文本中的部分材料，如某个字、词或短语等，如图 4-19 所示。据统计，一名熟练的英文读者会在阅读中跳读超过30%的词（Angele & Rayner，2013；Clifton et al.，2016；Reichle & Drieghe，2013），中文阅读中的这个指标更高，达到 50%，尽管这些被跳读的词无法从前文中被预测到（Liversedge et al.，2014；Zang et al.，2018a）。

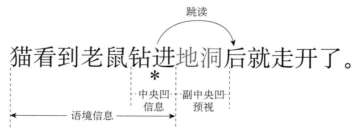

图 4-19　词跳读示意图（张慢慢等，2020）

注："*"为读者当前注视所在的位置

关于跳读的产生，大致有两方面的原因。一个原因是眼动误差。早期自主眼球运动控制（autonomous oculomotor control）理论模型（Brysbaert et al., 2005; McConkie et al., 1988, 1994）认为，眼球的运动涉及生理过程，因而眼动计划与执行免不了会有某种程度的误差。McConkie 等（1994）的经典研究证实了这种观点。实验记录了被试在阅读一篇完整的小说时的眼动轨迹。研究者主要分析了起跳位置（相对目标词中心的起跳位置）对首次注视位置的影响，结果发现：①注视位置呈高斯分布；②平均注视位置受起跳位置的影响，起跳位置每远离左侧一个字符，平均注视位置分布就会向左移动 1/3 个字符的距离。McConkie 等将之归因于射程误差（range error），即当目标词在近处时，眼跳系统会越过目标词；而当目标词在远处时，系统常常达不到目标词区。

然而，并非所有的跳读都是由眼动误差造成的，另一个原因可能是读者在阅读过程中没有计划或者取消要注视这些词的眼跳计划。揭示拼音文字阅读中眼动控制机制的 E-Z 读者模型（Reichle, 2011; Reichle & Drieghe, 2013）和 SWIFT 模型（Engbert & Kliegl, 2011）都对跳读做出了解释。E-Z 读者模型包含词汇加工和眼跳控制两个部分，而词汇加工部分又分为熟悉性检验和词汇通达两个阶段，读者首先对副中央凹单词的熟悉性进行评估，评估完成之后，词汇加工部分进入词汇通达阶段，眼动控制部分开始计划下一次眼跳。当词汇通达完成后，读者的注意会从中央凹转移到副中央凹，如果副中央凹词加工难度较低，读者就能够在眼动控制部分还在计划眼跳时完成熟悉度检验，进而重新计划一个更远的眼跳，副中央凹词即被跳读。因此，一个词是否被跳取决于这个词在副中央凹中是否完成了熟悉度检验，甚至是词汇通达。然而，SWIFT 模型（Engbert & Kliegl, 2011）给出了不同的解释。该模型假设知觉广度范围内的注意资源是呈梯度分布的，一个词得到的加工程度取决于该词的激活程度（受到视敏度、词频和预测性的影响），激活程度高的词就会成为读者眼跳的目标。在读者注视当前词 N 时，如果词 N+2 的激活程度超过了词 N+1，那么读者的下一次眼跳将会落在词 N+2 上，而不是紧跟在词 N 后面的词 N+1 上，导致其被跳读。由此可见，如果一个词被预测到，即便没有获得视觉信息的加工也可能会被跳读。一些研究的结果分别支持了两个模型的假设（Balota et al., 1985; Fitzsimmons & Drieghe, 2013; Gordon et al., 2013），但仍然没有得到一致的结果，因此，研究者还需要进一步探讨，如结合事件相关电位（event-related potential, ERP）等方法来解决这个问题。

（二）跳读率的计算

跳读率（skipping rate）作为衡量读者跳读情况的指标，是指在第一遍阅读中该兴趣区被跳读的概率，通常是通过计算兴趣区被跳读的次数与跳读和注视总数得到的比值。这一指标是反映词汇加工的常用指标，往往与词汇加工时间呈相反趋势，即词汇加工越困难，注视时间越长，跳读率则越低（Clifton et al.，2016；Rayner，1998，2009）。

从眼动仪中可以直接导出跳读的数据。在导出的兴趣区数据（IA Report）中，首先确定要计算跳读率的兴趣区，即筛选出该兴趣区的地址（IA_ID，如兴趣区 3），然后找到名称为"IA_SKIP"的一列数据，该列数据显示的是兴趣区 3 是否被跳读（图 4-20），该列数据包括两类，分别为 0 和 1，0 代表读者在相应的项目上加工兴趣区 3 时没有跳读，1 则代表有跳读，可以按照实验条件、被试或项目进行划分，计算相应条件下、某个被试或者某个项目上该列的平均数，即跳读率。

	A	B	C	D	E	F	G	H
1	RECORDING_SESSION_LABEL	item	IA_ID	IA_FIRST_FI	IA_FIRST	IA_FIRS	IA_SKIP		IA_DWELL_TIME
4	o101zyh	T16	3	394	394	1		0	394
9	o101zyh	T04	3	216	216	1		0	216
14	o101zyh	T15	3	226	226	1		0	226
19	o101zyh	T06	3	217	326	2		0	715
24	o101zyh	T43	3	341	341	1		1	341
29	o101zyh	T18	3	292	292	1		0	292
34	o101zyh	T05	3	.	.	.		1	0
39	o101zyh	T13	3	103	258	2		0	258
44	o101zyh	T51	3	212	550	2		0	550
49	o101zyh	T20	3	646	646	1		0	646
54	o101zyh	T56	3	463	463	1		0	463
59	o101zyh	T49	3	540	540	1		0	540
64	o101zyh	T41	3	173	468	2		0	468
69	o101zyh	T08	3	.	.	.		1	0
74	o101zyh	T39	3	.	.	.		1	0
79	o101zyh	T35	3	217	217	1			217

图 4-20　跳读率的计算

（三）影响跳读的因素

哪些因素决定读者是否跳过一个词？综合来看，有三方面的因素：中央凹加工负荷（词 N 的加工难度）、副中央凹信息（词 N+1 的加工难度），以及个体差异。

1. 中央凹加工负荷

根据 E-Z 读者模型，副中央凹的预视量受中央凹加工负荷的调节，即当中央凹词 N 的加工难度增大时，读者对该词的加工时间增长，注意转向副中央凹词 N+1 的时间被推迟，进而导致对下一个词的预视量减少，识别概率与跳读概率降低（Reichle et al.，1998；Reichle & Drieghe，2013）。而根据 SWIFT 模型的核心假设，中央凹加工负荷会减少副中央凹单词的预视效益，因此单词的跳读会受到中央凹加工负荷的调节，这也在很多实证研究中得到了验证（Drieghe et al.，2005；Engbert & Kliegl，2011；White，2007；Reilly & Radach，2006），如 Drieghe 等（2005）通过改变中央凹词的频率（高频词、低频词）来操纵中央凹加工负荷，考察中央凹加工负荷对副中央凹词 N+1 加工的影响。结果发现，相比于高加工负荷，当中央凹词为低加工负荷时，词 N+1 的跳读率显著更高。汉语阅读中也发现了类似的结果（张慢慢等，2020；Yan，2015；Zhang et al.，2019）。

2. 副中央凹信息

以往研究表明，词长或词边界信息、起跳位置等低水平视觉信息，词频、预测性和语法等词汇水平的信息，以及语境、语法信息等高水平语言学信息都可能影响一个词是否被跳读（Plummer & Rayner，2012）。

首先，低水平视觉信息的影响。读者能够在空格等词边界信息的帮助下将连续呈现的文本切分成独立的单元，同时确定词长，因此，词边界信息在读者选择是否跳读一个词时起着至关重要的作用。研究发现，在拼音文字阅读中，删除空格会导致跳读率显著下降，且词频并不影响这一效应（Perea & Acha，2009），这说明词边界对眼跳目标的影响发生在早期视觉信息加工中，且独立于词汇加工阶段。而在没有词边界的中文阅读中，研究者也发现了空格的显著影响，即空格显著提高了词的跳读率（白学军等，2011；李兴珊等，2011；刘志方等，2013）。词长作为影响词汇加工的三大因素之一，在拼音文字和汉语中均对跳读率产生了显著影响，表现为词长越长，读者的注视时间越长，跳读率越低（Rayner，2009；Zang et al.，2018b）。视觉复杂性作为汉字的独特属性，也影响着汉语读者的眼跳，即少笔画词上的跳读率显著高于多笔画词，且不受词频的影响（Liversedge et al.，2014）。

其次，词汇水平因素的影响。词频作为影响词汇加工的三大要素中最重要的一个，能稳定地预测词汇加工效率（Clifton et al.，2016）。在不同的文字阅读中，研究者在注视时间和跳读率上发现了稳定且一致的词频效应（臧传丽等，2012；Liu et al.，2016；Rayner，2009）。从这个意义上来说，跳读是一个能够同时反映词汇加工情况和眼跳目标选择的优秀指标。

最后，高水平语言学信息的影响。以往研究发现，先前语境的预测性和语法信息等都可能影响注视时间和跳读率（臧传丽等，2012；Abbott & Staub，2015；Paterson et al.，2015；Rayner，2009）。例如，Zang 等（2019）通过同时操纵副中央凹词的词频和句法合理性来考察汉语阅读中副中央凹信息加工和语境对词汇跳读的影响。实验采用 2（词频：高、低）×3（相同预视、句法不合理的高低频转换预视、假词预视）的设计，实验材料如图 4-21 所示。结果发现，当预视词为高频词时，读者的跳读率显著高于低频预视词，即便这个出现在副中央凹的高频词在句法上不合理，如图 4-21 中动词"纺"的预视词为名词"饼"。研究者通过进一步分析发现，当预视词为高频词时，读者在句法合理和不合理条件下对目标词的跳读率存在显著差异，表现为在句法合理条件下的跳读率更高。由此可见，预视词的词频和句法信息都会影响词的跳读率，而且从某种程度上说，词频的影响更大。当然，先前语境除了通过句法合理性影响跳读率外，还有可以通过语义合理性产生影响，如 Veldre 和 Andrews（2018）的研究考察了语义合理性和语义相关性对词汇加工的影响。实验设置了相同预视、合理预视、不合理语义相关预视和不合理语义不相关预视 4 种预视条件，如图 4-22 所示，结果发现，相比于不合理预视条件，在合理预视条件下，被试在目标词上的跳读率显著更高，而在不合理预视条件下，语义相关与否都不影响跳读率。

句子框架	词频	预视	举例
动词句子	高频	相同（高频-动词）	王阿姨一直靠!卖棉花挣来的钱来补贴家用。
		句法不合理转换（低频-名词）	王阿姨一直靠!杏棉花挣来的钱来补贴家用。
		假词	王阿姨一直靠!对棉花挣来的钱来补贴家用。
	低频	相同（低频-动词）	王阿姨一直靠!纺棉花挣来的钱来补贴家用。
		句法不合理转换（高频-名词）	王阿姨一直靠!饼棉花挣来的钱来补贴家用。
		假词	王阿姨一直靠!对棉花挣来的钱来补贴家用。

图 4-21　实验材料举例（Zang et al.，2019）

（1）To reduce glare, they dimmed the bright ¦ screen at the far end of the office.
（2）To reduce glare, they dimmed the bright ¦ lights at the far end of the office.
（3）To reduce glare, they dimmed the bright ¦ squint at the far end of the office.
（4）To reduce glare, they dimmed the bright ¦ honour at the far end of the office.

图 4-22　实验材料举例（Veldre & Andrews，2018）

注：图中虚线为不可见边界，边界后为预视词

　　此外，还有一个重要的变量会对跳读产生影响，即起跳位置（指读者完成一次眼跳时的起始位置）。严格来说，起跳位置不属于词汇相关的属性，但在影响词的跳读时会与词长、笔画数发挥同等作用（臧传丽等，2018），甚至影响更大。从普遍意义上来说，起跳位置离目标词越近，这个词越有可能在副中央凹中得到识别，从而引发跳读。在拼音文字阅读中，对于不同词长的词来说，起跳位置越靠

近目标词，词的跳读率也会越高，具体如图 4-23 所示（Brysbaert et al.，2005）。

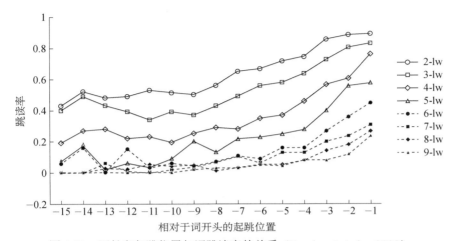

图 4-23　词长和起跳位置与词跳读率的关系（Brysbaert et al.，2005）

注：lw 表示词长，2-lw 为 2 个字母组成的单词，3-lw 为 3 个字母组成的单词，以此类推

3. 个体差异

大量研究发现了个体差异，如年龄、阅读技能对跳读的影响。很多研究探讨了儿童阅读中的眼动控制机制并发现，相比于成人，小学生表现出较为相似的眼跳目标选择模式，但是他们的跳读率显著低于成人（Joseph et al.，2013）。Vorstius 等（2014）发现，随着年级的升高，小学生的注视比率降低，眼跳长度也变长，并且更接近词的中心。处于发展另一端的老年人则表现出了不一样的特点，拼音文字阅读研究发现，老年人在词汇加工时间上虽然显著长于青年，阅读效率也低于后者，但是老年人的跳读率显著高于后者，只是伴随着高跳读率的是更多的回视次数。研究者认为，老年人为了弥补视力、抑制能力等认知能力的衰退导致的阅读效率下降，而更多地利用自身丰富的阅读经验和世界知识来推测下一个词是什么并跳读，但是这种猜测并非总是正确的，因此引发了更多的回视，研究者将其称为"冒险阅读策略"（Rayner et al.，2006，2013）。汉语老年读者也表现出了阅读效率降低的特点，但是跳读率则低于青年读者，研究者将其称为"谨慎阅读策略"（Paterson et al.，2015）。

二、再注视比率

再注视比率（refixation rate）也称再注视概率（refixation probability），是指在首次加工过程中某一兴趣区被多次注视的概率，等于在第一遍阅读中该兴趣区被多次注视的频率与该兴趣区被单一注视和多次注视的频率之和的比值。在阅读的眼动研究中，再注视比率是反映认知变量的敏感指标，表示读者对某一兴趣区的再加工情况。

（一）再注视比率的计算

在从眼动仪中导出的兴趣区数据（IA Report）中，无法直接得到再注视比率数据。计算再注视比率时，首先确定要计算再注视比率的兴趣区，即筛选出当前注视所在兴趣区的地址（IA_ID，如兴趣区 3），然后再找到前一次注视所在兴趣区的地址（IA_FIRST_FIXATION_PREVIOUS_FIX_IA，如兴趣区 2，也可以是兴趣区 1，只要是在当前兴趣区之前的兴趣区即可），以确保当前兴趣区的注视属于第一遍注视。随后，根据跳读数据筛选出未发生跳读的试次（即 IA_SKIP=0），并新建一列数据，命名为"REFIXATION"，如果 IA_FIRST_RUN_FIXATION_COUNT 一列数据为 1，则 REFIXATION 一列的值就标为 0，大于 1 的则标为 1。REFIXATION 这列（G 列）数据则为兴趣区 3 的再注视比率，如图 4-24 所示。

	A	B	C	D	E	F	G
1	RECORDING	IA_ID	IA_FIRST_FIXATION_PREVIOUS_FIX_IA	IA_FIRST_FIXATION_PREVIOUS_IAREAS	IA_SKIP	IA_FIRST_RUN_FIXATION_COUNT	REFIXATION
4	o101cdq	3	2	[2, 1]	0	1	0
8	o101cdq	3	2	[2, 1]	0	1	0
12	o101cdq	3	2	[2, 1]	0	1	0
16	o101cdq	3	2	[2, 1]	0	2	1
20	o101cdq	3	2	[2, 1]	0	2	1
24	o101cdq	3	2	[2, 1]	0	2	1
28	o101cdq	3	2	[2, 1]	0	2	1
32	o101cdq	3	2	[2, 1]	0	1	0
35	o101cdq	3	2	[2, 1]	0	1	0
39	o101cdq	3	2	[2, 1]	0	1	0
43	o101cdq	3	2	[2, 1]	0	2	1
47	o101cdq	3	2	[2, 1]	0	2	1
51	o101cdq	3	2	[2, 1]	0	1	0
55	o101cdq	3	2	[2, 1]	0	1	0
62	o101cdq	3	2	[2, 1]	0	1	0
66	o101cdq	3	2	[2, 1]	0	1	0
70	o101cdq	3	2	[2, 1]	0	1	0
74	o101cdq	3	2	[2, 1]	0	1	0
78	o101cdq	3	2	[2, 1]	0	1	0
82	o101cdq	3	2	[2, 1]	0	2	1
86	o101cdq	3	2	[2, 1]	0	2	1
90	o101cdq	3	2	[2, 1]	0	1	0
94	o101cdq	3	2	[2, 1]	0	2	1
98	o101cdq	3	2	[2, 1]	0	2	1
106	o101cdq	3	2	[2, 1]	0	2	1

图 4-24　再注视比率的计算

（二）影响再注视比率的因素

再注视比率主要受较低水平的视觉特征的影响，如词内注视的登陆位置（Rayner et al.，1996）。拼音文字阅读中，当读者的首次注视位置没有落在最佳注视位置时，其会做出调整进行再次注视（Inhoff et al.，2003；Juhasz et al.，2008；White et al.，2005；Yan et al.，2010），这时就出现了再注视。O'Regan 等（1984）

的研究发现，读者对单词的首次注视每偏离最佳注视位置一个字母，相应地会损失加工时间大约 20ms。从这个意义上来说，再注视是对首次注视位置的一个调整。因此，很多研究者在探讨阅读过程中读者的注视位置及其分布时会较多采用再注视比率这一指标，具体请参照本章第二节注视位置的相关陈述。

除读者要调整注视位置这一原因导致再注视比率的变化之外，词汇的加工负荷也会影响读者的再注视。一方面，词汇本身的属性，如词长、词频、词的复杂性等，以及词边界信息（白学军等，2012）、副中央凹预视（苏衡等，2016；吴捷等，2011）等影响词汇加工负荷的因素，都可能会使得读者无法通过一次注视来完成词汇识别，进而导致再注视比率变高。Kliegl 等（2004）对一个包含 144 个德语句子（1138 个词）、144 个目标词的数据库进行了分析，这些句子由 33 个青年被试和 32 个老年被试阅读。研究者记录了其眼动特征，并探讨了目标词的词长、词频以及可预测性对他们注视情况的影响。结果发现，被试的再注视比率随目标词词长的增加而提高，随目标词词频和可预测性的升高而降低（图 4-25）。

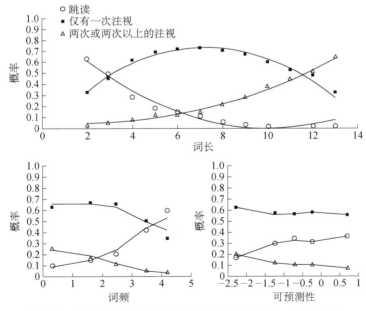

图 4-25　再注视比率和词汇属性的关系（Kliegl et al.，2004）

另一方面，读者的加工效率也会影响其在一个词上的再注视比率，如年龄、阅读经验和技能等方面的不同会导致读者的阅读效率并不一致，高阅读效率读者的再注视比率较低，而低阅读效率读者的再注视比率相对较高（梁菲菲等，2019；

闫国利等，2015；Vorstius et al.，2014）。Vorstius 等（2014）的研究探讨了小学一年级至五年级学生在默读和朗读两种阅读形式下的眼动特征。结果发现，随着年级的提高，被试的再注视比率也会逐渐下降（图 4-26）。同时，老年读者也表现出与低年级儿童相似的再注视模式，对词的再注视比率更高，而单一注视较少（图 4-27）（Li et al.，2018）。

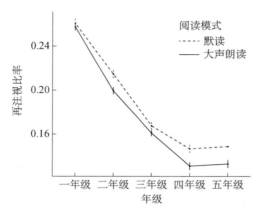

图 4-26　一至五年级小学生默读和朗读时的再注视比率分布（Vorstius et al.，2014）

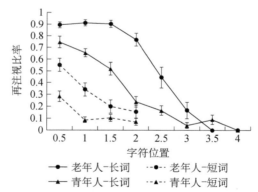

图 4-27　青年人和老年人加工长词和短词时的再注视比率分布（Li et al.，2018）

三、回视比率

（一）两类回视

回视是读者对之前阅读信息进行再加工的过程。本章第二节中讲述了有关注视次数这一指标的相关内容，而现在进一步陈述与回视有关的其他指标。阅读中的回视行为主要包含词内回视和词间回视两种。词内回视（如图 3-1 中的注视点

5）是指在对一个词语进行加工时产生的自右向左的眼跳，与词汇通达有关；而词间回视（如图 4-28 中的注视点 6）是指从当前注视词回到已经加工过的某个词语上的眼跳，与句子整合有关。

图 4-28　假设的回视眼动轨迹图

对于某个特定兴趣区，读者可能会做出两种类型的回视，即回视入和回视出。回视入是一种落入当前兴趣区的回视，如图 4-29 所示，对于兴趣区 1 来说，被试 1 从兴趣区 3 回视到兴趣区 1，为回视入；回视出则是当前兴趣区引发的回视，从当前兴趣区出发落到其他兴趣区的行为，如图 4-29 中被试 1 所做的到达兴趣区 1 的回视，对于兴趣区 3 而言为回视出。两种类型的回视分别对应两个回视比率指标——回视入比率（regression-in proportion）和回视出比率（regression-out proportion），即读者在当前兴趣区做出回视入或者回视出行为的比率。图 4-29 中，共有 4 个被试，其中被试 1 做出回到兴趣区 1 的回视行为，那么兴趣区 1 的回视入比率为 25%，兴趣区 3 的回视出比率也是 25%。通常情况下，回视出比率的分析仅限于某兴趣区的第一遍阅读过程（Clifton et al.，2007），也就是说，读者在对某个兴趣区进行第一遍加工时遇到问题，随即做出从当前兴趣区出发并落入已加工过的其他区域的回视，因此，这个指标也被称为第一遍回视率（first-pass-regression proportion）（陈庆荣等，2010；Calvo et al.，2001；Pickering & Frisson，2001；Traxler，2008）。研究者通常结合回视出比率和回视路径阅读时间这两个指标来反映读者对兴趣区的加工情况，即读者在早期加工遇到困难时如何解决困难并在后期完成信息整合的整个过程。

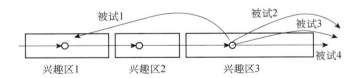

图 4-29　回视出比率和回视入比率示意图（闫国利等，2013）

（二）回视比率的计算

回视比率的计算与跳读率类似，也是利用导出的兴趣区数据（IA Report）。首先确定要计算回视（即回视出和回视入）的兴趣区，筛选出该兴趣区的地址

(IA_ID，如兴趣区 3)，对于相应的兴趣区，有 4 列相关的数据，分别是 IA_REGRESSION_IN（回视入）、IA_REGRESSION_IN_COUNT（回视入次数）、IA_REGRESSION_OUT（回视出）和 IA_REGRESSION_OUT_COUNT（回视出次数），如果计算相应兴趣区的回视出/入比率，那就利用 IA_REGRESSION_IN（回视入）和 IA_REGRESSION_OUT（回视出）两列数据，这两列数据都是 0 和 1，0 代表读者在相应的项目上加工兴趣区时没有回视入/出，1 则代表有回视入/出，然后就可以计算相应条件下或者某个项目上该列的平均数，即回视入/出比率（图 4-30）。

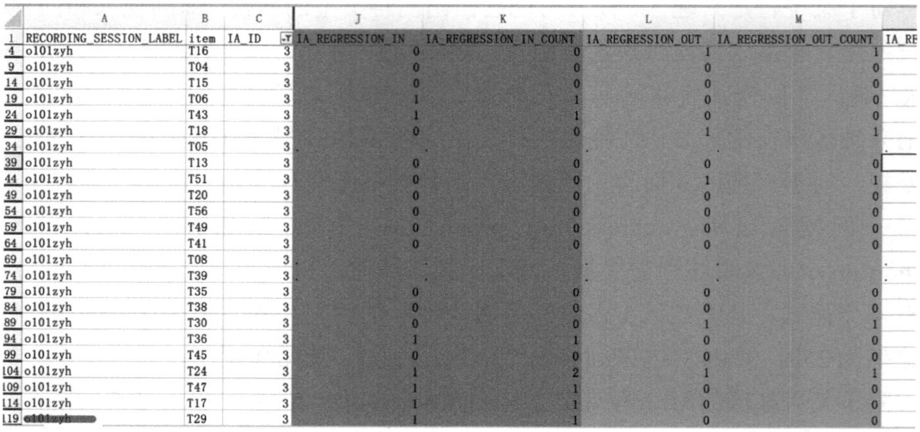

	A	B	C	J	K	L	M	
1	RECORDING_SESSION_LABEL	item	IA_ID	IA_REGRESSION_IN	IA_REGRESSION_IN_COUNT	IA_REGRESSION_OUT	IA_REGRESSION_OUT_COUNT	IA_RE
4	o101zyh	T16	3	0	0	1	1	
9	o101zyh	T04	3	0	0	0	0	
14	o101zyh	T15	3	0	0	0	0	
19	o101zyh	T06	3	1	1	0	0	
24	o101zyh	T43	3	1	1	0	0	
29	o101zyh	T18	3	0	0	1	1	
34	o101zyh	T05	3	.	.	.	.	.
39	o101zyh	T13	3	0	0	0	0	
44	o101zyh	T51	3	0	0	1	1	
49	o101zyh	T20	3	0	0	0	0	
54	o101zyh	T56	3	0	0	0	0	
59	o101zyh	T49	3	0	0	0	0	
64	o101zyh	T41	3	0	0	0	0	
69	o101zyh	T08	3	.	.	.	.	.
74	o101zyh	T39	3	.	.	.	.	.
79	o101zyh	T35	3	0	0	0	0	
84	o101zyh	T38	3	0	0	0	0	
89	o101zyh	T30	3	0	0	1	1	
94	o101zyh	T36	3	1	1	0	0	
99	o101zyh	T45	3	0	0	0	0	
104	o101zyh	T24	3	1	2	1	1	
109	o101zyh	T47	3	1	1	0	0	
114	o101zyh	T17	3	1	1	0	0	
119	o101zyh	T29	3	1	1	0	0	

图 4-30　回视入/出比率的计算示意图

（三）影响回视比率的因素

如前所述，回视是读者在加工当前信息时遇到了困难然后回到之前阅读信息进行的再加工，因此回视比率与其他回视相关的指标相似，受到诸如文本加工难度、个体差异等因素的影响。在众多的影响因素中，句法歧义是非常常见的能够引发读者回视行为的重要因素（Clifton et al.，2003）。因为在其他回视指标的内容中，笔者已经对相关影响因素进行了分析，此处不再赘述。

参考文献

白学军，曹玉肖，顾俊娟，郭志英，闫国利. (2011). 可预测性和空格对中文阅读影响的眼动研究. *心理科学*, *36*(6), 1282-1288.

白学军，梁菲菲，闫国利，田瑾，臧传丽，孟红霞. (2012). 词边界信息在中文阅读眼跳目标选择中的作用: 来自中文二语学习者的证据. *心理学报, 44*(7), 853-867.

陈庆荣, 谭顶良, 邓铸, 徐晓东. (2010). 句法预测对句子理解影响的眼动实验. *心理学报, 42*(6), 672-682.

韩玉昌, 隋雪, 任延涛. (2005). 小学学习困难生阅读过程中的眼动特征. *心理科学, 28*(3), 550-553.

李兴珊, 刘萍萍, 马国杰. (2011).中文阅读中词切分的认知机理述评. *心理科学进展, 19*(4), 459-470.

梁菲菲, 马杰, 李馨, 连坤予, 谭珂, 白学军. (2019). 发展性阅读障碍儿童阅读中的眼跳定位缺陷: 基于新词学习的实验证据. *心理学报*, (7), 805-815.

刘志方, 闫国利, 张智君, 潘运, 杨桂芳. (2013). 中文阅读中的预视效应与词切分. *心理学报, 45*(6), 614-625.

苏衡, 刘志方, 曹立人. (2016). 中文阅读预视加工中的词频和预测性效应及其对词切分的启示: 基于眼动的证据. *心理学报*, (6), 625-636.

王永胜, 赵冰洁, 陈茗静, 李馨, 闫国利, 白学军. (2018). 中央凹加工负荷与副中央凹信息在汉语阅读眼跳目标选择中的作用. *心理学报*, (12), 1336-1345.

吴捷, 刘志方, 刘妮娜. (2011). 词频、可预测性及合理性对目标词首次注视位置的影响. *心理与行为研究*, (2), 140-146.

熊建萍, 闫国利, 白学军. (2009). 不同年级学生汉语阅读知觉广度的眼动研究. *心理科学, 32*(3), 584-587.

徐迩嘉, 隋雪. (2018). 身份信息与位置信息的加工进程及语境预测性的影响. *心理学报*, (6), 606-621.

闫国利, 白学军. (2007). 汉语阅读的眼动研究. *心理与行为研究, 5*(3), 222-234.

闫国利, 王丽红, 巫金根, 白学军. (2011). 不同年级学生阅读知觉广度及预视效益的眼动研究. *心理学报, 43*(3), 249-263.

闫国利, 刘妮娜, 梁菲菲, 刘志方, 白学军. (2015). 中文读者词汇视觉信息获取速度的发展——来自消失文本的证据. *心理学报*, (3), 300-318.

闫国利, 熊建萍, 臧传丽, 余莉莉, 崔磊, 白学军. (2013). 阅读研究中的主要眼动指标评述. *心理科学进展, 21*(4), 589-605.

杨帆, 隋雪. (2019). 回视引导机制: 言语记忆与空间记忆之争. *心理科学*, (5), 1274-1279.

于秒, 闫国利, 石锋. (2016). 语境对汉语"V+N"式歧义结构消解作用的眼动研究. *心理科学*, (1), 22-27.

臧传丽, 鹿子佳, 白玉, 张慢慢. (2018). 阅读过程中的词跳读及其产生的认知机制. *心理与行为研究*, (4), 477-483.

臧传丽, 张慢慢, 郭晓峰, 刘娟, 闫国利, 白学军. (2012). 中文词汇加工的若干效应: 基于眼动研究的证据. *心理科学进展*, (9), 1382-1392.

张慢慢, 臧传丽, 徐宇峰, 白学军, 闫国利. (2020). 快速与慢速读者的中央凹加工对副中央凹预视的影响. *心理学报, 52*(8), 933-945.

Abbott, M., & Staub, A. (2015). The effect of plausibility on eye movements in reading: Testing E-Z reader's null predictions. *Journal of Memory and Language, 85*, 76-87.

Adedeji, V. I., Vasilev, M. R., Kirkby, J. A., & Slattery, T. J. (2022). Return-sweep saccades in oral reading. *Psychological research*, *86*(6), 1804-1815.

Angele, B., & Rayner, K. (2013). Processing "the" in the parafovea: Are articles skipped automatically? *Journal of Experimental Psychology*: *Learning, Memory, and Cognition*, *39*, 649-662.

Ashby, J., & Clifton, C. (2005). The prosodic property of lexical stress affects eye movements during silent reading. *Cognition*, *96*, 89-100.

Bai, X., Yan, G., Zang, C., Liversedge, S. P., & Rayner, K. (2008). Reading spaced and unspaced Chinese text: Evidence from eye movements. *Journal of Experimental Psychology*: *Human Perception and Performance*, *34*(5), 1277-1287.

Balota, D. A., Pollatsek, A., & Rayner, K. (1985). The interaction of contextual constraints and parafoveal visual information in reading. *Cognitive Psychology*, *17*(3), 364-390.

Blythe, H. I., Häikiö, T., Bertam, R., Liversedge, S. P., & Hyönä, J. (2011). Reading disappearing text: Why do children refixate words? *Vision Research*, *51*, 84-92.

Brothers, T., & Traxler, M. J. (2016). Anticipating syntax during reading: Evidence from the boundary change paradigm. *Journal of Experimental Psychology*: *Learning, Memory, and Cognition*, *42*, 1894-1906.

Brysbaert, M., Drieghe, D., & Vitu, F. (2005). Word skipping: Implications for theories of eye movement control in reading. In G. Underwood (Ed.), *Cognitive Processes in Eye Guidance* (pp. 53-77). Oxford: Oxford University Press.

Booth, R. W., & Weger, U. W. (2013). The function of regressions in reading: Backward eye movements allow rereading. *Memory and Cognition*, *41*(1), 82-97.

Calvo, M. G., Meseguer, E., & Carreiras, M. (2001). Inferences about predictable events: Eye movements during reading. *Psychological Research*, *65*, 158-169.

Carpenter, R. H. S. (2000). The neural control of looking. *Current Biology*, *10*(8), 291-293.

Choi, W., & Gordon, P. C. (2014). Word skipping during sentence reading: Effects of lexicality on parafoveal processing. *Attention, Perception, & Psychophysics*, *76*(1), 201-213.

Clifton, C. E., Staub, J. A., & Rayner, K. (2007). Eye movements in reading words and sentences. In R. van Gompel, M. Ficsher, W. S. Murray, & R. L. Hill (Eds.), *Eye Movements*: A *Window on Mind and Brain* (pp. 341-372). Amsterdam: Elsevier.

Clifton, C. E., Traxler, M. J., Mohamed, M. T., Williams, R. S., Morris, R. K., & Rayner, K. (2003). The use of thematic role information in parsing: Syntactic processing autonomy revisited. *Journal of Memory and Language*, *49*, 317-334.

Clifton, C. E., Ferreira, F., Henderson, J. M., Inhoff, A. W., Liversedge, S., Reichle, E. D., & Schotter, E. R. (2016). Eye movements in reading and information processing: Keith Rayner's 40-year legacy. *Journal of Memory and Language*, *86*, 1-19.

Drieghe, D., Rayner, K., & Pollatsek, A. (2005). Eye movements and word skipping during reading revisited. *Journal of Experimental Psychology*: *Human Perception and Performance*, *31*(5), 954-969.

Engbert, R., & Kliegl, R. (2011). Parallel graded attention models of reading. In Liversedge, S. P.,

Gilchrist, I. D. & Everling, S. (Eds.), *The Oxford Handbook of Eye Movements* (pp. 787-800). Oxford: Oxford University Press.

Fitzsimmons, G., & Drieghe, D. (2013). How fast can predictability influence word skipping during reading? *Journal of Experimental Psychology*: *Learning, Memory and Cognition*, *39*(4), 1054-1063.

Gordon, P. C., Plummer, P., & Choi, W. (2013). See before you jump: Full recognition of parafoveal words precedes skips during reading. *Journal of Experimental Psychology*: *Learning, Memory, and Cognition*, *39*(2), 633-641.

Häikiö, T., Bertram, R., Hyönä, J., & Neimi, P. (2009). Development of the letter identity span in reading: Evidence from the eye movement moving window paradigm. *Journal of Experimental Child Psychology*, *102*, 167-181.

Henderson, J. M., & Ferreira, F. (1990). Effects of foveal processing difficulty on the perceptual span in reading: Implications for attention and eye movement control. *Journal of Experimental Psychology*: *Learning, Memory and Cognition*, *16*(3), 417-429.

Hofmeister, J., Heller, D., & Radach, R. (1999). The return sweep in reading. In Becker, W., Deubel, H., & Mergner, T. (Eds.), *Current Oculomotor Research* (pp. 349-357). US: Springer.

Hyönä, J., & Bertram, R. (2011). Optimal viewing position effects in reading Finnish. *Vision Research*, *51*, 1279-1287.

Inhoff, A. W., & Liu, W. M. (1998). The perceptual span and oculomotor activity during the reading of Chinese sentences. *Journal of Experimental Psychology*: *Human Perception and Performance*, *24*, 20-34.

Inhoff, A. W., Eiter, B., Radach, R., & Juhasz, B. (2003). Distinct subsystems for the parafoveal processing of spatial and linguistic information during eye fixations in reading. *Quarterly Journal of Experimental Psychology*, *56*, 803-828.

Joseph, H. S. S. L., Nation, K., & Liversedge, S. P. (2013). Using eye movements to investigate word frequency effects in children's sentence reading. *School Psychology Review*, *42*(2), 207-222.

Juhasz, B. J., White, S. J., Liversedge, S. P., & Rayner, K. (2008). Eye movements and the use of parafoveal word length information in reading. *Journal of Experimental Psychology*: *Human Perception and Performance*, *34*, 1560-1579.

Kajii, N., Nazir, T. A., & Osaka, N. (2001). Eye movement control in reading unspaced text: The case of the Japanese script. *Vision Research*, *41*, 2503-2510.

Kliegl, R., Grabner, E., Rolfs, M., & Engbert, R. (2004). Length, frequency, and predictability effects of words on eye movements in reading. *European Journal of Cognitive Psychology*, *16*, 262-284.

Kliegl, R., Nuthmann, A., & Engbert, R. (2006). Tracking the mind during reading: The influence of past, present, and future words on fixation durations. *Journal of Experimental Psychology*: *General*, *135*, 12-35.

Krügel, A., & Engbert, R. (2010). On the launch-site effect for skipped words during reading. *Vision Research*, *50*, 1532-1539.

Li, S., Li, L., Wang, J., Mcgowan, V. A., & Paterson, K. B. (2018). Effects of word length on eye guidance differ for young and older Chinese readers. *Psychology and Aging, 33*(4), 685-692.

Li, X., Liu P., & Rayner, K. (2011). Eye movement guidance in Chinese reading: Is there a preferred viewing location? *Vision Research, 51*, 1146-1156.

Li, X., Bicknell, K., Liu, P., Wei, W., & Rayner, K. (2014). Reading is fundamentally similar across disparate writing systems: A systematic characterization of how words and characters influence eye movements in Chinese reading. *Journal of Experimental Psychology General, 143*(2), 895-913.

Liu, Y., Reichle, E. D., & Li, X. (2015). Parafoveal processing affects outgoing saccade length during the reading of Chinese. *Journal of Experimental Psychology: Learning Memory and Cognition, 41*(4), 1229-1236.

Liu, Y., Reichle, E. D., & Li, X. (2016). The effect of word frequency and parafoveal preview on saccade length during the reading of Chinese. *Journal of Experimental Psychology: Human Perception and Performance, 42*(7), 1008-1025.

Liversedge, S. P., Drieghe, D., Li, X., Yan, G., Bai, X., & Hyönä, J. (2016). Universality in eye movements and reading: A trilingual investigation. *Cognition*, 147, 1-20.

Liversedge, S. P., Zang, C., Zhang, M., Bai, X., Yan, G, & Drieghe, D. (2014). The effect of visual complexity and word frequency on eye movements during Chinese reading. *Visual Cognition, 22*, 441-457.

Ma, G., & Li, X. (2015). How character complexity modulates eye movement control in Chinese reading. *Reading and Writing, 28*, 747-761.

McConkie, G. W., Kerr, P. W., & Dyre, B. P. (1994). What are "normal" eye movements during reading: Toward a mathematical description. In J. Ygge & G. Lennerstrand (Eds.), *Eye Movements in Reading* (pp. 315-327). Tarrytown: Pergamon.

McConkie, G. W., Kerr, P. W., Reddix, M. D., & Zola, D. (1988). Eye movement control during reading: I. The location of initial eye fixations on words. *Vision Research, 28*, 1107-1118.

McDonald, S. A., & Shillcock, R. C. (2004). The potential contribution of preplanned refixations to the preferred viewing location. *Perception & Psychophysics, 66*, 1033-1045.

Nuthmann, A. Engbert, R., & Kliegl, R. (2005). Mislocated fixations during reading and the inverted optimal viewing position effect. *Vision Research, 45*(17), 2201-2217.

O'Regan, J. K. (1992). Optimal viewing position in words and the strategy-tactics theory of eye movements in reading. In K. Rayner (Ed.), *Eye Movements and Visual Cognition: Scene Perception and Reading* (pp. 333-354). New York: Springer-Verlag.

O'Regan, J. K., Lévy-Schoen, A., Pynte, J., & Brugaillère, B. (1984). Convenient fixation location within isolated words of different length and structure. *Journal of Experimental Psychology: Human Perception and Performance, 10*, 250-257.

Parker, A. J., Slattery, T. J., & Kirkby, J. A. (2019). Return-sweep saccades during reading in adults and children. *Vision Research, 155*, 35-43.

Paterson, K. B., Almabruk, A. A., McGowan, V. A., White, S. J., & Jordan, T. R. (2015). Effects of word length on eye movement control: The evidence from Arabic. *Psychonomic Bulletin & Review, 22*,

1443-1450.

Perea, M., & Acha, J. (2009). Space information is important for reading. *Vision Research*, *49*, 1994-2000.

Phillips, M. H., & Edelman, J. A. (2008). The dependence of visual scanning performance on saccade, fixation, and perceptual metrics. *Vision Research*, *48*(7), 926-936.

Pickering, M. J., & Frisson, S. (2001). Processing ambiguous verbs: Evidence from eye movements. *Journal of Experimental Psychology*: *Learning, Memory, and Cognition*, *27*, 556-562.

Plummer, P., & Rayner, K. (2012). Effects of parafoveal word length and orthographic features on initial fixation landing positions in reading. *Attention Perception & Psychophysics*, *74*(5), 950-963.

Pollatsek, A., & Hyönä, J. (2005). The role of semantic transparency in the processing of Finnish compound words. *Language and Cognitive Processes*, *20*(1/2), 261-290.

Radach, R., & McConkie, G. W. (1998). Determinants of fixation positions in words during reading. In G. Underwood (Ed.), *Eye Guidance in Reading and Scene Perception* (pp. 77-100). Oxford: Elsevier.

Rayner, K. (1979). Eye guidance in reading: Fixation locations within words. *Perception*, *8*, 21-30.

Rayner, K. (1998). Eye movements in reading and information processing: 20 years of research. *Psychological Bulletin*, *124*(3), 372-422.

Rayner, K. (2009). Eye movements and attention in reading, scene perception, and visual search. *The Quarterly Journal of Experimental Psychology*, *62*(8), 1457-1506.

Rayner, K., Fischer, M. H., & Pollatsek, A. (1998). Unspaced text interferes with both word identification and eye movement control. *Vision Research*, *38*(8), 1129-1144.

Rayner, K., Raney, G. E., & Sereno, S. C. (1996). Eye movement control in reading: A comparison of two types of models. *Journal of Experimental Psychology*: *Human Perception and Performance*, *22*(5), 1188-1200.

Rayner, K., Slattery, T. J., & Bélanger, N. N. (2010). Eye movements, the perceptual span, and reading speed. *Psychonomic Bulletin & Review*, *17*(6), 834-839.

Rayner, K., Li, X., Juhasz, B. J., & Yan, G. (2005). The effect of word predictability on the eye movements of Chinese readers. *Psychonomic Bulletin & Review*, *12*(6), 1089-1093.

Rayner, K., Yang, J., Castelhano, M. S., & Liversedge, S. P. (2011). Eye movements of older and younger readers when reading disappearing text. *Psychology & Aging*, *26*(1), 214-223.

Rayner, K., Yang, J., Schuett, S., & Slattery, T. J. (2013). Eye movements of older and younger readers when reading unspaced text. *Experimental Psychology*, *60*(5), 354-361.

Rayner, K., Reichle, E. D., Stroud, M. J., Williams, C. C., & Pollatsek, A. (2006). The effect of word frequency, word predictability, and font difficulty on the eye movements of young and older readers. *Psychology and Aging*, *21*, 448-465.

Reichle, E. D. (2011). Serial attention models of reading. In S. P. Liversedge, I. D. Gilchrist, S. Everling (Eds.), *Oxford Handbook on Eye Movements* (pp. 767-786). Oxford: Oxford University Press.

Reichle, E. D., & Drieghe, D. (2013). Using E-Z reader to examine word skipping during reading. *Journal of Experimental Psychology*: *Learning, Memory and Cognition*, *39*, 1311-1320.

Reichle, E. D., Pollatsek, A., Fisher, D. L., & Rayner, K. (1998). Toward a model of eye movement control in reading. *Psychological Review, 105*(1), 125-157.

Reilly, R., & Radach, R. (2006). Some empirical tests of an interactive activation model of eye movement control in reading. *Cognitive Systems Research, 7*, 34-55.

Reilly, R. G., Radach, R., Corbic, D., & Luksaneeyanawin, S. (2005). Comparing reading in English and Thai: The role of spatial word unit segmentation in distributed processing and eye movement control. *Proceedings of the 13th European Conference on Eye Movements*, Switzerland.

Reingold, E. M., Reichle, E. D., Glaholt, M. G., & Sheridan, H. (2012). Direct lexical control of eye movements in reading: Evidence from a survival analysis of fixation durations. *Cognitive Psychology, 65*(2), 177-206.

Sainio, M., Jukka Hyönä, Bingushi, K., & Bertram, R. (2007). The role of interword spacing in reading Japanese: An eye movement study. *Vision Research, 47*(20), 2575-2584.

Slattery, T. J., & Vasilev, M. R. (2019). An eye-movement exploration into return-sweep targeting during reading. *Attention, Perception, & Psychophysics, 81*(5), 1197-1203.

Traxler, M. J. (2008). Lexically independent priming in online sentence comprehension. *Psychonomic Bulletin & Review, 15*(1), 149-155.

Tsai, J. L., & McConkie, G. W. (2003). Where do Chinese readers send their eyes? In J. Hyona, R. Radach, & H. Deubel (Eds.), *The Mind's Eye*: *Cognitive and Applied Aspects of Eye Movement Research* (pp. 159-176). Oxford: Elsevier.

Vasilev, M. R., Adedeji, V. I., Laursen, C., Budka, M., & Slattery, T. J. (2021). Do readers use character information when programming return-sweep saccades? *Vision Research, 183*, 30-40.

Veldre, A., & Andrews, S. (2018). Parafoveal preview effects depend on both preview plausibility and target predictability. *Quarterly Journal of Experimental Psychology*: *Human Experimental Psychology, 71*, 64-74.

Vitu, F. (2011). On the role of visual and oculomotor processes in reading. In S. P. Liversedge, I. D. Gilchrisst & S. Everling (Eds.), *The Oxford Handbook of Eye Movements* (pp. 731-749). Oxford: Oxford University Press.

Vitu, F., McConkie, G. W., Kerr, P., & O'Regan, J. K. (2001). Fixation location effects on fixation durations during reading: An inverted optimal viewing position effect. *Vision Research, 41*, 3513-3533.

Vorstius, C., Radach, R., & Lonigan, C. J. (2014). Eye movements in developing readers: A comparison of silent and oral sentence reading. *Visual Cognition, 22*(3-4), 458-485.

Wang, J., Li, L., Li, S., Xie, F., Chang, M., Paterson, K. B., White, S. J., & McGowan, V. A. (2018). Adult age differences in eye movements during reading: The Evidence from Chinese. *The Journals of Gerontology*: *Series B, Psychological Sciences and Social Sciences, 73*(4), 584-593.

Weger, U. W., & Inhoff, A. W. (2007). Long-range regressions to previously read words are guided by spatial and verbal memory. *Memory and Cognition, 35*(6), 1293-1306.

Wei, W., Li, X. S., & Pollatsek, A. (2013). Word properties of a fixated region affect outgoing saccade length in Chinese reading. *Vision Research, 80*, 1-6.

White, S. J. (2007). Foveal load and parafoveal processing: The case of word skipping. In R. P. G. van Gompel, M. H. Fischer, W. S. Murray, & R. L. Hill (Eds.), *Eye Movements*: *A Window on Mind and Brain* (pp. 409-424). Amsterdam: Elsevier.

White, S. J., Rayner, K., & Liversedge, S. P. (2005). The influence of parafoveal word length and contextual constraint on fixation durations and word skipping in reading. *Psychonomic Bulletin & Review*, *12*, 466-471.

Winskel, H., Radach, R., & Luksaneeyanawin, S. (2009). Eye movements when reading spaced and unspaced Thai and English: A comparison of Thai-English bilinguals and English monolinguals. *Journal of Memory and Language*, *61*, 339-351.

Yan, G., Tian, H., Bai, X., & Rayner, K. (2006). The effect of and character frequency on the eye movements of Chinese readers. *British Journal of Psychology*, *97*, 259-268.

Yan, M. (2015). Visually complex foveal words increase the amount of parafoveal information acquired. *Vision Research*, *111*, 91-96.

Yan, M., Kliegl, R., Richter, E. M., Nuthmann, A., & Shu, H. (2010). Flexible saccade target selection in Chinese reading. *Quarterly Journal of Experimental Psychology*, *63*, 705-725.

Yang, H. M., & McConkie, G. W. (1999). Reading Chinese: Some basic eye-movement characteristics. In J. Wang, A. W. Inhoff, & H. C. Chen (Eds.), *Reading Chinese Script* (pp. 207-222). Mahwah: Lawrence Erlbaum Associates.

Zang, C., Du, H., Bai, X., Yan, G., & Liversedge, S. P. (2019). Preview effects in reading of Chinese two-constituent words and phrases. *The 20th European Conference on Eye Movements* (*ECEM*), Alicante.

Zang, C., Fu, Y., Bai, X., Yan, G., & Liversedge, S. P. (2018a). Investigating word length effects in Chinese reading. *Journal of Experimental Psychology*: *Human Perception and Performance*, *44*(12), 1831-1841.

Zang, C., Zhang, M., Bai, X., Yan, G., & Liversedge, S. P. (2016). Effects of word frequency and visual complexity on eye movements of young and older Chinese readers. *Quarterly Journal of Experimental Psychology*, *69*(7), 1409-1425.

Zang, C., Zhang, M., Bai, X., Yan, G., Angele, B., & Liversedge, S. P. (2018b). Skipping of the very-high-frequency structural particle de(的) in Chinese reading. *The Quarterly Journal of Experimental Psychology*, *71*(1), 152-160.

Zhang, M., Liversedge, S. P., Bai, X., Yan, G., & Zang, C. (2019). The influence of foveal lexical processing load on parafoveal preview and saccadic targeting during Chinese reading. *Journal of Experimental Psychology*: *Human Perception and Performance*, *45*(6), 812-825.

第五章

其他眼动指标

在阅读相关研究中，研究者更多地从时间和空间两个维度选择所需要的指标，但有一些研究会用到瞳孔直径和眼音距这两个特殊的指标。本章将介绍瞳孔直径（pupil dilation/pupil size）和眼音距（eye-voice span，EVS）两个指标涉及的基本知识、计算方法和需要注意的问题。

第一节　瞳　孔　直　径

一、关于瞳孔

瞳孔是虹膜在眼睛内部的中央开口，通常看起来是黑色的。瞳孔周围的灰色/蓝色或棕色区域是虹膜，眼睛的白色外部区域是巩膜（图 5-1）。瞳孔大小由位于虹膜中的两块肌肉控制：虹膜括约肌（sphincter muscle），由副交感神经系统支配并引起瞳孔收缩；虹膜扩张肌（dilator muscle），由交感神经系统支配并引起瞳孔扩张（Kardon，2005）。

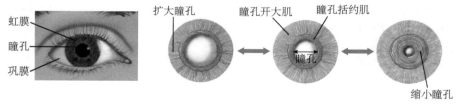

图 5-1　瞳孔结构及变化示意图

瞳孔的大小变化通常被认为是一种视觉反射，比如，在光反射的情况下，瞳孔对高亮度（明亮）的反应是收缩，对低亮度（黑暗）的反应是扩张（Pan et al.，2022）。对于瞳孔变化的研究最早始于罗马时期（Loewenfeld，1958），后来的瞳孔测量学研究发现，瞳孔也对记忆和心理努力等水平变化敏感（杨晓梦等，2020；Beatty，1982；Beatty & Lucero-Wagoner，2000；Kahneman & Beatty，1966）。近年来的研究表明，瞳孔的变化也与情感、行为状态、惊讶、注意力和激励有关（Mathôt，2018）。由此可见，瞳孔大小的变化不仅会受到外界的光线等物理因素的影响，也会受到心理努力等心理因素的影响。

二、瞳孔直径的计算

在眼动仪输出的数据中，关于瞳孔直径的数值在 Trial Report、IA Report 和 Fixation Report 中都能找到：Trial Report 中的数据包含试次内瞳孔直径的最大值、最小值和平均瞳孔大小值；IA Report 中的数据包含某个兴趣区内瞳孔直径的最大值、最小值和平均瞳孔值，以及当前注视点的瞳孔直径大小值；Fixation Report 中的数据则包含每一个注视点的瞳孔直径大小值。Kahneman 和 Beatty（1966）在研究中用瞳孔直径（单位为 mm）来表示结果，即绝对瞳孔大小值。然而，由于瞳孔大小变化缓慢，而且存在一些随机的变化，这些很可能影响瞳孔的绝对大小，可见使用绝对值表示瞳孔大小时统计效度会受到影响，并使得研究者检测到感兴趣的内容变得更加困难。因此，研究者通常使用瞳孔直径变化这一指标。在阅读相关的研究中，研究者使用瞳孔直径变化这一指标来反映读者在阅读过程中的认知加工负荷的大小（Just & Carpenter，1993），代表心理加工的强度（Hyönä et al.，1995；Kuchinke et al.，2007）。

相对于其他指标，瞳孔直径变化的计算较为复杂，需要进行基线校正，也就是分析瞳孔大小相对于基线期的变化。因此，需要用到两个值：一个是被试的基线值（即刺激加工前的瞳孔大小值）；另一个是加工刺激时的瞳孔大小值。在实验中，研究者会在呈现刺激材料之前先校准，记录被试对校准注视点的瞳孔直径大小并取平均值，将这个平均值作为基线值。加工刺激时的瞳孔大小值就是 Data Viewer 导出的相应的瞳孔大小值（或平均值），至于选择哪一个值，研究者需要根据自己的研究问题来确定。如果研究者考察的是整个试次的属性对于瞳孔变化的影响，那可以选择 Trial Report 中的 PUPIL_SIZE_MEAN 一列数据进行下一步的计算；如果研究者考察的是某个兴趣区的属性对瞳孔变化的影响，则可以选择 IA Report 中的 IA_AVERAGE_FIX_PUPIL_SIZE 一列数据进行计算；如果研究者考察的是刺激属性对某个注视点瞳孔直径变化的影响，可以选择 IA Report 或 Fixation Report 中的 CURRENT_FIX_PUPIL 一列数据进行计算。基线校正的方法主要有两种。①相减法：具体是将加工刺激时的瞳孔大小减去基线的瞳孔大小，然后对得到的差值取绝对值（瞳孔直径变化=瞳孔大小−基线值），这是大多数研究采用的方法。②相除法：具体是将加工刺激时的瞳孔大小除以基线的瞳孔大小（瞳孔直径变化=瞳孔大小/基线值），也就是"瞳孔扩张率"。然而，瞳孔直径与疲劳密切相关，因此想要使用这一指标，就要尽可能减少疲劳的影响，一方面，要尽可能避免刺激连续呈现；另一方面，在计算时也要对每一个实验项目按照以上步骤进行逐一计算。

　　如果研究者想获取与实际的瞳孔大小相应的尺寸大小，EyeLink 提供了相应的换算方法。瞳孔大小可以根据相机图像中瞳孔的阈值区域的大小，以面积或直径的任意单位进行测量。瞳孔面积是瞳孔在相机图像中占据的像素值，要将瞳孔大小转换为绝对单位（如 mm），可以对瞳孔大小进行"校准"。具体来说，需要一个具有已知瞳孔大小的人造瞳孔或者使用激光打印机在一张纸上打印出一个具有已知尺寸（如 5mm）的黑点。在实验开始时，将人造瞳孔放在可以靠近被试眼睛的地方，以使它与相机的距离尽可能与眼睛本身相同。在实验的第一次或最后一次采集中，对人造瞳孔进行采集，或者如果可以确保所有被试与相机的距离相同，则只需执行一次即可。记录数据后，可以获取该人造瞳孔或打印点的瞳孔大小。然后，根据直径值对实际瞳孔大小进行线性插值。具体计算方法如下：①使用直径：假设人造眼的直径为 8mm，Data Viewer 中导出的数值为 1260。如果将真实的眼睛以与录制中的人造眼睛相同的距离放在下颌骨中，并且眼动仪报告直径为 1000，那么可以获取对应于约 6.35mm 的眼睛数据（8/1260=x/1000）。②使用区域：假设人造眼的直径为 8mm，Data Viewer 中导出的数值为 7070。如果将真实的眼睛以与录制中的人造眼睛相同的距离放在下颌骨中，并且眼动仪报告直径为 6000，那么可以获取对应于约 7.37mm 的眼睛数据[8/sqrt（7070）=x/sqrt（6000）]。如果跟踪黑点（而不是人工瞳孔），则必须使用仅瞳孔模式。如图 5-2 所示，可以将以下命令添加到 EyeLink 主机计算机"ELCL\EXE"目录中的 FINAL.INI 文件中。在"摄像机设置"屏幕上选择"仅学生"模式，以便系统跟踪此黑点[不带 CR（orneal reflection，角膜反射）]。

```
Code:
##################################################

## force_corneal_reflection = <Value>
;; Hides "Pupil" mode button on Camera Setup screen
;; Pupil Only mode should only be used in EyeLink 1000 when
participants head is completely fixed.
;; Default Value: OFF
force_corneal_reflection OFF

## allow_pupil_without_cr = <switch>
;; Allows pupil without a CR nearby to be detected
;; in pupil search (after pupil loss or on startup).
;; This command is overridden in P-CR mode.
allow_pupil_without_cr = ON

## elcl_hold_if_no_corneal = <switch>
;; If true, eye window is frozen until both pupil and CR are
present.
;; Default Value: OFF
elcl_hold_if_no_corneal = OFF

## elcl_search_if_no_corneal = <switch>
;; If corneal missing for long period, assumes false target and
searches for pupil/CR candidate.
;; Default Value: OFF
elcl_search_if_no_corneal = OFF

## elcl_use_pcr_matching = <switch>
;; Selects enhanced pupil-CR matching during pupil identification.
;; If used, pupil and CR are selected as best matching pair.
;; This can be used even if CR is not being used for tracking.
;; Default Value: ON
elcl_use_pcr_matching = OFF

##################################################
```

图 5-2　瞳孔计算命令

三、瞳孔测量中需要注意的问题

瞳孔测量中，最重要的是瞳孔大小的变化。但是，瞳孔大小变化是很缓慢的，甚至最快的移动（如对出现明亮的光线做出收缩反应）也要花费数百毫秒的时间。这意味着对于瞳孔测量，需要在每个试次后留出足够的时间，以使瞳孔反应得以出现。这也意味着，对试次 N 的瞳孔反应可能会"遗留"到试次 N+1 中。不难想象，这对瞳孔大小的影响远远超出了当前的试次时间范围。因此，在使用这一指标时需要考虑各方面的因素。

在阅读研究中，研究者采用瞳孔直径这一指标时，如果以考察加工负荷的影响为研究目的，那么需要注意瞳孔对亮度、颜色、视觉刺激的空间频率等的变化反应同样敏感，在实验中可以使用相对较低的刺激对比、避免使用颜色刺激、尽量使用相对较长的刺激呈现时间等方式来进行控制，减少瞳孔的反射性反应（Porter & Troscianko，2003）。此外，还需要注意基线瞳孔大小和瞳孔运动性也可能存在个体差异。瞳孔扩张的另一个有趣的特征是，瞳孔不一定围绕瞳孔中心对称地扩张，如图 5-3 所示，它也不一定形成一个完美的圆圈。

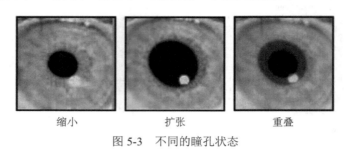

缩小　　　　　　　　扩张　　　　　　　　重叠

图 5-3　不同的瞳孔状态

第二节　眼　音　距

一、眼音距的概念及其分类

　　前文所述的眼动指标普遍适用于不同类型的阅读活动的，尤其是默读，而另外一种比默读发展更早的阅读形式——朗读（Taylor & Connor，1982）则增加了发音要求，使得其认知机制与默读不同。研究者发现，当阅读相同的文本材料，相比于默读，朗读的总时间和平均注视时间更长，平均眼跳距离更短（Rayner，1998），注视次数和再注视比率也更高（Vorstius et al.，2014）。为了探讨朗读过程中的认知加工机制，越来越多的研究开始关注眼音距这一重要指标。

　　眼音距是探讨朗读时常用的一个指标。关于这个指标的定义，有两种方式：一种是空间维度上的；另一种是时间维度上的。空间维度上的眼音距是指在朗读文本过程中，在某个时间点上，眼睛注视的位置和当前发音内容对应的位置之间的距离（Buswell，1920），单位是字母或词的个数。由于以往眼动追踪技术的局限性，研究者对眼动的记录相对较为粗略，主要基于瞳孔和角膜反光的视频记录法（闫国利，白学军，2018），在计算眼音距时会采用交替光源范式，得到的结果为4～6 个词（Levin & Buckler-Addis，1979；Stuart-Hamilton & Rabbitt，1997）。随着眼动记录技术的发展和应用，研究者开始采用时间维度上的眼音距，它是指对某一个词，注视这个词的时间与开始表达这个词的时间之间的差值，将其称为 FSI（Järvilehto et al.，2009）。由于读者在一个词上的注视并非只有一次，且注视会持续一定的时间，通常为 200～300ms（闫国利等，2013），因此，对应于眼睛开始注视某个词的时间以及注视点离开这个词的时间，研究者又将眼音距分为起始眼音距（onset EVS）和结尾眼音距（offset EVS），分别对应这两个时间点与开始表达（比如朗读）时的时间间隔，如图 5-4 所示。研究发现，如果一个词没有被跳读，其早期注视基本上发生在发音之前，即起始眼音距为正值，平均值约为 500ms（Järvilehto et al.，2008，2009）。Inhoff 等（2011）也发现，在文本朗读过程中，起始眼音距为负值的比例低于 2%。而结尾眼音距出现负值的概率要高很多（Silva et al.，2016），即开始表达词 N 时，其凝视时间还没有结束，如图 5-4 中的右图所示。

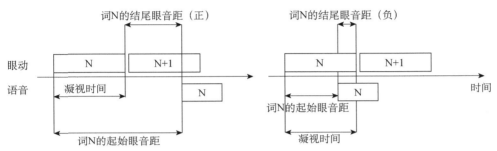

图 5-4　时间维度上的眼音距的计算（赵黎明，闫国利，2020）
注：左图为表达词 N 时读者已开始注视词 N+1；右图为表达词 N 时读者仍在注视词 N

综上，眼音距既可以在空间上定义，即对于某一个时间点，当前正在表达的词和正在注视的词之间的空间距离，称为空间的眼音距（spatial EVS）；也可以在时间上定义，即对于某一个词，开始表达该词和注视该词之间的时间间隔，称为时间的眼音距（temporal EVS）。由此可见，空间和时间上的眼音距应该具有相同的心理学意义，只是定义的维度不同。随着现代眼动记录技术的发展，时间的眼音距越来越精确，逐渐得到了研究者的重点关注和广泛应用。

二、不同眼音距的心理学意义

（一）起始眼音距的心理学意义

根据起始眼音距的定义，某个词的起始眼音距等同于命名该词的反应时，它包含该词被表达之前的所有加工阶段，即词汇识别、词汇通达以及发音运动的计划时间（Silva et al.，2016）。起始眼音距存在较大的个体差异，有研究显示，熟练的成年阅读者在文本朗读过程中，起始眼音距的范围为 428～781ms，其个体差异（标准差）达到了 230ms，个体内的差异仅为 73ms（Laubrock & Kliegl，2015）。由此可见，起始眼音距能够反映读者的阅读能力，眼音距越短，阅读能力越高。

例如，Jones 等（2008）的研究采用快速命名范式，并结合眼动记录技术来考察阅读障碍个体的加工缺陷。实验操纵了呈现字母在语音和视觉上的相似性，要求阅读障碍被试和匹配组被试尽可能快而准确地命名在屏幕上快速呈现的字母，同时记录其眼动轨迹。结果发现，被试在相似条件（语音或视觉相似）下的眼音距比不相似条件下的更长，而且阅读障碍被试的这一差异更大，这说明阅读障碍个体的语音和视觉加工都存在缺陷。随后，Pan 等（2013）采用同样的方法，在表达内容相同的情况下操纵了视觉信息的复杂性，结果发现，在视觉信息较简单的数字命名任务中，阅读障碍组与对照组在眼音距上的差异反而更大，说明阅读障碍者在将视觉信息转化为语音信息的过程中出现了问题。

（二）结尾眼音距的心理学意义

对于词 N 的结尾眼音距是指读者完成第一遍注视时的时间和开始对这个词进行发音时的时间差，根据两者的先后关系，结尾眼音距是负值说明读者是在转移注视点到下一个词之前就开始对这个词进行发音，这种情况在图片命名的眼动研究中也出现了，说话人倾向于在完成图片名称的语音编码之后再转移注视（Griffin，2001；Korvorst et al.，2006；Roelofs，2008）。当结尾眼音距是正值时，即词 N 的表达晚于凝视结束的时间，这在一定程度上说明读者完成了词 N 的早期通达，从注视结束后到发音开始之间的时间是读者完成对词 N 晚期的发音运动计划（motor programming）和开始执行发音所消耗的时间。研究发现，词汇产出中，发音运动计划通常需要 150ms（Indefrey & Levelt，2004），因此，如果结尾眼音距是正值，那么它的值大概是 150ms，然而研究的结果却是 250ms 左右（Laubrock & Kliegl，2015；Jones et al.，2010，2013），两者之间相差 100ms。很多研究者认为读者将这 100ms 的时间用于将注视从当前注视词转向副中央凹词，即实现词 N 和词 N+1 的并行加工，从而提高朗读效率（Silva et al.，2016）。从这个意义上来说，结尾眼音距可以作为反映并行加工能力的指标之一（Jones et al.，2016）。

三、眼音距的记录和计算

由于眼音距需要计算注视开始/结束的时间点与发音开始时间点之间的差值，计算这一指标的关键是找到这两个点。由于 Eyelink 系列的眼动仪能够以屏幕上开始呈现文本为零点，记录每个词的每一个注视点的开始和结束时间，所以第一个点能够比较容易找到，而确定第二个点则需要在记录数据和获取数据两个方面进行一些具体的工作才能够实现。第一个方面的工作是在记录数据时，需要实现语音与眼动在时间上的同步记录，这可以通过 Eyelink 眼动仪自带的编程软件 Experiment Builder（EB）配合语音记录空间来实现，具体方法请参看赵黎明和闫国利（2020）的研究和 EB 使用手册。第二个方面是获得每个词开始表达时间的数据。这需要对朗读录音，也就是对连续语流进行切分，如图 5-5 的语音部分所示。但由于目前还没有自动切分连续语流的有效工具，研究者一般采用 Praat 语音学软件进行人工手动切分，这个软件能够提供波谱图和频谱图，为我们找到词边界提供了便利。如图 5-5 所示，朗读文本为"长江漂流是青年人自发搞起来的项目"，其中"自发"的起始眼音距为 660ms（2849—2189），结尾眼音距为 259ms（2849—2590）。而对于词"的"，眼动记录显示没有注视点落在该词上，说明它被跳读了，因此它的眼音距无从计算，在眼音距的分析中会被剔除。

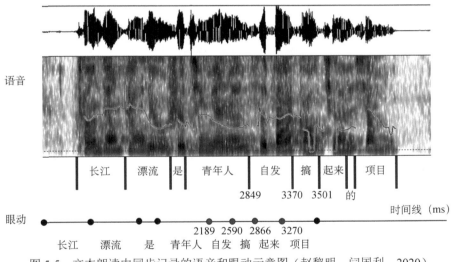

图 5-5　文本朗读中同步记录的语音和眼动示意图（赵黎明，闫国利，2020）

参 考 文 献

闫国利, 白学军. (2018). *眼动分析技术的基础与应用*. 北京：北京师范大学出版社.

闫国利, 熊建萍, 臧传丽, 余莉莉, 崔磊, 白学军. (2013). 阅读研究中的主要眼动指标评述. *心理科学进展*, 21(4), 589-605.

杨晓梦, 王福兴, 王燕青, 赵婷婷, 高春颖, 胡祥恩. (2020). 瞳孔是心灵的窗口吗？——瞳孔在心理学研究中的应用及测量. *心理科学进展*, 28(7), 1029-1041.

赵黎明, 闫国利. (2020). 眼音距: 一个揭示朗读过程中词汇加工的核心指标. *心理科学*, *43*(3), 571-577.

Beatty, J. (1982). Task-evoked pupillary responses, processing load, and the structure of processing resources. *Psychological Bulletin*, *91*(2), 276-292.

Beatty, J., & Lucero-Wagoner, B. (2000). The pupillary system. In J. T. Cacioppo, L. G. Tassinary, & G. G. Berntson (Eds.), *Handbook of Psychophysiology* (2nd, pp. 142-162). Cambridge: Cambridge University Press.

Buswell, G. T. (1920). *An Experimental Study of the Eye-Voice Span in Reading.* Chicago: University of Chicago.

Griffin, Z. M. (2001). Gaze durations during speech reflect word selection and phonological encoding. *Cognition*, *82*, 1-14.

Hyönä, J., Tommola, J., & Alaja, A. M. (1995). Pupil dilation as a measure of processing load in simultaneous interpretation and other language. *The Quarterly Journal of Experimental Psychology*, *48*(3), 598-612.

Indefrey, P., & Levelt, W. J. M. (2004). The spatial and temporal signatures of word production components. *Cognition*, *92*(1-2), 101-144.

Inhoff, A. W., Solomon, M., Radach, R., & Seymour, B. A. (2011). Temporal dynamics of the eye-voice span and eye movement control during oral reading. *Journal of Cognitive Psychology*, *23*(5), 543-558.

Järvilehto, T., Nurkkala, V. M., & Koskela, K. (2009). The role of anticipation in reading. *Pragmatics and Cognition*, *17*(3), 509-526.

Jones, M. W., Ashby, J., & Branigan, H. P. (2013). Dyslexia and fluency: Parafoveal and foveal influences on rapid automatized naming. *Journal of Experimental Psychology*: *Human Perception and Performance*, *39*(2), 554-567.

Jones, M. W., Snowling, M. J., & Moll, K. (2016). What automaticity deficit? Activation of lexical information by readers with dyslexia in a rapid automatized naming Stroop-switch task. *Journal of Experimental Psychology*: *Learning, Memory, and Cognition*, *42*(3), 465-474.

Jones, M. W., Branigan, H. P., Hatzidaki, A., & Obregòn, M. (2010). Is the "naming" deficit in dyslexia a misnomer? *Cognition*, *116*(1), 56-70.

Jones, M. W., Obregón, M., Kelly, M. L., & Branigan, H. P. (2008). Elucidating the component processes involved in dyslexic and non-dyslexic reading fluency: An eye-tracking study. *Cognition*, *109*(3), 389-407.

Just, M. A., & Carpenter, P. A. (1993). The intensity dimension of thought: Pupillometric indices of sentence processing. *Canadian Journal of Experimental Psychology*, *47*(2), 310-339.

Kahneman, D., & Beatty, J. (1966). Pupil diameter and load on memory. *Science*, *154*(3756), 1583-1585.

Kardon, R. H. (2005). Are we ready to replace cocaine with apraclonidine in the pharmacologic diagnosis of horner syndrome? *Journal of Neuro-Ophthalmology, 25*(2), 69-70.

Korvorst, M., Roelofs, A., & Levelt, W. J. (2006). Incrementality in naming and reading complex numerals: Evidence from eyetracking. *Quarterly Journal of Experimental Psychology*, *59*, 296-311.

Kuchinke, L., Võ, M. L. H., Hofmann, M., & Jacobs, A. M. (2007). Pupillary responses during lexical decisions vary with word frequency but not emotional valence. *International Journal of Psychophysiology*, *65*, 132-140.

Laubrock, J., & Kliegl, R. (2015). The eye-voice span during reading aloud. *Frontiers in Psychology*, *6*, 1432.

Levin, H., & Buckler-Addis, A. (1979). *The Eye-Voice Span*. Cambridge: MIT Press.

Loewenfeld, I. E. (1958). Mechanisms of reflex dilatation of the pupil; historical review and experimental analysis. *Journal of Neuro-Ophthalmology*, *12*, 185-448.

Mathôt, S. (2018). Pupillometry: Psychology, physiology, and function. *Journal of Cognition*, *1*(1), 1-23.

Pan, J. E., Klimova, M., McGuire, J. T., & Ling, S. (2022). Arousal-based pupil modulation is dictated by luminance. *Scientific Reports*, *12*, 1390.

Pan, J. E., Yan, M., Laubrock, J., Shu, H., & Kliegl, R. (2013). Eye-voice span during rapid automatized naming of digits and dice in Chinese normal and dyslexic children. *Developmental Science*, *16*(6), 967-979.

Porter, G., & Troscianko, T. (2003). Pupillary response to grating stimuli. *Journal of Psychophysiology*, *5*(3), 259-263.

Rayner, K. (1998). Eye movements in reading and information processing: 20 years of research. *Psychological Bulletin*, *124*(3), 372-422.

Roelofs, A. (2008). Tracing attention and the activation flow of spoken word planning using eye movements. *Journal of Experimental Psychology*: *Learning, Memory, and Cognition*, *34*(2), 353-368.

Silva, S., Reis, A., Casaca, L., Petersson, K. M., & Faísca, L. (2016). When the eyes no longer lead: Familiarity and length effects on eye-voice span. *Frontiers in Psychology*, *7*, 1720.

Stuart-Hamilton, I., & Rabbitt, P. (1997). The decline of eye-voice span in elderly readers. *Educational Gerontology*, *23*(4), 389-400.

Taylor, N. E., & Connor, U. (1982). Silent vs. oral reading: The rational instructional use of both processes. *The Reading Teacher*, *35*(4), 440-443.

Vorstius, C., Radach, R., & Lonigan, C. J. (2014). Eye movements in developing readers: A comparison of silent and oral sentence reading. *Visual Cognition*, *22*(3-4), 458-485.

第六章

眼动指标的选择

眼动仪为研究者提供了大量的指标，不同的眼动指标均具有相应的意义和特征，极大地丰富了研究结果。然而，没有哪一个研究会用到所有的眼动指标，也没有哪一个研究会只用到其中一个眼动指标，研究者通常会选择报告其中几个眼动指标。在面对众多眼动指标时，研究者如何恰当地进行选择？对于经验丰富的研究人员来说，这可能不是一件困难的事，但是对于刚开始接触眼动研究或者相关经验较为欠缺的研究者来说，这无疑像是战士找不到适合自己的枪，学生不知道哪支是适合自己的笔一样，令人手足无措，茫然生畏。

本章将对前几章介绍的具体的眼动指标进行梳理和总结，并对指标选择过程中需要遵循的原则和注意事项进行介绍，以期为读者提供参考。

第一节　眼动指标的分类

前文中，我们分别从时间和空间两个维度介绍了相应的常用眼动指标，时间维度的指标有以字词为兴趣区的首次注视时间、首次加工有多次注视的首次注视时间、凝视时间、单一注视时间、第二次注视时间、回视时间、总阅读时间等，以短语或句子为兴趣区的指标有第一遍阅读时间、第二遍阅读时间、平均注视时间、回视路径阅读时间、选择性回视路径阅读时间、重读时间和总阅读时间等；空间维度的指标有以字词为兴趣区的平均向前眼跳距离、平均首次注视位置、单次注视中的平均首次注视位置、多次注视中的平均首次注视位置、向前注视的平均注视位置、起跳位置、总注视次数、跳读率、再注视比率、回视入/出比率等，以句子或篇章兴趣区的总注视次数、向前眼跳距离、平均眼跳距离、向前注视次数、回视次数等，此外还介绍了瞳孔直径和眼音距这两个特殊指标，共 31 个眼动指标。对于这些指标，除了从时间和空间维度来划分，我们也可以根据其他的标准将这些指标进行归类整理，进而加深对这些指标的理解，也方便研究者进行选择和应用。总结以往研究，目前有三种分类方法可供参考：第一类是根据注视和眼跳两种眼动行为，将眼动指标划分为时间维度指标和空间维度指标；第二类是根据指标所反映的认知加工进程的早晚，将眼动指标划分为早期指标和晚期指标；第三类是对应不同的分析区域，将眼动指标划分为局部分析指标和整体分析指标。下面将对每一种分类及其包含的指标进行详细说明。

一、时间维度指标和空间维度指标

对应注视和眼跳两种基本的眼动模式，我们将常用的眼动指标分为注视相关指标和眼跳相关指标。由于其分别反映的是读者的时间和空间维度的眼动控制行为，研究者通常称之为时间维度指标和空间维度指标。时间维度指标指读者注视时间的长短，如首次注视时间、凝视时间、回视路径阅读时间、总阅读时间等，以此来反映加工的难易程度。时间维度指标与反应时这一指标较为相似，但其更加丰富，能够反映不同时间进程的加工情况，正如首次注视时间、凝视时间通常反映词汇的早期加工情况，而回视路径阅读时间和总阅读时间反映的是语义整合等后期加工情况，关于不同加工进程的指标将在第二种分类中进行详细讲述。空间维度指标反映的是读者在阅读过程中眼球移动的情况，如从哪里出发、落在哪里、移动了多长的距离、移动了多少次、移动的方向等，因此就出现了眼跳位置、注视位置、眼跳距离、注视次数、回视比率等空间维度的指标。

二、早期指标和晚期指标

根据眼动指标所反映的认知加工进程早晚不同，研究者将其分为早期指标和晚期指标，分别反映了阅读加工的早期和晚期阶段。早期指标能够反映词汇的高度自动化的单词识别和词汇通达过程，通常是第一遍阅读中的相关指标，如跳读率、首次注视时间、单一注视时间和凝视时间等。这些指标对于字词的视觉特征（如复杂性）、正字法、词频（或熟悉度）、预视等均反应敏感。晚期指标则主要反映有意识参与的、控制性的、策略性的加工情况，如歧义信息加工，同时也反映阅读技能的高低，总阅读时间、总注视次数、重读时间、第二遍阅读时间等是晚期指标的典型代表。另外，有研究者认为，加工的时间进程应该分为三段，也就是除了早期加工和晚期加工外，再加上中期加工，并将回视路径阅读时间和回视比率归入中期加工指标中（Radach & Kennedy，2004，2013）。

然而，有些指标难以分类，有时被看作早期指标，有时被看作晚期指标，如回视路径阅读时间和回视出次数（或比率）。回视反映了读者在加工一个单词时遇到困难进而返回已经阅读过的文本上进行再加工，可被认为反映的是早期加工情况。同时，回视的出现也可能是读者在整合语义，如将词的意义整合到句子或篇章之中出现了困难导致的，这在一定程度上反映了后期加工的情况。因此，一个眼动指标是早期指标还是晚期指标，是具有相对性的，在使用时也需要注意这个问题。

三、局部分析指标和整体分析指标

根据分析区域不同，还可以将眼动指标划分为局部分析指标和整体分析指标（Bai et al.，2008；Li et al.，2012）。整体分析指标包括平均注视时间、平均眼跳距离、向前眼跳次数、回视次数（比率）、总阅读时间等，主要是从宏观角度分析阅读过程中读者的眼动特征。研究者在对一个兴趣区进行具体的深入分析时主要使用局部分析指标，如单一注视时间、首次注视时间、第一遍阅读时间、第二次注视时间、跳读率、回视出/入比率等。当然，这种分类也是相对的，如注视位置、眼跳距离等指标在整体分析和局部分析中都可以使用（表6-1）。

表 6-1　常用眼动指标分类

维度	区域		常用指标	
			早期指标	晚期指标
时间维度	局部分析	字词	首次注视时间、单一注视时间、凝视时间、第二次注视时间	回视时间、回视路径阅读时间、选择性回视路径阅读时间、总注视时间
		短语或句子	第一遍阅读时间、向前阅读时间	第二遍阅读时间（回看时间）、回视路径阅读时间、选择性回视路径阅读时间、重读时间、总阅读时间、平均注视时间
	整体分析		第一遍阅读时间、向前阅读时间	平均注视时间、总注视时间
空间维度	局部分析		起跳位置、向前眼跳距离、平均首次注视位置（首次注视、单一注视、多次注视），向前注视的平均注视位置、跳读率	再注视比率、回视入比率、回视出比率
	整体分析		第一遍注视次数、向前注视次数、平均向前眼跳距离	平均眼跳距离、总注视次数、回视次数
其他	局部/整体		瞳孔直径、眼音距	

第二节　眼动指标选择方法

上一节中，我们从三个维度对眼动指标进行了梳理和分类，在此基础上，我们可以通过三种途径来选择研究所需的指标，分别是根据研究问题选择指标、参考前人研究确定指标以及综合使用多种指标，接下来将具体介绍每一种途径的具体内容。

一、根据研究问题选择指标

读者在阅读过程中，需要实时做出何时移动眼睛以及将眼睛移动到何处两种决策，何时移动眼睛关系到注视点停留时间的长短，而将眼睛移动到何处则关系到注视点的落点位置问题，以上两个问题就是眼动阅读研究中的两个基本问题，即 when 和 where 的问题（Rayner，1998，2009）。对应 when 这类研究问题的指标包括首次注视时间、总注视时间、回视路径阅读时间等时间维度指标，而与 where 问题相关的研究通常采用平均首次注视位置、单一注视位置、向前眼跳距离等空间维度指标。所以，当选择眼动指标前，首先需要确定研究问题属于 when 还是 where 的问题，这是第一步。第二步，研究者需要根据研究问题确定是局部分析还是整体分析，也就是研究者关注的区域是字、词、短语还是篇章。如果分析区域是字、词，那么就要选择以字词为兴趣区的局部分析指标；如果是句子或篇章，那么就应该选择整体分析指标，如总阅读时间、总注视次数等。第三步，研究者在确定了时空维度、兴趣区之后，就要确定研究问题是关于早期加工还是晚期加工阶段，即确定时程指标。通常情况下，研究者在探讨频率、熟悉性、复杂性等字词属性如何影响词汇加工效率的相关问题时，通常可以选择第一遍注视中的首次注视时间、凝视时间、单一注视时间等早期指标，以及跳读率这一空间维度指标。

二、参考前人研究确定指标

在选择指标时，除了根据研究问题来进行选择之外，还可以参考相关的前人研究来确定。比如，探讨老年人阅读中词汇加工相关问题，可以参考同系列的国内外期刊出版的相关文章，部分参考文献如图 6-1 所示。该类研究通常选取的指标有两部分：一部分是句子整体分析指标，如平均注视时间、总阅读时间、向前眼跳距离、总注视次数、回视次数；另一部分是局部分析指标，包括首次注视时间、凝视时间、单一注视时间、跳读率。除了这些一般都会使用到的指标之外，考察词汇预测性的研究还使用了回视入比率、回视出比率、回视路径阅读时间等后期加工指标来检验预测性在老年人特殊眼动控制行为中的作用（Choi et al.，2017；Zhao et al.，2019，2021）。

Authors	Title	Year	Published In
Artuso,Caterina; Belacchi,Carmen	Semantic memory and reading comprehension: the relationship through adulthood and aging	2021	Aging Clinical and Experimental Research
He,Liyuan; Ma,Weidong; Shen,Fengdan; Wang,Yongsheng; Wu,Jie; Warrington,Kay...	Adult Age Differences in Parafoveal Preview Effects During Reading : Evidence From Chinese	2021	Psychology and Aging
Ebaid,Deena; Crewther,Sheila G.	The Contribution of Oculomotor Functions to Rates of Visual Information Processing in Younger and Older Adults	2020	Scientific Reports
Paterson,Kevin B.; McGowan,Victoria A.; Warrington,Kayleigh L.; Li,Lin; Li,Sha; Xie,...	Effects of normative aging on eye movements during reading	2020	Vision (Switzerland)
Liu,Zhiwei; Li,Yan; Paterson,Kevin B.; Wang, Jingxin	A transposed-word effect in Chinese reading	2020	Attention,Perception,and Psychophysics
Zhao,Sainan; Li,Lin; Chang,Min; Wang, Jingxin; Paterson,Kevin B	A further look at ageing and word predictability effects in Chinese reading: Evidence from one-character words	2020	Quarterly Journal of Experimental Psychology
吴翰林,于 宙,王雪娇,张清芳	语言能力的老化机制：语言特异性与 非特异性因素的共同作用	2020	心理学报
雷,王敬欣，徐倩倩 郝立莎 张	汉字间空格大小对青年人和老年人阅读的影响：眼动研究	2020	心理科学
Xie,Fang; Wang,Jingxin; Hao,Lisha; Zhang, Xue; Warrington,Kayleigh L.	Perceptual Span is Independent of Font Size for Older and Young Readers: Evidence From Chinese	2020	Psychology and Aging
Wang1,Lin Li & Sha Li & Fang Xie1 & Min Chang1 & Victoria A.McGowan3 & Jingxin	Establishing a role for the visual complexity of linguistic stimuli in age-related reading difficulty: Evidence from eye movements during Chinese reading	2019	Journal of Mammalogy
张清芳,杨 群	汉语图画命名过程的年老化机制：非选择性抑制能力的影响	2019	心理学报
Zhao,Sainan; Li,Lin; Chang,Min; Xu, Qianqian; Zhang,Kuo; Wang,Jingxin; Pater...	Older adults make greater use of word predictability in Chinese reading	2019	Psychology and Aging
Xie,Fang; Li,Lin; Zhao,Sainan; Wang,Jingxin; Paterson,Kevin B.; White,Sarah J.; Warring...	Aging and pattern complexity effects on the visual span: Evidence from chinese character recognition	2019	Vision (Switzerland)
Li,Sha; Oliver-Mighten,Laurien; Li,Lin; White, Sarah J; Paterson,Kevin B; Wang,Jingxin; ...	Adult age differences in effects of text spacing on eye movements during reading	2019	Frontiers in Psychology
Li,Sha; Li,Lin; Wang,Jingxin; Mcgowan, Victoria A; Paterson,Kevin B	Effects of Word Length on Eye Guidance Differ for Young and Older Chinese Readers	2018	Psychology and Aging
Warrington,Kayleigh L.; McGowan,Victoria A.; Paterson,Kevin B.; White,Sarah J.	Effects of aging,word frequency,and text stimulus quality on reading across the adult lifespan: Evidence from eye movements	2018	Journal of Experimental Psychology: Learning Memory and Cognition
Wang,Jingxin; Li,Lin; Li,Sha; Xie,Fang; Liversedge,Simon P.; Paterson,Kevin B.	Effects of aging and text-stimulus quality on the word-frequency effect during Chinese Reading	2018	Psychology and Aging

图 6-1　探讨老年人阅读中词汇加工相关问题的文章举例

三、综合使用多种指标

由于每一个眼动指标的适用范围和优缺点各不相同，注视点所属兴趣区的特点不同，并且读者在阅读过程中可能出现的眼动现象也不同，研究者只使用某一个或某一类指标是有局限性的。比如，与读者不进行回视相比，当读者的注视点进入兴趣区并迅速地在该区域产生了回视，此时的第一遍注视时间非常短。如果只采用反映早期加工的指标，如第一遍注视时间，那么两种情况下会出现显著差异，有研究者认为应该结合第一遍阅读时间以及回视出比率指标，也有研究者提出，应该采用回视路径阅读时间或总阅读时间来反映该区域的加工情况（Rayner，1998）。因此，研究者应尽可能综合使用多种维度的指标。例如，关于 where 问题的相关研究，在分析注视位置、眼跳距离等空间维度指标时，研究者通常还会结合使用注视时间指标，一方面，这样可以检验或者揭示注视时间和注视位置之间的关系；另一方面，注视时间的数据可以为研究者提供一定参考。

　　除了结合不同维度的指标之外，研究者还可以考虑在某个维度上使用一个以上的指标。Rayner 和 Pollatsek（1987）认为，认知操作的快慢会影响注视时间，快速的认知操作可能影响首次注视时间，而慢速的认知操作可能影响凝视时间。因此，有些效应可能出现在早期加工中，有些则出现在晚期加工中，甚至有些效应会从早期延迟到晚期，所以当在反映某个加工阶段的指标上检测不到某一效应时，可以尝试选择反映其他阶段加工的指标进行检验。

　　在阅读过程中，某些加工除了会出现时间上的提前或者延迟外，还可能在某些区域上存在提前或者延后的情况。比如，某个词被跳读了，这并不意味着读者没有加工这个词，而有可能在注视前一个词的过程中对这个词进行了预加工，所以对这个词的加工情况可能反映在前一个词或者前一个兴趣区的加工中，即预加工，在当前词上表现为预视效应，而在前一个词或者兴趣区上表现为副中央凹-中央凹效应。还有一种情况是，读者对当前词的加工延迟到了下一个区域，即出现了溢出效应（Rayner & Duffy，1986；Rayner et al.，1989）。从这个意义上来说，研究者还可以考虑兴趣区前后区域的相应指标进行分析。

　　此外，除了不同眼动指标的综合使用外，还可以结合测验、其他行为实验数据、脑电和 fMRI 等数据进一步丰富研究结果，共同揭示研究问题的答案。

参 考 文 献

Bai, X., Yan, G., Liversedge, S. P., Zang, C., & Rayner, K. (2008). Reading spaced and unspaced Chinese text: Evidence from eye movements. *Journal of Experimental Psychology*: *Human Perception and Performance*, *34*, 1277-1287.

Choi, W., Lowder, M. W., Ferreira, F., Swaab, T. Y., & Henderson, J. M. (2017). Effects of word predictability and preview lexicality on eye movements during Reading: A comparison between young and older adults. *Psychology and Aging*, *32*, 232-242.

Li, X., Zhao, W., & Pollatsek, A. (2012). Dividing lines at the word boundary position helps reading in Chinese. *Psychonomic Bulletin & Review*, *19*(5), 929-934.

Radach, R. R., & Kennedy, A. (2004). Theoretical perspectives on eye movements in reading: Past controversies, current issues, and an agenda for future research. *European Journal of Cognitive Psychology*, *16*(1-2), 3-26.

Radach, R. R., & Kennedy, A. (2013). Eye movements in reading: Some theoretical context. *Quarterly Journal of Experimental Psychology*, *66*, 429-452.

Rayner, K. (1998). Eye movements in reading and information processing: 20 years of research. *Psychological Bulletin, 124*(3), 372-422.

Rayner, K. (2009). Eye movements and attention in reading, scene perception, and visual search. *The Quarterly Journal of Experimental Psychology, 62*(8), 1457-1506.

Rayner, K., & Duffy, S. A. (1986). Lexical complexity and fixation times in reading: Effects of word frequency, verb complexity, and lexical ambiguity. *Memory & Cognition, 14*, 191-201.

Rayner, K., & Pollatsek, A. (1987). Eye movements in reading: A tutorial review. In M. Coltheart (Ed.), *Attention and Performance* (Vol. 12, pp. 327-362). London: Erlbaum.

Rayner, K., Murphy, L. A., Henderson, J. M., & Pollatsek, A. (1989). Selective attentional dyslexia. *Cognitive Neuropsychology, 6*, 357- 378.

Zhao, S., Li, L., Chang, M., Wang, J., & Paterson, K. B. (2021). A further look at ageing and word predictability effects in Chinese reading: Evidence from one-character words. *Quarterly Journal of Experimental Psychology, 74*(1), 68-76.

Zhao, S., Li, L., Chang, M., Xu, Q., Zhang, K., Wang, J., & Paterson, K. B. (2019). Older adults make greater use of word predictability in Chinese reading. *Psychology and Aging, 34*(6), 780-790.

第七章

眼动指标选择实战

前面章节介绍了相应的指标和选择方法，本章将选择阅读研究中较为常见的一些研究问题和内容，如词汇加工、句法加工、知觉广度、预视效应、眼跳目标选择等进行综合分析，以解析如何选择适合的指标，从而为研究者提供参考。

第一节　词　汇　加　工

词是语言中最小的能够独立运用的有音有义的单位（黄伯荣，廖序东，2007）。阅读是人们借助视觉呈现的语言材料在头脑中建构意义的过程，要理解语言中的句子乃至段落篇章，首先需要完成词汇识别，几乎所有的阅读模型都假设词在模型中起着非常重要的作用，而且以词汇加工为基础来构建模型。基于词汇加工的重要性，大多数阅读相关研究通过探讨词汇加工来揭示阅读过程中的眼动控制机制。研究者探讨词汇加工主要是通过两类词汇进行的：一类是普通意义上的词汇，即一般词汇，如 girl、student、橡皮、摄像机、鸟等；另一类是多词单元，也就是包含了两个甚至更多个词，如 teddy bear、经济建设等。那么，多词单元的识别是否和一般的词汇一样呢？此外，不论是一般的词汇还是多词单元，这些对于读者来说都是比较熟悉和认识的词，那么对于一些不认识的词，即新词的学习过程又是怎样的？特别对于学龄儿童和第二语言学习者来说，新词学习会受到哪些因素的影响？这些都是研究者非常关注的问题，而在探讨这些问题的时候应该采用哪些眼动指标？本节将对以上问题进行分析和讨论。

一、词汇加工机制

研究者在大量实验的基础上，建立了复杂的视觉词识别模型，这些模型构建了词汇加工的水平和时间进程，同时还揭示了影响词汇加工的因素。从加工水平来看，尽管不同的加工模型具有不同的观点，如双通路模型、联结主义模型等（Coltheart et al.，2001；Harm & Seidenberg，2004；Plaut et al.，1996），但都认为单词在读者的心理词典中有三个不同的层次：正字法、语音和语义。其中，正字法属性包括单个字母的身份信息和顺序，这类信息通常是读者在词汇早期加工阶段获取的，会受到正字法相似性和字母位置变化的影响，如正字法邻近词效应（Tsai et al.，2006）。

语音信息包括单个音素和更高水平的单元。关于语音信息的激活阶段一直存在争论，一些研究者认为，单词的语音信息先于语义信息得到激活（Morris & Folk，2000），在语义通达过程中起着非常重要的作用，也就是支持形-音-义通路（Rayner et al.，1998a；Chace et al.，2005；Miellet & Sparrow，2004）。而另外一些研究者认为，语音信息的激活是在语义信息激活后进行的，以帮助读者进行错误检测（Daneman & Reingold，1993，2000；Daneman et al.，1995），即形-义-音的通路。在汉语阅读中，汉字的字形表意作用远大于拼音文字，但字音很难从字形中准确获得。关于语音是否起作用以及作用在哪一阶段均存在争论。一些研究者认为，语音汉语阅读中并不重要（Inhoff et al.，1999），而另外的研究者认为，语音不仅重要，还会在词汇加工中发挥作用，而起作用的阶段可能在早期（Pollatsek et al.，2000；Yan et al.，2009）或者较晚阶段（Wong & Chen，1999；Feng et al.，2001），抑或是在词汇加工的全过程发挥作用（任桂琴等，2007）。

阅读是一个从文字中汲取意义的过程，因此语义信息的激活与整合是词汇加工的最终目标。句子的背景信息属性（如语境的合理性和预测性）对词汇加工的影响表明读者对语义信息的加工，这通常体现在词汇的注视时间和跳读率等眼动指标上（Altarriba et al.，1996；Kliegl et al.，2004；Rayner et al.，2005），如 Rayner等（2005）发现，相比于低预测性词，被试对高预测性词的凝视时间显著更短，总注视时间显著更短，而被试对高预测性词的跳读率显著高于低预测性词，这说明语义信息的加工贯穿词汇加工的全过程。除了句子信息属性方面的证据外，词汇本身的语义模糊性和具体性等属性也是影响语义信息提取的重要因素。例如，闫国利等（2014a）考察了句子阅读中的名词具体性效应。实验操纵了目标词的具体性和词频两个属性，结果发现，不论词频的高低，被试对具体词的总注视次数和总注视时间均显著低于抽象词，但在首次注视时间、凝视时间两个指标上没有显著差异。这一结果支持了具体性效应，且这种效应表现在晚期加工阶段。

从加工阶段来看，作为较成熟的眼动控制模型，E-Z 读者模型和 SWIFT 模型都将词汇加工分为两个阶段，只是具体描述不同，大多数研究者也统一使用两阶段划分方法。SWIFT 模型认为，词汇加工包含了词汇前加工（lexical preprocessing）和词汇加工完成（lexical completion）两个阶段。E-Z 读者模型对于阶段的划分更为具体和清晰，第一个阶段是熟悉度检验，也是词汇加工的早期阶段，是指对即将出现的（即副中央凹）单词进行熟悉度评估，而熟悉度的评估通常基于这个词的频率并且根据句子的背景信息进行预测。与此同时，熟悉度检验也会受到词的视敏度的影响，即这个词到当前注视点的距离，比如，在拼音文字中，对于包含字母较多的长词，词尾距离注视点较远，导致长词的加工效率降低，注视时间更长，注视次数更多。因此，这个阶段通常会受到词长、词频和词的预测性的影响，也就是说，词的这三个属性会影响词的早期加工。在汉语中，除了以上三个属性外，词的笔画数（也称复杂性）也是影响早期加工的重要因素。例如，Liversedge等（2014）考察了汉语阅读中的词频和视觉复杂性对读者眼动控制行为的影响，实验操纵了句子中目标词（单字词）的词频和笔画数（图 7-1）。结果发现，词的两个属性共同影响了首次注视时间和单一注视时间，表现为读者在低频且复杂性高的词上的注视时间最长；而这两个属性对跳读的影响是独立的，即词频和复杂性的主效应均显著，但两者不存在显著的交互作用。这一结果表明词的频率和视觉复杂性会对词汇加工早期阶段产生影响，但两者的影响是平行的。

高频-高复杂性	生活百科上提到**醒**太早可能是某些疾病的预兆 The household encyclopedia indicates that **waking** up too early may be a sign of some disease
高频-低复杂性	生活百科上提到**加**了蜂蜜的牛奶对女性有益 The household encyclopedia indicates that honey **added** to milk is good for women
低频-高复杂性	生活百科上提到**孵**小鸡需要保持一定的温度 The household encyclopedia indicates that **hatching** chicks need to be maintained at a certain temperature
低频-低复杂性	生活百科上提到**习**过武的人身体协调性比较好 The household encyclopedia indicates that men who **learned** Kung-Fu have better physical coordination

图 7-1　实验材料（Liversedge et al., 2014）

第二阶段是词汇通达，这一阶段主要基于词汇的语义信息加工，读者从记忆系统中重新提取词汇语义表征，并将这一意义整合到上下文中，这一过程即后词汇整合（Reichle et al.，2006；Schotter et al.，2014）。由此可见，词汇的语义特征、上下文的背景信息是影响词汇通达的重要因素。研究者在考察词汇通达时，通常会选择第二遍阅读时间、总注视时间、回视入/出比率、回视路径阅读时间等反映后期加工的眼动指标。例如，Huang 和 Li（2020）考察了词汇和句子水平的背景线索对词切分的影响。实验操纵了语境限制性（高、低）和语义关联度（关联、非关联），记录了读者在自然阅读中加工三字重叠歧义字串（图7-2）时的眼动特征，分析关键区时选择的指标有首次注视时间、第一遍阅读时间、回视路径阅读时间、回视出比率和回视入比率，以及第二遍阅读时间。结果发现，在回视路径阅读时间和回视出比率上，语境限制性和语义关联度的交互作用显著；而在第二遍阅读时间和回视入比率上，语境限制性的主效应显著。这表明，汉语读者利用词汇水平背景线索进行词切分，当可以获得句子水平和词汇水平背景线索信息时，词汇水平的背景信息会优先或者与句子水平的背景信息同时得到应用。

	指令	例子/翻译
语义关联和高语境限制	刺激	这位<u>日本</u>游客不需要休息和-服用什么药就能适应高原反应
	整个句子	This <u>Japanese</u> tourist does not need to rest **and take** any medicine to adapt to altitude sickness
	先验语境+AB-C	This <u>Japanese</u> tourist does not need to rest **kimono using**...
	先验语境+A-BC	This <u>Japanese</u> tourist does not need to rest **and take**...
语义非关联和高语境限制	刺激	这位<u>上海</u>游客不需要休息和-服用什么药就能适应高原反应
	整个句子	This <u>Shanghai</u> tourist does not need to rest **and take** any medicine to adapt to altitude sickness
	先验语境+AB-C	This <u>Shanghai</u> tourist does not need to rest **kimono using**...
	先验语境+A-BC	This <u>Shanghai</u> tourist does not need to rest **and take**...
语义关联和低语境限制	刺激	这位<u>日本</u>游客不知道购买和-服用什么药才能缓解高原反应
	整个句子	This <u>Japanese</u> tourist does not know what medicine to buy **and take** to relieve altitude sickness
	先验语境+AB-C	This <u>Japanese</u> tourist does not know what ... to **use** to buy **kimono**...
	先验语境+A-BC	This <u>Japanese</u> tourist does not know what ... to buy **and take**...
语义非关联和低语境限制	刺激	这位<u>上海</u>游客不知道购买和-服用什么药才能缓解高原反应
	整个句子	This <u>Shanghai</u> tourist does not know what medicine to buy **and take** to relieve altitude sickness
	先验语境+AB-C	This <u>Shanghai</u> tourist does not know what ... to **use** to buy **kimono**...
	先验语境+A-BC	This <u>Shanghai</u> tourist does not know what ... to buy **and take**...

问题：上述句子中是否出现"和服"这个词？（翻译：Did the word *kimono* appear in the above sentence?）

图 7-2　实验材料（Huang & Li，2020）

二、词切分

读者在阅读时需要进行词汇识别，而要完成词汇识别，需要先把词从文本中切分出来，这个过程被称为"词切分"，这是词汇加工的首要环节（Packard，2000）。由于不同语言文字的呈现方式不同，词切分的机制也存在巨大差异。例如，拼音文字的书写系统都是利用空格等视觉线索来标记词边界的，读者在视觉加工阶段就完成了词切分，不需要高水平信息的介入。E-Z 读者模型、SWIFT 模型、交互激活模型等也都假设，读者利用词间空格在视觉感知阶段就把词切分开了，所以这些视觉边界在读者进行信息处理和阅读时起着重要作用（Li et al.，2009；Rayner et al.，1998b；Rayner，1998，2009；郑昭明，1981）。而汉语文本中不存在明显的空格等信息来标记词边界，但汉语读者却能够流畅阅读，他们是如何完成词切分的呢？这是我们理解中文阅读认知机制的一个关键问题（李兴珊等，2011）。

基于词切分机制在汉语阅读中的重要性，很多词汇加工机制研究也是在探讨词切分问题，如上文提到的 Huang 和 Li（2020）的研究。下文将对词切分研究进行梳理和总结。

以往研究从两个方面对汉语阅读中的词切分问题进行了探讨。首先，空格相关研究。研究者通过插入词间空格的方法来考察词边界信息的呈现对读者阅读效率的影响（Bai et al.，2008；Inhoff et al.，1997）。例如，Bai 等（2008）在句子中加入字间空格、词间空格和非词间空格以及无空格，比较了 4 种呈现方式下读者的句子阅读效率和词汇加工效率，实验材料举例如图 7-3 所示，兴趣区划分如图 7-4 所示。句子水平分析的指标包括平均注视时间、平均眼跳距离、向前眼跳次数、回视次数、总注视次数、总阅读时间等，结果在这些整体分析指标上均发现了显著的空格类型效应，词间空格条件与正常呈现文本条件下的阅读效率差异不显著，但插入字间空格会显著降低阅读效率。词汇水平分析的指标包括首次注视时间、单一注视时间、凝视时间和总注视时间等。结果发现，相比于无空格条件，词间空格条件下词的单一注视时间、凝视时间、总注视时间更短。这表明，在汉语文本中插入词间空格能够提高词汇加工效率。此外，还有研究发现，在歧义或者难度较大的阅读材料中加入空格能够提高阅读效率（Hsu & Huang，2000；Inhoff et al.，1997）。

（1）无空格条件
科学技术的飞速发展给社会带来了巨大的变化。

（2）字间空格条件
科 学 技 术 的 飞 速 发 展 给 社 会 带 来 了 巨 大 的 变 化。

（3）词间空格条件
科学 技术 的 飞速 发展 给 社会 带来 了 巨大 的 变化。

（4）非词间空格条件
科 学技 术的飞 速 发展给 社 会带来 了 巨 大的 变 化。

图 7-3　实验材料举例（Bai et al.，2008）

局部分析 1：词间空格和非词间空格条件下的词
科学 技术 的 飞速 发展 给 社会 带来 了 巨大 的 变化。
词间空格
科 学技 术的飞 速 发展给 社 会带来 了巨 大的 变 化。
非词间空格

局部分析 2：字间空格和非词间空格条件下的词
科 学 技 术 的 飞 速 发 展 给 社 会 带 来 了 巨 大 的 变 化。
字间空格
科 学技 术的飞 速发 展给 社 会带来 了巨 大的 变 化。
非词间空格

局部分析 3：正常无空格和词间空格条件下的词
科学技术的飞速发展给 社会 带来了巨大的变化。
无空格
科学 技术 的 飞速 发展 给 社会 带来 了 巨大的 变化。
词间空格

局部分析 4：字间空格和非词间空格条件下的单个汉字
科 学 技 术 的 飞 速 发 展 给 社 会 带 来 了 巨 大 的 变 化。
字间空格
科 学技 术的飞 速发 展给 社 会带来 了 巨 大的 变 化。
非词间空格

图 7-4　兴趣区划分（Bai et al.，2008）

其次，词切分方式研究。很多研究者探讨了汉语阅读者如何加工视野中同时出现的词（Ma et al.，2014；Inhoff & Wu，2005）。例如，Inhoff 和 Wu（2005）提出了单向切分假设和多重激活假设两种策略：前者认为字词的加工是严格按照从左向右的顺序逐渐进行的；后者则认为知觉广度范围内的所有汉字组成的词都会被激活，不存在严格的顺序。Ma 等（2014）通过考察汉语重叠歧义字段的加工机制来揭示汉语读者的词切分方式。研究者将一半试次设为重叠歧义字段左侧词的词频要高于右侧词（高-低频），将另一半试次设为重叠歧义字段左侧词的词频要低于右侧词（低-高频）。重叠歧义字段之后的句子可以消解歧义，实验材料举例如图 7-5 所示。实验选择了首次注视时间、凝视时间、第二遍阅读时间、回视出比率和回视入比率这 5 个指标。结果发现，当后续的句子语境支持左侧切分时，高-低频条件下，读者对重叠歧义区的回视更少，第二遍阅读时间也比低-高频条件下更短。当后续的句子语境支持右侧切分时结果正好相反：高-低频条件下，读者对重叠歧义区的回视更多，第二遍阅读时间也比低-高频条件下更长。这些结果表明，中间位置的汉字更有可能被切分为高频词。研究者认为，读者会使用两阶段策略来加工此类句子，第一阶段：知觉广度范围内的汉字可能组成的所有词都会被激活，激活的词相互竞争。当某个词胜出后，该词被识别，同时中间位置的汉字会被切分到胜出词。第二阶段：读者会检查最初的词切分是否正确，如果最初的词切分与后文句子语境不匹配，读者需要回视歧义区进行重新切分。此外，还有研究发现，中文读者偏好左侧词切分方式，在其他因素（如词频）相同的情况下，读者倾向于将重叠歧义字段中间位置的汉字切分到左侧词。Huang 和 Li（2020）的研究中，中文读者阅读带有重叠歧义字段（三个汉字 ABC）的句子，匹配了 AB 和 BC 的词频。实验操纵了目标词之前的句子语境以支持左侧词（AB-C）切分或右侧词（A-BC）切分。与前文语境支持 A-BC 右侧词切分相比，前文语境支持 AB-C 左侧词切分时，被试的阅读时间更短，跳读概率更高，回视率更低。这些结果表明，当词频没有任何区别时，中文读者偏好将左侧两个汉字切分为一个词，如果前文句子语境不支持这种左侧切分，读者需要花费更多时间来纠正偏好切分。中文阅读的左侧切分偏好与英文阅读相似。

低-高频（A-BC）：商家已经答应**按-时装**不同风格安排展销会
（The businessman has promised to arrange the trade show *according to* the various styles of the *clothes*.）
低-高频（AB-C）：商家已经答应**按时-装**货物上船
（The businessman has promised to *load* the goods *on time*.）
高-低频（A-BC）：这位文学家从**小吃**谈起了传统的北京文化
（This writer talks about traditional Beijing culture starting *from food*.）
高-低频（AB-C）：这位文学家从**小-吃**了许多苦才有今天成就
（This writer *experienced* many hardships *from youth* before achieving accomplishments today.）

图 7-5　实验材料举例（Ma et al.，2014）

三、多词单元加工

多词单元（multi-constituent units，MCU）是指语言中的多词组合，如存在空格的复合词（spaced compound word，如"teddy bear"），二项式短语（binomial word pairs，如"knife and fork"），习语（idiom，如"炒鱿鱼"）以及常见的短语（common phrases，如"经济建设"）（Zang，2019）。之前一些研究者提出的"语块"（formulaic language）和"主观词"（subjective word）等概念（闫国利等，2013a；易维，鹿士义，2013；Wray，2002）在本质上与多词单元的思想是一致的。Liversedge（2013）和 Zang（2019）在一些研究的基础上提出了多词单元假设，认为由多个词构成的语言单元可能已经词汇化并储存在心理词典中，在阅读过程中会作为一个整体得到加工，相对于其他多词组合，读者能够更快地完成多词单元的语义通达，提高阅读效率。大量研究围绕多词单元的加工方式进行（易维，鹿士义，2013；闫国利等，2012；Cutter et al.，2014；Yu et al.，2016；Zang，2019；Zang et al.，2021，2024）。Cutter 等（2014）考察了英语阅读中词 N+2 的预视，当词 N+1 与词 N+2 能够组成复合词（如"teddy bear"）时，即使词 N+1 为长词且非高频词，读者也能够获得词 N+2 的预视信息；研究者认为，这是由于读者将副中央凹的两个词作为一个整体进行加工而获得了词 N+2 的信息。与拼音文字不同，汉语是由连续呈现的汉字组成的文本，虽然词在汉语阅读中起着非常重要的作用，但汉语中缺少空格等词边界，再加上汉语读者的词意识模糊，因此很容易将两个甚至多个词看作一个词（Liu et al.，2013）。最近一项研究对汉语主观词这一多词单元的加工优势进行了检验并发现，相比于非主观词（如"对称设计"和"对称不是"），读者在加工主观词（如"对称图形"）时的注视时间更短，注视次数更少，而且对两个成分词的加工也表现出相同的加工模式。这表明，汉语读者将主观词这类多词单元作为整体进行加工（He et al.，2021）。多词单元通常包含 2～4 个字，因此研究者所划的兴趣区较大，通常会采用凝视时间、总注视时间、第一遍注视次数三个指标。与此同时，由于多词单元是由两个及以上的词组成的，研究者还会以词为兴趣区进行分析，采用首次注视时间、单一注视时间、凝视时间、总注视时间、跳读率这 5 个指标。

在探讨多词单元加工的问题时，很多研究通过比较多词单元和短语、习语等不同类型组合的预视效应大小来揭示多词单元加工是整体加工还是局部加工，对于这类研究，本章第四节副中央凹信息加工将进行介绍。

四、新词学习

词汇是完成各项语言活动的基石（Schmitt et al.，2001），新词学习是儿童、第二语言学习者等群体学习语言的首要任务和重点内容。词汇学习的主要方式不仅仅是直接词汇学习，也就是有意识地学习词汇的方式，如通过拼读、抄写等方法学习词语，另外一个主要方式是伴随性词汇学习，这是指学习者在进行某项认知活动（如阅读文章、看电视）的过程中伴随性地学到了一定的词语知识（干红梅，何清强，2015）。阅读中的伴随性词汇学习是扩大词汇非常有效且重要的途径，因此自然阅读中新词学习的认知机制也成为非常重要的研究问题。

大量研究探讨了新词加工机制及其影响因素，如学习者主体因素、阅读文本因素和外在任务等。梁菲菲等（2017）比较了儿童和成人在自然阅读中学习新词的差异。实验构造了双字假词作为新词，将其嵌在 5 个语境中（图 7-6），记录儿童和成人阅读时的眼动轨迹。结果发现，随着新词学习次数的增加，儿童和成人对新词的首次注视时间的变化趋势相同，但在对新词的凝视时间和再注视比率上，成人在第二次阅读时就大幅下降，而小学生在第四次阅读时才开始下降。这一结果表明，成人的新词学习能力高于儿童体现在词汇加工的相对晚期阶段。

句子编号	句子框架
语境一	盛产于非洲的<u>挑尔</u>味道特别的苦。
语境二	外壳里包裹着<u>挑尔</u>鲜红色的果肉。
语境三	已经熟透的<u>挑尔</u>全部倒挂在树上。
语境四	一个普通的<u>挑尔</u>约有香蕉那么长。
语境五	寒冷的冬天有<u>挑尔</u>吃是很幸福的。

语义类别判断题目：请问："挑尔"属于以下哪个类别？

(1) 动物　　(2) 水果　　(3) 酒类　　(4) 容器　　(5) 交通工具
(6) 衣服　　(7) 建筑物　　(8) 笔类　　(9) 玩具　　(10) 药类

图 7-6　实验材料举例（梁菲菲等，2017）

除了小学生外，第二语言学习者的新词学习也是研究者关注的重要问题。与儿童相比，第二语言学习者拥有更多的世界知识和语言经验，而在伴随性学习新词的过程中，读者需要根据文本中的线索猜测词义以理解新词的确切含义（Frishkoff et al.，2010；Fukkink，2005；Joseph et al.，2014；Nagy et al.，1985）。因此，对于第二语言学习者来说，准确地"猜测"出新词的含义是习得该词汇的基础。很多研究探讨了上下文语境对于新词学习的影响，如王永胜等（2020）为探讨语境线索在留学生伴随性词汇学习中的作用，选择不同汉语水平的外国留学生作为被试，操纵了语境线索的强弱，并使用眼动仪记录被试的词汇学习过程。分析指标包括首次注视时间、凝视时间和总注视时间，分别反映新词加工的早期和晚期情况。结果发现，被试在强语境线索下的词汇学习效果显著好于弱语境线索；随着学习次数的增加，被试在强语境线索下对目标词注视时间的下降幅度显著大于弱语境线索，高汉语水平被试对目标词注视时间的下降幅度显著大于低汉语水平被试。研究者认为，无论留学生汉语水平如何，语境线索促进了他们阅读时的伴随性词汇学习，且学习次数越多，语境线索的促进作用越大。

第二节　句子和语篇理解

在词汇加工的基础上，读者利用各种句法、语义和语境线索获得句子意义，在段落或篇章中，读者会根据世界知识、信息结构、话题结构、语篇语境等信息构建整个段落或语篇的表征，从而完成语篇理解。在句子和篇章理解过程中，读者的认知加工会受到来自阅读材料本身、读者特点和环境等方面的影响，大量研究使用眼动记录技术来揭示其中基本的加工机制和影响机制，本节将对有关句子和语篇理解的经典研究所使用的指标进行分析。

一、句子理解

理解一个句子不仅需要完成视觉信息的编码、字词的确认等过程，还需要分析句子中词之间的句法关系和语义关系，因此，句子理解包含句法和句义加工过程。除了句子本身的句法与句义加工以外，读者本身的阅读水平、年龄、工作记忆等属性，以及背景声音、呈现方式等因素对句子加工的影响也是研究者关注的重点问题。

句法加工是指使用特定的方式将读到的词汇组合起来，构建出其中包含的句法结构，进而促进对整个句子的理解（Bingel et al.，2016）。目前关于句法加工的研究主要集中在句法加工机制上，如句法预测、句子结构、句法歧义消解等。基于眼动技术在考察被试阅读过程中的时间进程和空间进程上的优势，大量研究采用这一技术探讨句子加工中的句法预测性效应，通常采用的指标包括首次注视时间、凝视时间、总注视时间等时间维度指标，以及起跳位置、首次注视位置、眼跳距离和跳读率等空间维度指标。例如，Vainio 等（2009）的研究探讨了芬兰语句子阅读中句法预测性对读者注视时间和注视位置的影响。实验操纵了目标词的可预测性，在高预测性条件下，读者可以从前面的动词预测出目标词；而在低预测性条件下，读者无法从前面的动词中预测出目标词。研究者选择了首次注视时间、凝视时间、再注视比率和总注视时间这 4 个时间维度指标，以及首次注视位置、起跳位置和眼跳距离 3 个空间维度指标。结果发现，高预测条件下，被试在目标词上的首次注视时间和凝视时间显著短于低预测条件，但在首次注视位置上并没有显著差异。以上结果说明，读者是通过前文的句义，而不是通过反复加工句法来判断和加工后文的。

Howard 等（2017）探讨了孤独症谱系障碍（autism spectrum disorder，ASD）患者和正常读者如何阅读包含歧义介词短语的句子，以确定孤独症谱系障碍被试是否像正常读者那样具有高附着的句法偏向，即他们是否会在阅读中使用日常经验知识。研究者使用了包含歧义成分的句子，如实验句"John saw the man with binoculars hiding in the bush"，这句话既可以被理解为"约翰用双筒望远镜看到一个人"，也可以被理解为"灌木丛中的那个人在用双筒望远镜"，这被称为附着歧义（attachment ambiguity）。这些句子使用的动词不会因为被试日常经验知识的影响而被消除歧义，具有很高的附着偏向。修饰语可以附着到句法树中的较高节点，称为高附着（high attachment）；也可以附着到句法树中的较低节点，称为低附着（low attachment）。动词往往具有附着偏向，即动词更可能具有较高的附着性。比如，以上实验句若被理解为"约翰用双筒望远镜看到一个人"，即"seeing"具有高附着；若被理解为"灌木丛中的那个人在用双筒望远镜"，即"man"具有低附着。日常经验知识可以在附着歧义中发挥作用，具体来说，"with binoculars"（用双筒望远镜）是有歧义的，因为双筒望远镜既可以表示用来观察的工具，也可以表示人拥有的东西，而在"John feared the man with the binoculars"这样的句子中，日常经验知识告诉我们介词短语不能改变"害怕"的发生方式，因此"with the binoculars"只能指代人，即约翰害怕那个有望远镜的人。

Howard 等（2017）为了确定两组被试在阅读句法上存在歧义的句子时是否具有不同的特点，选取平均注视时间、平均注视次数和句子阅读时间等整体分析指标，同时为探究被试对歧义部分的加工情况，选取了首次注视时间、单一注视时间、凝视时间、总注视时间、第二遍阅读时间和回视路径阅读时间等局部分析指标，对目标词前区域、目标词区域和目标词后区域进行分析。结果发现，患有孤独症谱系障碍的被试在句法偏向上对高附着句子的偏向与正常被试相似，这表明两组被试在阅读过程中以相似的方式利用了日常经验知识。然而，孤独症谱系障碍被试在第二遍阅读时对目标词的跳读率更低，并花费了更长的时间阅读句子，这表明他们采取了更加谨慎的阅读策略，需要更长的时间来评估他们对句子的理解。

综上，在句子加工相关研究中，考察句子中的一些关键区域，如歧义区、结构变化区域、句法违反区域等的研究，需要选择局部分析指标，特别是反映后期加工的指标，而考察读者差异、阅读环境等如何影响句子加工的研究则更关注整体加工情况，需要选择整体分析指标。可见，局部分析指标和整体分析指标、时间维度指标和空间维度指标都有可能需要分析，但是具体选取哪些指标，应该根据研究的问题来确定。

二、篇章阅读

在篇章阅读中，读者需要完成选择、抽象、解释、推理、整合等一系列高水平认知加工活动，因此，篇章阅读相关研究所考察的内容相对于句子更抽象，如背景信息的影响、反语的加工、阅读策略等。研究者划分的兴趣区通常较大，如文章整体，或者某句话，采用的眼动指标也多属于整体分析指标，如阅读速度、总阅读时间、眼跳长度、回视次数等，以及目标区域的第一遍阅读时间、回视路径阅读时间、总阅读时间等。例如，Kaakinen 等（2014）考察了芬兰语阅读中，读者对反语的认知加工过程。实验设置了目标短语，如"What great weather for a picnic！（多么适合野餐的好天气呀）"，并将其嵌入讲述同一个故事的两个版本中，两个版本的背景信息不同：一个版本中，目标短语为反语，如目标短语前文为"it was raining heavy and the street was flooding（雨下得很大，街道被洪水淹没了）"；在另外一个版本中，目标短语为非反语，如目标短语前文为"The sun was shining and the weather was warm（阳光普照，天气很温暖）"。研究者将整个故事划分成前文、关键背景句、目标短语、溢出区（目标短语后的句子）和段尾 5 个部分，如图 7-7 所示。

故事划分	文本
前文	Old high-school friends had planned to have a weekend picnic together. Anne had asked one of her friends to stay at her place for the night before the picnic. On Saturday morning Anne woke up and looked out from the window.
关键背景句	(ironic) It was raining heavily and the street was flooding. (non-ironic) The sun was shining and the weather was warm.
目标短语	"What great weather for a picnic！"
溢出区	Anne said and her friend came to the window too.
段尾	They decided to spend the day in the house watching TV.
文本记忆问题	Was a friend staying at Anne's?
推理问题	Was Anne happy about the weather?

图 7-7　实验材料举例（Kaakinen et al.，2014）

被试阅读完每个故事后，回答一个文本记忆问题和一个推理问题，涉及对目标短语的理解。研究者分析了目标短语、溢出区和关键背景句三个区域的眼动指标，具体包括第一遍阅读中的向前注视时间、第一遍重读时间和第一遍重读概率，第二遍阅读中的回看时间和回看概率。结果发现，反语句上，第一遍阅读中的向前注视时间和重读时间均显著长于非反语句，并且第二遍阅读中的回看概率显著高于非反语句。这表明，反语的意义在阅读加工的早期就已经激活了。反语的加工是非常耗费时间的。为了检验反语加工的个体差异，研究者又进行了实验二，考察反语加工中工作记忆容量、自我感知反语使用水平和认知需求对反语加工的影响，实验材料和分析指标同实验一。结果发现，读者的工作记忆能显著影响对反语的加工，即高工作记忆个体在第一遍阅读中的重读概率更高。

除了探讨篇章阅读中对一些成分的加工外，还有大量研究探讨了背景声音、语言水平、空格、文章标记等因素对篇章阅读的影响。例如，何立媛等（2015）考察了白噪声和无关言语作为背景音对篇章阅读的影响。要求被试在白噪声、无关言语和安静背景下阅读材料长度在 300 字左右的说明文。选取的指标为总阅读时间、注视次数、阅读速度和平均眼跳长度。结果发现，无关言语严重干扰了被试的阅读过程，相对于无噪声和白噪声条件，读者在无关言语背景下的总阅读时间更长，注视次数更多，平均眼跳幅度更小。同时，该研究选取了部分双字词作为目标词进行分析，以检验不同背景声音对词汇加工的影响。结果显示，首次注视和凝视时间在不同背景音条件下无显著差异，而回视路径阅读时间和总注视时间在无关言语背景下显著延长。整体和局部分析结果表明，无关言语干扰了读者的阅读过程，其声学变化特征是干扰产生的前提条件，这种干扰出现在词汇加工中的语义整合阶段。

与句子阅读相似，为考察篇章阅读相关的问题，研究者仍然需要结合具体研究问题和研究目的来划分兴趣区和选择眼动指标。但是需要注意的是，在篇章阅读中，若选取较小的兴趣区，如单字词、偏旁部首等，研究结果的精确度可能会受到影响。因为在记录被试在阅读篇章时的眼动行为时，由于多行文本的呈现，需要进行五点校准，最好是九点校准，这样被试在阅读过程中由于疲劳或者稍微的头动等原因，可能会使得一个原本在第二行某个字上的注视点偏移到第三行或者第一行边界的位置，尤其是在篇章的首行和尾行，被试的眼动不是特别稳定，容易出现串行的问题。基于这一点，不建议考察篇章阅读中的单字词或者偏旁部首等较小单元的加工情况，如果确实需要选取较小的兴趣区进行分析，我们可以通过以下几方面来尽可能提升精确度：①仪器操作方面，主试校准时，校准平均值和最大值越小越好，以提高记录的准确性；②设置阅读材料时，字间距适宜，行间距适度拉大，以使得来自上下两行的注视点能够有所区分；③被试方面，尽可能休息好，保证精力充沛，避免疲劳，减少眨眼等随机活动。

第三节　视觉信息提取的范围和时间

在阅读过程中，读者需要不断地移动眼睛从文本材料上提取信息，那么一次注视能够获取多少信息？我们通常用"一目十行"来形容一个人的阅读速度快，一眼能够获取十行文本的信息，事实是否如此？当读者的眼睛移动时，读者必须在有限的时间内将视觉信息转换成稳定的编码，才能够保障词汇识别和阅读理解的正常进行，这个有限的时间又是多少呢？以上这两类问题涉及信息提取范围和信息提取时间两个方面，这也是眼动研究领域中研究最早且最重要问题，接下来将分别从这两个方面介绍相关研究及其眼动指标的选择。

一、信息提取范围

读者经常会觉得可以清楚地看到整行文本，甚至整页文本。然而，这只是一种错觉，早在 1975 年，研究者 McConkie 和 Rayner 就通过"移动窗口"（图 7-8）这一特殊实验范式考察了阅读中的知觉广度，即一次注视能获得的对阅读有用信息的范围。Rayner（1998）将视域划分成中央凹视觉区、副中央凹视觉区和外周视觉区，那么在知觉广度范围内，中央凹和副中央凹区域是如何加工信息的？由于副中央凹信息加工是相对重要且研究较多的一个方面，我们将在本章第四节进行详细介绍。

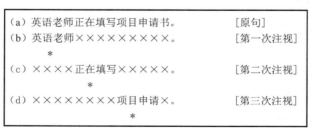

图 7-8　移动窗口范式示意图

注：*表示读者眼睛的注视点，下同

McConkie 和 Rayner（1975）采用移动窗口范式考察了英文阅读中的知觉广度，发现拼音文字阅读中，青年熟练读者的知觉广度为注视点左侧 3～4 个字母以及注视点右侧 14～15 个字母（McConkie & Rayner，1975；Rayner & Bertera，1979），具有不对称性。自移动窗口范式出现，大量研究者使用这一范式探讨了以下几个问题：①不同语言的知觉广度。例如，研究者发现汉语阅读知觉广度为注视点左侧 1 个字及注视点右侧 2～3 个字（闫国利等，2011；Inhoff & Liu，1998）。还有研究者对阅读方向为从左向右的乌尔都语和希伯来语进行了研究（Paterson et al.，2014；Pollatsek et al.，1981），结果发现，读者注视点左侧的阅读知觉广度范围大于右侧，且更加对称。②影响阅读知觉广度的因素，具体包括材料特点，如难度、字体大小、排版方向（闫国利等，2008，2013b；张巧明等，2013；Osaka，1993；Paterson et al.，2014）、阅读方式（Pan et al.，2017；闫国利等，2014b）等，以及个体差异，如阅读技能、工作记忆容量等（李赛男等，2021；闫国利等，2011；Häikiö et al.，2009；Rayner，1986）。③不同群体的阅读知觉广度。一些研究者考察了老年人、第二语言学习者、阅读障碍儿童、聋人等特殊群体的阅读知觉广度（Rayner et al.，2009；熊建萍，闫国利，2014；付福音等，2019；闫国利等，2021）。

　　为考察阅读过程中的知觉广度，研究者通常采用的是移动窗口范式，还有研究者使用移动掩蔽范式（图 7-9）（Rayner & Bertera，1979）。研究者在使用这两种实验范式考察知觉广度时，都需要比较正常阅读条件和其他条件下的眼动指标的差异，而这里的眼动指标需要选择哪些呢？通常情况下，研究者会选择整体分析指标进行比较，如阅读速度、平均注视时间、总注视时间、总注视次数、平均眼跳长度、向前眼跳长度和回视眼跳长度等。以上这些指标均对窗口大小条件敏感，但很少有研究者使用以上所有 7 个指标，而是选择其中的 3～5 个指标（Rayner et al.，2010a），其中阅读速度是大多数研究者会选择的指标，而对于平均注视时间、总注视时间和总注视次数指标，以及平均眼跳长度、向前眼跳长度和回视眼跳长度指标，研究者会在每组中选择其中的 1～2 个指标。

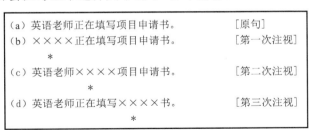

　　　　　　　　　　　　图 7-9　移动掩蔽范式示意图

　　下面以闫国利等（2014b）的研究进行举例说明。闫国利等（2014b）采用移动窗口范式，探讨了中文的自然阅读和校对阅读两种任务中的阅读知觉广度。实验采用 2（任务类型：自然阅读、校对阅读）×6（窗口大小：L0R0 条件、L1R1

条件、L2R2 条件、L3R3 条件、L4R4 条件和整行条件）的两因素混合设计。实验设置了 6 种对称窗口条件，即仅注视字条件、左右各 1 个字条件、左右 2 个字条件、左右 3 个字条件、左右 4 个字条件和整行条件，要求被试在不同的窗口下阅读句子。校对阅读条件下，每个实验句子包含 1～2 个错别字；自然阅读条件下，实验句子不包含任何错误。研究者选取平均注视时间、阅读速度和平均眼跳幅度三个指标进行分析，具体结果如图 7-10 所示。

窗口	自然阅读			校对阅读		
	平均注视时间（ms）	阅读速度（字/分）	平均眼跳幅度（字数）	平均注视时间（ms）	阅读速度（字/分）	平均眼跳幅度（字数）
L0R0	334（51.70）	135（61.20）	2.11（0.41）	264（28.91）	158（59.79）	2.32（0.41）
L1R1	283（31.79）	246（95.75）	2.59（0.51）	266（24.59）	166（62.76）	2.37（0.41）
L2R2	254（30.17）	329（105.43）	3.02（0.53）	264（35.92）	161（63.41）	2.39（0.39）
L3R3	255（32.96）	325（127.67）	3.30（0.78）	260（28.13）	168（69.90）	2.40（0.40）
L4R4	248（32.37）	356（113.26）	3.28（0.52）	256（25.44）	188（55.37）	2.39（0.42）
整行	250（15.86）	298（107.80）	3.63（0.59）	257（22.33）	174（60.98）	2.44（0.37）

图 7-10　不同阅读任务下被试各眼动指标的平均数与标准差（闫国利等，2014b）

首先，研究者比较了两种阅读任务下被试的阅读表现，发现自然阅读条件下的阅读速度更快，眼跳幅度更大，但平均注视时间上的差异不显著。随后，研究者比较了不同阅读方式下左右各 4 个字的窗口条件和其他窗口条件下被试的阅读表现，以确定不同阅读方式下的知觉广度，结果如图 7-11 所示，可以看到，相比于左右各 4 个字的窗口条件，当窗口条件为左 1 右 1 时，所有指标上的差异均显著；当窗口条件为左 2 右 2 时，阅读速度显著更慢，平均眼跳幅度显著更短，但平均注视时间上没有显著差异；而当窗口条件为左右各 3 个字时，3 个指标上均无显著差异。这表明，自然阅读条件下，读者的知觉广度为注视点右侧 2～3 个字，与以往的研究结果一致。

配对	平均注视时间		阅读速度		平均眼跳幅度	
	被试分析（df=17）	项目分析（df=47）	被试分析（df=17）	项目分析（df=47）	被试分析（df=17）	项目分析（df=47）
L0R0—L4R4	t=8.53***	t=15.56***	t=−8.79***	t=−3.00**	t=−10.60***	t=−15.49***
L1R1—L4R4	t=3.89***	t=5.56***	t=−5.38***	t=−1.98*	t=−5.27***	t=−7.36***
L2R2—L4R4	t=1.21	t=1.53	t=−2.32*	t=−0.41	t=−2.00	t=−2.58**
L3R3—L4R4	—	—	t=−0.85	t=−1.03	t=0.54	t=−0.001

图 7-11　不同窗口与最大窗口之间的配对 t 检验（闫国利等，2014b）

注：*$p<0.05$，**$p<0.01$，***$p<0.001$，下同

校对阅读条件下的对比结果显示，在左右各 4 个字的窗口条件与其他窗口条件下，读者在三个指标上均不存在显著差异，这表明，在进行校对阅读时，读者的知觉广度为当前注视点 1 个字。综合以上结果可以推测，读者在进行校对阅读时采用了和自然阅读不同的策略，阅读知觉广度的大小受任务要求的影响。

二、信息提取时间

阅读是读者的视觉信息加工系统和认知加工系统协同作用的结果，读者首先需要通过视觉系统提取信息，然后通过认知系统来解释这些信息。通常情况下，一个词的注视时间为 250ms 左右，但研究发现，拼音文字的文本呈现时间在 50～60ms 时不会影响读者的正常阅读（Blythe et al.，2009；Liversedge，2004；Rayner et al.，2009；Liversedge et al.，2004），在汉语阅读中，当注视词呈现 40ms 及以上时间时，读者的阅读理解率和总阅读时间没有受到显著干扰（刘志方等，2011；闫国利等，2015；Yan et al.，2010）。这表明，读者的视觉系统能够快速地获取足够的视觉信息，以用于正常文本的阅读。由此可知，信息提取时间也可以反映读者对文本信息的视觉编码过程。

对于视觉编码过程的研究，研究者通常采用 Rayner 等（2003）设计的消失文本范式，如图 7-12 所示。

The really marvellous church underwent shoddy *	注视开始
The really marvellous ______ underwent shoddy *	60ms 以后
The really marvellous church underwent shoddy *	注视开始
The really marvellous church ______ shoddy *	60ms 以后

图 7-12　消失文本范式示意图（Rayner et al.，2003）

注：图中“*”表示注视点

研究者采用消失文本范式进行研究时通常选择整体分析指标和局部分析指标两类。整体分析指标主要包括总阅读时间、总注视时次数、平均注视时间、眼跳距离、回视次数、平均阅读速度等，有一些研究还采用了跳读次数和再注视次数（刘志方等，2011）。这里可能读者会疑惑，跳读和再注视相关指标通常被划分为局部分析指标，而在这里为何被划分为整体分析指标呢？这是由于，采用消失文本范式的实验中，文本的呈现是以字或者词为单元消失的，所以每一个消失单元，如字或者词，都需要作为一个兴趣区进行划分，然后在这个基础上进行数据分析。也就是说，整体分析指标是基于较小的兴趣区进行整合计算获得的。比如，总注视时间是将读者在所有兴趣区内进行的注视相加获得的，而平均注视时间是指所有兴趣区内注视点的持续时间的平均值。局部分析指标包括首次注视时间、单一注视时间、凝视时间、回视时间等。需要注意的是，采用的指标不同，可能造成结果的不一致，如闫国利等（2007）的研究结果表明，双字词呈现 80ms 不会影响读者的平均注视时间，而其他研究则发现，注视词呈现 40ms 不会影响读者的总阅读时间和阅读理解率（刘志方等，2011；Yan et al.，2010）。因此，在使用消失文本范式考察读者的视觉信息加工相关问题时，除了要结合研究问题和研究目的来选择指标之外，也要结合多维度、多阶段指标，如可以选择总注视时间、阅读速度等作为反映整体阅读情况的指标，选择回视等作为反映再加工过程的指标，还要从词汇加工水平上选择能反映词汇早期和晚期加工的指标，这样才能够提供充足的证据说明一定的呈现时间就能保证正常阅读。

下面将以 Liversedge 等（2004）的研究为例，介绍采用消失文本范式考察视觉信息提取问题的研究。研究发现，当读者在注视文本 50～60ms 后出现掩蔽，阅读是正常的且不受影响的（Ishida & Ikeda，1989；Rayner & Slowiaczek，1981；Slowiaczek & Rayner，1987）。Rayner 等（1981）认为，这并不意味着词汇识别或与阅读相关的其他高级加工在 50～60ms 的时间内就能完成。相反，阅读所需的信息进入加工系统的速度非常快，只要在 50～60ms 的时间内完成，读者就能够理解文本。考虑到平均注视时间在 220～250ms，那么注视过程中的剩余时间可能花费在随后的眼动控制、在更高水平上整合文本信息、预加工右侧注视词等过程。那么，在阅读中是否存在时间上的间隙效应（gap effect）？视觉和语言加工对眼动控制的影响是什么？为解决这两个问题，研究者采用消失文本范式，操纵了词的呈现时间，同时操纵了词长和词频两个变量（图 7-13 和图 7-14）。

He found the secret manuscript inside the little *	注视开始
He found the manuscript inside the little *	60ms 之后
He found the secret manuscript inside the little *	新一轮注视
He found the secret inside the little *	60ms 之后

图 7-13　消失文本范式举例（Liversedge et al.，2004）

---

1. Yesterday the office *boss/supervisor* moaned about the <u>broken</u>/<u>snazzy</u> equipment upstairs
2. Sam wore the horrid *coat/spectacles* though his <u>pretty</u>/<u>demure</u> girlfriend complained
3. He found the secret *swag/manuscript* inside the <u>little</u>/<u>sturdy</u> farmhouse on the hill
4. A proper *gift/collection* scheme boosted the <u>annual</u>/<u>frugal</u> donations to the charity
5. The clumsy *lads/volunteers* asked the <u>random</u>/<u>nimble</u> gentleman to help carry the table

---

图 7-14　实验材料举例（Liversedge et al., 2004）

注：短目标词和长目标词用斜体显示，高频和低频的目标词用下划线标出

　　研究者选择了整体分析指标和局部分析指标，整体分析指标有句子阅读时间、平均注视时间、注视次数、眼跳长度、跳读率、再注视比率和回视次数，局部分析指标则包括关键词上的首次注视时间、凝视时间、跳读率和再注视比率。整体分析结果表明，句子阅读时间在正常呈现和消失条件下的差异不显著，而且阅读正确率在两种条件下也无显著差异。结果说明，阅读中不存在间隙效应。局部分析结果表明，在再次注视比率指标上，当词正常呈现时，相比于高频词，低频词上更容易出现再注视；但在消失条件下，这种词频效应消失。这种呈现方式（正常呈现或消失）和词频（高频或低频）的交互作用表明，读者会根据文本是否消失来调节他们对高频词和低频词的再注视率。在首次注视时间、凝视时间、再次注视比率等指标上，词长和文本呈现方式的交互作用也显著，即当词正常呈现时，相比于短词，长词上的注视时间更长，也更容易出现再注视；但在消失条件下，这种词长效应消失。结果表明，视觉编码会影响眼动控制，但语言加工只影响注视时间。

第四节　副中央凹信息加工

一、副中央凹信息加工相关概念

　　在我们的视野范围内的不同区域，读者的信息加工效率是不同的，中央凹视敏度最高，其次是副中央凹和边缘视觉区域，本书第一章已经对此进行了详细介绍。当读者在注视中央凹词汇时，其"余光"也会注视到副中央凹区域的文本并获取一部分信息，这种提前加工可以缩短读者在这个区域文本上的注视时间，也就产生了预视效益（preview benefit），减少的时间被称为预视量。大量研究发现，预视信息可以帮助读者减少阅读时间，提高阅读效率（白学军等，2011a；Clifton et al.，2016）。与此同时，一些研究发现了预视代价（preview cost），它是指使用随机字母串（拼音文字中，如英语）或者假字、非字（如汉语）作为预视条件，

这种预视会使读者对随后目标字、词的注视时间显著延长，并且随着比较基线的注视时间的延长，预视效应也会逐渐变大（Kliegl et al.，2013）。那么，不论是预视收益还是预视代价，读者获取信息的范围是多大？读者能获取什么信息？获取的信息在阅读中的作用机制是什么？又有哪些因素会影响预视效应？一系列相关问题是研究者关注的重点内容。此外，副中央凹信息加工是序列加工还是并行加工仍是研究者争论的一个焦点问题。由此可见，副中央凹信息加工在阅读相关研究中处于举足轻重的地位。

二、副中央凹信息加工研究范式

为了考察读者在副中央凹视区能够获得哪些信息，Rayner 在 1975 年提出了边界范式（boundary paradigm）。该范式是一种呈现随注视变化技术，即随着当前注视点的变化，呈现的信息也发生变化。该范式能精确地考察读者在自然阅读过程中从注视点右侧获取信息的情况，包括加工范围和加工程度等多个方面。该范式的步骤如图 7-15 所示。

图 7-15　边界范式示意图（白学军等，2011a）

注：图中黑色圆点表示读者的注视点所在位置，"┊"表示隐形边界

该范式在研究者选定的目标词（如图 7-15 中的"挂念"，称为词 N+1）前设置一个隐形边界，即在前目标词（如图 7-15 中的"一直"，称为词 N）后，在进行正式实验时，被试是看不到这个隐形边界的。在读者的眼睛没有越过这个隐形边界前，目标词区域呈现的是研究者设置的与目标词有一定关系的词，如正字法相似、同音或意义相近的词等，我们称之为预视词（preview word），如图 7-15 中的 B 条件下，"想念"作为预视词取代了目标词"挂念"。当读者的注视点通过隐形边界时，预视词（如"想念"）会被目标词（如"挂念"）替代。如果读者在注视隐形边界之前的词 N 时对目标词进行了预视加工并获得了部分信息，那么读者在随后注视词 N 时将会促进对该目标词的加工，这是边界范式的基本原理。

研究者采用边界范式探讨副中央凹信息加工时通常采用的眼动指标为局部分析指标，即分析预视区域的加工情况，包括目标词上的首次注视时间、凝视时间、单一注视时间、跳读率、总注视时间、再注视比率、回视次数、回视路径阅读时间、起跳位置、首次注视位置、向前眼跳长度等。由于副中央凹信息加工反映的是相对早期的信息加工，研究者会更多使用诸如首次注视时间、凝视时间、单一注视时间、跳读率、起跳位置、首次注视位置和向前眼跳长度等反映早期加工的指标。在处理数据时需要注意的是，前目标词区域发生跳读和回视的数据是需要删除的，如果前目标词发生跳读，说明读者从距离目标词更远的区域开始起跳，很可能只是获取了前目标词而不是目标词的预视信息。而在前目标词（隐形边界前的词）发生回视后，当注视点越过边界时，读者一般不会再对前目标词进行注视加工，在这种情况下也不会对目标词（隐形边界后的词）进行副中央凹加工，从而造成研究者对实验变量的操纵无效，因此需要将这部分数据删除。由此可见，由于筛选数据的需要，研究者要将前目标词作为一个兴趣区进行分析。另外，研究者还应考虑中央凹词的加工情况，一是检验中央凹加工在不同条件下的情况，二是检验中央凹信息加工是否会受到副中央凹加工的影响，即是否出现副中央凹-中央凹效应（Risse et al.，2008）。综合以上三点，研究者需要分析前目标词上的眼动指标，所使用的指标与分析目标词所使用的指标相似。

三、经典研究举例

下面以 McDonald（2006）的研究为例，探讨副中央凹信息加工相关问题的眼动指标的使用问题。对于预视效应的研究通常与词汇识别的理论有关：如果在之前的副中央凹加工中获得了某个词的部分信息，那么当注视这个词时，识别效率会更高。例如，Logogen 模型（Morton，1969）假设，如果某个词的心理表征的激活达到了一个特定的阈限，那么读者就完成了对这个词的识别，副中央凹预视加工是词汇激活水平提高的开始。当前的眼动模型在副中央凹非注视词信息的提取上存在不同的假设。序列注意转换（sequential attention-shift）模型假设，只有对当前注视词 N 的加工完成后，注意资源转移到下一个词 N+1 上时，读者对词 N+1 的加工才开始。而注意梯度指引（guidance by attentional gradient，GAG）模型假设，知觉广度内词汇的加工是平行的，当注视词 N 时，读者对词 N+1 的加工也已经开始。这两个模型的重要区别在于对下一个词预加工开始的时间的假设不同。根据注意梯度指引模型可以预测，在眼跳之间，预视效应具有可积累性（因为词汇的激活水平是不断上升的）。McDonald（2005）首次提出了这种假设并利用数据库（corpus）分析方式对该假设进行了检验。结果表明，并没有发现预视效应的积累性，但是发现，如果前一个注视点更靠近目标词，那么读者对目标词的注视时间会更短。Rayner 等（2007）的实验发现，并不是在副中央凹的所有词上都能获得预视效应。没有在词 N+2 上发现预视效应，可能有以下两个原因：①阅读中的注意是以序列方式分布的；②预视效应只能从眼跳目标上获得。能够区分这两种可能性的理想情境应该是在词 N 上有两个注视点，而词 N+1 的呈现在第一个注视点向第二个注视点眼跳的过程中发生变化。

McDonald（2006）在研究中设置了两个位置上的边界，分别位于前目标词中间和前目标词结尾，以此来研究副中央凹中的加工情况。如图 7-16 所示，该研究旨在检验当呈现变化发生在前目标词上的第一个注视点到第二个注视点时，是否会出现预视效应。根据序列注意转换模型，副中央凹词 N+1 的预加工只和前目标词 N 的加工完成有关，而与前一个词的注视点个数无关。根据注意梯度指引模型，词汇的激活水平在多个注视点之间具有可积累性，因此，预视效应不会因为先前注视词上的注视次数是一次还是多次而不同，由此可以推测，在词 N 获得了再注视和单一注视两种情况下，都会出现显著的预视效应，即相比于词 N+1 为不正确预视时，正确预视条件下的注视时间显著更短。相反，如果预视效应只能从眼跳目标上获得，当词 N 获得了再注视，词 N+1 的呈现在两次注视之间发生了变化，那么读者在词 N+1 为正确预视和不正确预视两种条件下的注视时间不会存在显著差异。

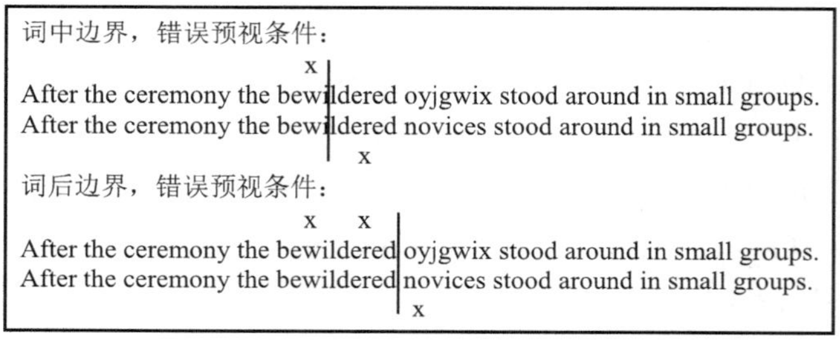

```
词中边界，错误预视条件：
                                    x
After the ceremony the bewildered oyjgwix stood around in small groups.
After the ceremony the bewildered novices stood around in small groups.
                                          x
词后边界，错误预视条件：
                              x    x
After the ceremony the bewildered|oyjgwix stood around in small groups.
After the ceremony the bewildered|novices stood around in small groups.
                                  x
```

图 7-16　实验操纵示意图

注：图中"x"代表注视点。实验的主要目的在于检验当边界位置位于前一个词中间时，下一个词上能否获得预视效应。添加边界位于前一个词后的条件，是为了确保预视条件操纵的有效性

研究以目标词为兴趣区，选取了首次注视时间、凝视时间、总注视时间、跳读率和再注视比率作为主要指标，同时还将落点位置和进入眼跳长度作为潜在变量进行分析。结果发现，当边界位于前目标词词尾时，词 N+1 的正确预视比错误预视显著地促进了随后词 N+1 的加工，即出现了典型的预视效应；而当边界位于前目标词中间时，词 N+1 在两种预视条件下对随后词之间 N+1 的加工的影响并没有显著差异。

研究者提出，当边界位于前目标词中间时，虽然没有在目标词上发现预视效应，但是存在正确预视促进作用的趋势，这可能说明读者对词 N+2 的词进行了预

视加工，但是由于目标词距离注视点太远，而没有表现出预视效应。为检验这一原因的可能性，研究者分析了眼跳起跳在两种边界位置条件下，当前目标词只发生了单次注视时读者对目标词的预视情况，结果表明，在最远的眼跳起跳位置(9～10 个字母的距离)仍然出现出了预视效应(图 7-17)。这表明，当边界位于前目标词中间时没有发现目标词上的预视效应，并不是由目标词距离注视点太远造成的。

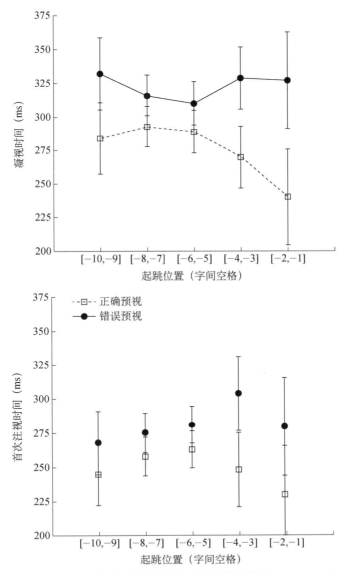

图 7-17　目标词的注视时间与预视类型和起跳位置的关系(McDonald，2006)

第二个可能的原因是前目标词的第一个注视点的注视时间太短，从而没有对目标词产生预视加工。因此，如果将前目标词的第一个注视点分为长、短两种类型，那么前目标词的第一个注视点的长短与预视类型应该存在交互作用，分析结果表明，前目标词的第一个注视点的注视时间对目标词的预视效应并不产生影响，这表明并不是由于前目标词的第一个注视点的注视时间太短，从而导致读者没有足够的时间对目标词进行预视加工。

第三个可能的原因是随着时间的延长，目标词的激活水平产生了衰退。如果是这一原因造成了目标词上没有表现出预视效应，那么前目标词的第二个注视点的注视时间将会影响目标词的预视效应，即前目标词的第二个注视点的注视时间越短，目标词上越有可能表现出预视效应。然而，分析结果表明，前目标词的第二个注视点的凝视时间并没有对目标词的预视效应产生显著影响，从而表明目标词上没有发现预视效应，并不是由于目标词的激活水平随着时间的延长产生了衰退。

基于以上分析，研究者得出结论：在阅读过程中，预视效应并不是优先从下一个词上获得的，读者只对下一个眼跳目标进行优先的预视加工。对非目标词的预视加工总是在每一个注视点上重新进行的。实验结果表明阅读中眼球运动与注意之间存在相互协作的关系。这为之后眼动阅读模型的完善提供了重要的证据。

第五节　眼跳目标选择问题

一、眼跳目标选择的概念

研究发现，在读者正常阅读的过程中，1秒钟大概会发生3~4次的眼跳（Reingold et al.，2012），而在这3~4次的眼跳中，大多数是向前眼跳。那么，读者是如何决定眼睛跳向哪里的呢？读者决定眼跳的目标，也就是眼跳目标选择。粗略来看，在眼跳目标选择过程中，读者需要首先处理视觉输入信息，再加工输入信息，然后根据所获取到的信息确定眼睛的落点位置，在此期间，读者需要进行注意分配、记忆提取和语义整合等诸多复杂的认知加工。揭示其中的加工机制，不仅有利于澄清眼球运动和认知加工之间的关系，也有助于解答认知过程中诸如并行加工和序列加工等一些基本问题。

二、不同语言中的眼跳目标选择

目前关于眼跳目标选择的研究，在拼音文字阅读中已经取得了较为一致的结果：词的中心是最佳注视点，然而读者倾向于将眼跳落在词的中心偏左的位置，即偏好注视位置。至于原因，研究者认为可能是眼动噪声对眼跳计划和执行造成了干扰。与此同时，研究者考察了影响眼跳目标选择的因素并发现，如当前注视词的词频、预测性等中央凹信息，副中央凹的词边界信息（如空格和词长）、词汇水平信息（如正字法、词频）、高层次语言学信息（如预测性、语法信息），以及个体差异三类因素都会影响诸如眼跳落点位置、眼跳长度等指标。

然而，汉语阅读中的眼跳目标选择问题由于词之间缺乏外显的边界信息而变得异常复杂（李玉刚等，2017）。一些研究者认为，与拼音文字阅读相似，中文阅读也存在特定的注视位置（Yan et al.，2010；Zang et al.，2013）。例如，Yan 等（2010）根据目标词上注视点的数量将试次分为两类，即有一个注视点的试次和有一个以上注视点的试次，然后对这两类试次中目标词上的注视位置进行分析。结果发现，当目标词上只有一个注视点时，偏好注视位置曲线峰值在词中心的位置；当目标词上有一个以上注视点时，偏好注视位置曲线峰值在词首的位置。根据这一结果，研究者认为中文读者是根据能否完成词切分来确定注视位置的，如果能够在副中央凹信息加工中完成词切分，读者会选择词中心的位置作为眼跳落点位置；如果不能完成词切分，就会选择词首的位置。这一观点从一个非常独特的视角揭示了中文阅读过程中的眼跳目标选择，被称为是基于词切分的默认眼跳目标选择理论（Liu et al.，2016）。

然而，一些研究否定了 Yan 等（2010）的观点，认为出现以上研究结果还有另外一个原因，即读者只是偶然地注视一个词的中心位置，这样就能够在一次注视中完成对该词的加工，进而降低再注视的概率，也就是说，是否完成词切分与读者的眼跳目标选择没有必然联系。为检验这一猜测，Li 等（2011）利用一个不基于词的眼跳目标选择模型进行了模拟，产生了与 Yan 等（2010）所观察到的结果非常相似的模式。Ma 等（2015）在实验中操纵了三字词中字的顺序：一种条件是正确顺序；另一种是把 3 个字的顺序随机打乱并放在句子中。结果发现，读者在两种条件下的偏好注视位置曲线不存在显著差异（图 7-18）。此外，Zang 等（2013）在词之间插入空格后得到的结果与 Yan 等（2010）的结果相同。

鉴于在中文读者偏好注视位置上的分歧，另外一些研究者基于研究结果提出了一个完全不同的观点，即汉语阅读中不存在特定的注视位置，汉语读者在选择

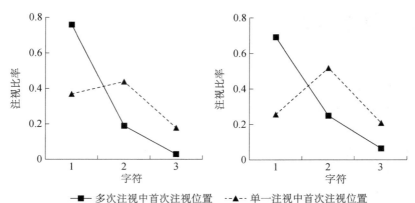

图 7-18　多次注视和单一注视中首次注视位置（Ma et al.，2015）

左图为三字词区域，右图为三字非词区域

眼跳目标时非常灵活，采用的是一种基于加工的策略（王永胜等，2016，2018；Li et al.，2011；Liu et al.，2016，2017a；Wei et al.，2013）。根据这一策略，读者首先尝试在给定的注视点上加工尽可能多的信息，在当前注视位置上的信息加工效率降低到一定程度后，眼睛将移动到具有新信息的位置上。例如，Wei 等（2013）发现，高频词的眼跳长度要比低频词的眼跳长度更长；Liu 等（2016）的研究表明，限制副中央凹加工会减小眼跳长度上的词频效应。在以上这些研究的基础上，Li 和 Pollatsek（2020）在构建中文阅读中词汇加工与眼动控制的整合模型中，采用基于加工效率的策略假设来决定眼睛的移动位置，也就是读者会估计他们在一个注视点上能够加工的汉字数量，然后选择该位置之后的字作为眼跳目标。

在以上探讨眼跳目标选择问题的研究中，研究者会选择时间维度和空间维度的指标，其中时间维度指标反映了词汇加工过程，如首次注视时间、凝视时间、单一注视时间、再注视时间、总注视时间等，而空间维度指标反映了眼跳目标选择的结果，如起跳位置、眼跳长度（跳入眼跳长度和向前眼跳长度）、首次眼跳落点位置、再注视比率、跳读率等。接下来以 Wei 等（2013）的研究为例，探讨眼跳目标选择相关研究的指标选用。

三、经典研究举例

基于先前的研究，研究者对于中文阅读中是否存在确定的注视位置仍然存在分歧。Wei 等（2013）提出，汉语读者在选择眼跳目标时是根据当前的加工情况进行的，即采用基于加工的策略。为了检验这一假设，研究者采用两个实验分别操纵了目标词的词频和词长来考察词汇的不同属性是如何影响眼跳的，实验材料如图 7-19 所示。

单词条件

坏习惯坏思想必须要<u>防微杜渐</u>才能促进个人的健康全面发展。

Bad habits and thoughts must be <u>hindered</u> in order to get a healthy development.

双词条件

坏习惯坏思想必须要<u>适时遏制</u>才能促进个人的健康全面发展。

Bad habits and thoughts must be <u>prevented timely</u> in order to get a healthy development.

高频词条件

面容慈祥的迪斯尼先生正拉着可爱的米老鼠的小手向<u>朋友们</u>挥手致意。

Mr. Disney with a kind face was waving to <u>friends</u> while holding the little hand of the lovely Mickey Mouse.

低频词条件

面容慈祥的迪斯尼先生正拉着可爱的米老鼠的小手向<u>访客们</u>挥手致意。

Mr. Disney with a kind face was waving to <u>visitors</u> while holding the little hand of the lovely Mickey Mouse.

图 7-19　实验 1 和实验 2 的实验材料举例（Wei et al.，2013）

注：下划线词语为目标词，上面两组为实验 1 的材料，研究者操纵了目标词的词长，单词条件下为四字成语，两词条件下为两个双字词。下面两组为实验 2 的材料，分为高频词和低频词条件

　　实验选取了向前眼跳长度、首次注视时间、凝视时间和再注视比率 4 个指标，结果如表 7-1 所示。与此同时，研究者考虑到起跳位置可能会影响不同条件下的眼跳长度，因此分别分析了不同起跳位置下的眼跳长度情况，结果如表 7-2 所示。结果显示，相比于单词条件，双词条件下目标区的凝视时间显著更长，再注视比率更高，向前眼跳长度更短，而且眼跳长度上的差异模式并没有因为从不同注视位置起跳而改变。

表 7-1　实验 1 结果：不同条件下目标词上的眼动指标结果（Wei et al.，2013）

指标	单词条件	双词条件
向前眼跳长度（字）	2.87（0.21）	2.68（0.21）**
首次注视时间（ms）	281（21.20）	279（20.84）
凝视时间（ms）	502（51.14）	585（62.06）**
再注视比率（%）	69.4%（8.73）	77.1%（7.40）**

注：括号内为标准差

表 7-2　实验 1 结果：从不同位置发出的不同条件下的向前眼跳长度（字）（Wei et al.，2013）

起跳位置	单词条件	双词条件
第一个字符	2.56（0.20）	2.48（0.18）
第二个字符	2.67（0.21）	2.46（0.18）**
第三个字符	2.70（0.21）	2.43（0.19）**
第四个字符	2.81（0.20）	2.61（0.21）**

注：括号内为标准差

在实验 1 中，目标区域除了词长不同外，还存在词的数量的不同，因此研究者在实验 2 中操纵了目标词的词频以继续探讨当前加工负荷对眼跳的影响，结果如表 7-3 所示，与实验 1 的结果一致，两个实验的结果表明，当前加工的词越简单，读者计划的下一次眼跳距离越长，支持了基于加工的眼跳策略。

表 7-3　实验 2 结果（Wei et al., 2013）

指标	高频词	低频词
向前眼跳长度（字）	2.93（0.15）	2.77（0.18）**
首次注视时间（ms）	255（16.11）	267（16.53）*
凝视时间（ms）	282（21.27）	316（21.54）**
再注视比率（%）	12.4%（5.28）	16.2%（5.53）*

注：括号内为标准差

Wei 等（2013）的研究首次提出了中文阅读中基于加工的眼跳目标选择策略，并通过非常简洁的实验设计和数据分析来回答这一问题，所选眼动指标能够直接揭示问题核心，为后续探讨中文阅读中的眼跳目标选择机制和眼动控制机制提供了重要的证据，奠定了重要的基础。

第六节　老年与特殊群体阅读

阅读对于促进人和社会的发展起着重要的作用。在个体发展过程中，因为发展阶段的不同、遗传与环境的差异、生理基础的影响，个体在进行阅读活动时呈现出千差万别的状态，如老年人和儿童与成年人的差异，一些诸如阅读障碍患者、聋人、视障个体、孤独症谱系障碍患者等特殊群体在阅读中也表现出独特性。为了揭示不同群体读者在阅读中的认知加工机制，以优化他们的阅读，促进其发展，大量的研究者使用眼动记录技术（并结合使用其他技术）探讨了特殊群体的阅读情况，取得了丰硕的成果，接下来将从阅读老化相关研究和特殊群体阅读的眼动研究两部分进行简要梳理。

一、阅读老化相关研究

《2022 年度国家老龄事业发展公报》（2023）指出，截至 2022 年底，60 岁以上的老年人口总数为 28 004 万，占人口总数的 19.8%，其中 65 周岁及以上的老年人口为 20 978 万人，占人口总数的 14.8%。与人口老龄化伴随而来的养老、相关疾病的治疗等成为关系到国计民生的重大问题。在较大的老年人口基数中，阿尔茨海默病的患病老年人数持续增加，给患者、家庭、社会和医疗带来沉重负担。因此，老年人的认知老化问题引起了研究者的重视，如何帮助老年人应对和延缓认知老化的问题亟待解决。芝加哥拉什大学研究者 Wilson 等开展了一系列关于认知老化的研究并发现，进行阅读等认知活动的评估分数（时间和次数）每增加 1分，认知任务的总分增加 47%，工作记忆分数增长 60%，知觉速度提高 30%（Wilson et al.，2002）。然而，受认知老化的影响，老年人在阅读过程中会出现阅读速度慢、不理解或理解错误等问题。相关研究发现，阅读相同的文字材料时，汉语老年读者所需要的时间是青年读者的两倍左右，且内容理解正确率更低（Li et al.，2018；Zhao et al.，2019；Wang et al.，2018；Zang et al.，2016）。

老年读者的阅读效率降低，其眼动控制机制是否发生了变化？拼音文字阅读研究发现，老年读者的眼动特征与青年读者存在显著差异，即注视时间更长、注视和回视次数更多，向前眼跳长度更长，跳读率更高（Rayner et al.，2006；Warrington et al.，2018）。研究者对其内在机制进行了解释，指出老年人为了弥补加工速度变慢的缺陷，倾向于根据语境和世界知识以及部分视觉信息猜测下一个词并跳过去，所以出现了更长距离的眼跳和更多的跳读，但这种猜测并不总是正确的，需要重新回到被跳读的词上进行再加工，因此会出现更多的回视（Rayner et al.，2006）。研究者称之为"冒险阅读策略"（risky reading strategy）。而在汉语阅读中，老年读者同样具有注视时间更长、注视和回视次数更多的特点，但向前眼跳长度变短，跳读率更低。也就是说，他们采取的是小步幅地向前眼跳的方式，而且需要经常回到已加工过的词上进行再加工，研究者称之为"谨慎阅读策略"（cautious reading strategy）（Li et al.，2018；Wang et al.，2018；Zang et al.，2016）。

综上所述，老年人在阅读过程中的注视和眼跳两种眼动行为均随着年龄的增长发生了变化，研究者在此基础之上继续探讨老年人阅读过程中眼动控制的老化机制以及影响因素，如视觉信息提取（知觉广度、提取速度、副中央凹信息加工等）、词汇加工、句法和语义加工等（何立媛等，2023；李琳等，2022；王丽红等，2010；He et al.，2021；Li et al.，2018；Liu et al.，2017b；Rayner et al.，2006，2009，2010b；Zhao et al.，2019）。在视觉信息提取方面，如探讨老年人知觉广度以及提取视觉信息的速度方面，研究者以整体分析为主，通常采用的指标也与以普通成人为被试的研究相同，这里不再赘述。而考察老年人的副中央凹信息加工、词汇加工、句法和语义加工等相关问题，需要进行局部分析的同时，还应该进行整体分析。其中整体分析采用阅读速度、总阅读时间、总注视次数、平均注视时间、回视次数、向前眼跳长度 6 个指标，比较老年人和青年人之间是否存在差异来检验研究是否发现了老年人典型的眼动控制特点。局部分析则需要根据具体要研究的问题来选择分析指标。接下来，我们以 He 等（2021）的研究为例进行说明。

从副中央凹获取的信息在阅读的眼动控制过程中起着至关重要的作用，能帮助读者提高词汇加工效率和整体的阅读速度。然而，汉语老年读者阅读效率降低并表现出特殊的阅读模式，是否可能与他们副中央凹信息加工能力的衰退有关？一些研究认为，老年人的视敏度和感知细节信息的能力降低，特别是副中央凹区域的降低幅度更大（Paterson et al.，2020；Sekuler et al.，2000），这会导致其副中央凹信息加工衰退，有研究结果支持了这一观点（Li et al.，2018；Paterson et al.，2020；Rayner et al.，2009）。然而，有研究并未发现这种副中央凹信息加工的年龄差异（Risse & Kliegl，2011）。为进一步探讨这一问题，研究者操纵了副中央凹词 N+1 和词 N+2 的预视类型（相同预视和假字预视）（He et al.，2021），来比较青年和老年读者的副中央凹信息加工情况（表 7-4）。

表 7-4　实验材料举例（He et al.，2021）

词 N+1 预视	词 N+2 预视	句子
目标预视	目标预视	黄建安**居然|肯讲**自己并不认可的理论观点。
	假字预视	黄建安**居然|肯佰**自己并不认可的理论观点。
假字预视	目标预视	黄建安**居然|莆讲**自己并不认可的理论观点。
	假字预视	黄建安**居然|莆佰**自己并不认可的理论观点。
翻译		Huang Jianan is actually **willing to talk about** theoretical views that he does not agree with.

该研究首先对句子进行整体分析，来比较青年和老年被试的整体阅读情况，分析指标包括总阅读时间、注视次数、平均注视时间、向前眼跳长度和回视次数。然后将词 N、词 N+1 和词 N+2 分别作为兴趣区进行局部分析，分析指标包括首次注视时间、单一注视时间、凝视时间和跳读率。

整体分析发现，相比青年被试，老年被试的句子总阅读时间和平均注视时间更长，注视次数和回视次数更多，向前眼跳长度更短，说明老年被试的阅读效率更低。局部分析发现，老年被试和青年被试都能从词 N+1 和 N+2 上获取预视信息，但是老年被试从词 N+1 上获取的预视信息显著少于青年被试，而且能否获取词 N+2 上的信息取决于词 N+1，即如果词 N+1 为目标预视，老年被试能够预视到 N+2；如果词 N+1 为假字预视，老年被试则无法获取词 N+2 的信息（图 7-20）。

这表明，汉语老年读者的副中央凹信息加工减退了。

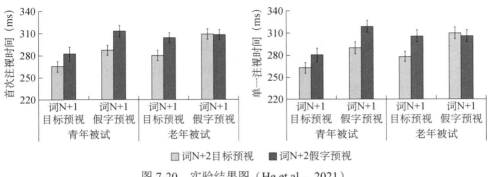

图 7-20　实验结果图（He et al.，2021）

二、特殊群体阅读的眼动研究

总结以往研究，发展性阅读障碍儿童、聋人和孤独症个体这些特殊群体受到了心理语言学领域研究者的广泛关注。在这些特殊群体中，受到关注最多的就是发展性阅读障碍（developmental dyslexia，DD）儿童。发展性阅读障碍是一种常见的儿童神经发育性障碍，通常是指在排除了一般智力、学习动机、生活环境、教育条件及器质性病变等因素的影响之后，个体仍在单词识别、拼写等技能上表现出明显缺陷，且其阅读成绩明显低于同龄人平均水平（崔楠等，2023；李馨等，2019；Lyon et al.，2003），较为常见的问题为语音意识缺陷、正字法加工缺陷、快速命名缺陷、视觉空间加工问题等（Ho et al.，2000，2002；Meng et al.，2011；Yan et al.，2013）。这一障碍的总体患病率约为 7.1%，不同文字系统之间的发病率无显著差异，总结我国相关研究，中文发展性阅读障碍的发病率为 5%～10%（Yang et al.，2022）。由于发病率的不断攀升及其带来的其他学习障碍、情绪问题、社会适应问题等不良影响，越来越多研究者开始关注这一群体。以 dyslexia、reading disorder、specific reading disability、developmental reading disorder 为关键词分别进行搜索，2023 年 1—11 月搜索到的文献共 9136 篇，文献年均发文量为 831 篇。其中一部分研究采用眼动记录技术揭示了发展性阅读障碍儿童在阅读过程中的认知机制。研究发现，与正常儿童相比，发展性阅读障碍儿童的总阅读时间和平均注视时间更长，眼跳幅度更小，注视和回视次数更多（李秀红等，2007；王敬欣等，2019；Bayram et al.，2012；Hawelka et al.，2010）。这表明，发展性阅读障碍儿童眼动控制的异常表现在加工时间和眼跳两个维度。随后，有研究探讨了他们的阅读知觉广度、副中央凹信息加工、词汇加工过程等（熊建萍，2014；Hawelka et al.，2010；Hutzler & Wimmer，2004），比较了阅读中正常儿童和发展性阅读障碍儿童的眼跳定位（白学军等，2011b；梁菲菲等，2019；Pan et al.，2014）。综合以上研究结果，汉语阅读中，发展性阅读障碍儿童的知觉广度缩小，为注视点右侧 1~2 个字；词汇加工存在困难，表现为更大的词频效应；眼跳定位存在缺陷，即倾向于注视词首的位置（图 7-21）。

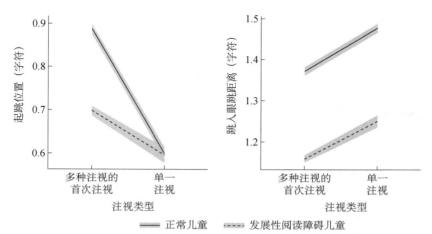

图 7-21　正常儿童和发展性阅读障碍儿童在双字词上的起跳位置和
跳入眼跳距离（Pan et al.，2014）

听障者是由于双耳的听力受到不同程度的损伤而存在听力障碍的群体。听觉作为人类主要的感觉通道之一，除了能够接收外界声音信息之外，在人类言语习得与交流中也起着重要作用。听障群体的这一通道的功能存在障碍，严重影响了信息加工，导致其产生生活和社会交往的问题。比如，聋人读者普遍存在阅读困难（贺荟中，贺利中，2007；Mayberry et al.，2011），阅读能力较低（Kelly & Barac-Cikoja，2007；张茂林，杜晓新，2011）。因此，听障群体的阅读也受到关注，其中听障者能否激活语音信息，以及视觉注意增强现象在阅读相关研究中得到深入探讨。关于听障者是否发展出语音意识，在阅读中语音信息是否被激活的问题，一种观点认为，由于听觉经验的缺失，听障者主要依赖视觉进行阅读，没有发展出语音意识，也不会激活语音信息（李德高等，2006）。一些研究没有发现听障者激活语音信息的显著结果（王志强，王雁，2016；Bélanger et al.，2012；Fariña et al.，2017），为这一观点提供了数据支持。另一种观点则认为，听障者发展出了语音意识（赵英等，2020），并且能够在书面阅读中激活语音信息（兰泽波等，2022；昝飞，谭和平，2005；Blythe et al.，2018；Transler & Reitsma，2005）。然而，这一争论的原因可能跟听障者的个体差异有关系，如听力损失程度、阅读能力、口语能力以及拼音学习的经验等（兰泽波等，2020；Meade et al.，2017；Yan et al.，2020）。探讨听障者阅读中的语音信息激活问题的相关研究，通常会采用边界范式来检验副中央凹中语音信息的预加工，或者采用错误中断范式以及普通的自然阅读等方式，所采用的指标也与本章前五节探讨具体问题时所选指标相似。例如，Yan 等（2020）的研究探讨了汉语阅读中听障者是否使用了语音编码，并通过选取反映词汇加工不同阶段的眼动指标来检验语音编码的激活。实验选取了听障中学生（听障组）、年龄匹配的健听学生（年龄匹配组）和阅读能力匹配的健听学生（能力匹配组）为被试，采用边界范式，操纵了副中央凹字 N+1 的预视类型，即相同预视、同音字预视和无关字预视，并将副中央凹的第一个词作为兴趣区，选择首次注视时间和凝视时间作为早期加工指标，选取回视路径阅读时间和回视出比率来反映句意整合，选择总注视时间作为词汇通达晚期指标。结果发现，能力匹配组被试在回视出比率、回视路径阅读时间和总注视时间指标上表现出显著的同音字优势，年龄匹配组在总阅读时间也表现出同音字优势，但听障组在所有指标上都没有出现同音字优势。考虑到阅读能力可能会影响语音信息的激活，研究者根据阅读流畅性，将听障组被试分为高水平读者和低水平读者，并比较了两组的词汇加工情况，结果发现，在凝视时间和总注视时间指标上，高水平听障组被试表现出同音字优势，而低水平听障组被试仍然没有表现出这一优势（图7-22）。

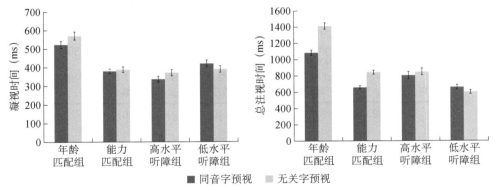

图 7-22　各组被试在同音字预视和无关字预视条件下的凝视时间和
总注视时间结果（Yan et al.，2020）

孤独症谱系障碍是一种以社会交往和沟通障碍、重复的行为和兴趣为主要特征的神经发育障碍性疾病。孤独症谱系障碍个体的语言的发展和加工与正常发展

（typical development，TD）个体存在显著差异。例如，与正常儿童相比，孤独症儿童可能存在语言产生的延迟，并且可能在整个成年期表现出语用和高级语言加工的缺陷。这些差异有可能导致孤独症谱系障碍个体特有的社交和交际困难，如书面反语、隐喻的理解困难。理解书面反语，首先，读者必须明白字面意义在它所呈现的语境中是没有意义的，这就意味着读者必须能够保持和利用语境信息。其次，读者必须理解说话者的精神状态，才能做出这样的推论，即话语的意图是讽刺的。最后，读者必须能够将最初模棱两可的话语整合到发展的记忆表征中（Howard et al.，2019）。孤独症谱系障碍个体在背景信息加工和心理理论等方面存在缺陷并且存在一般的复杂信息处理问题，这可能会使得他们在理解反语时非常困难。然而，以往的研究并没有得到一致的结果，一些研究发现，与正常发展的对照组相比，患有高功能孤独症或普遍性发育障碍的儿童和青少年在解释反语和隐喻时都存在困难（de Villiers et al.，2011），脑科学相关研究也支持这一结果（Gernsbacher & Pripas-Kapit，2012）。但也有研究发现，孤独症谱系障碍个体在心理理论任务、隐喻理解、反讽判断和解释上的表现与正常发展个体不存在显著差异（Colich et al.，2012；Wang et al.，2007）。后续的研究发现，即便孤独症个体在进行反语理解任务时的正确率与对照组相当，但是他们完成任务的潜伏期、注视时间与评价都与对照组存在显著差异。为了进一步检验孤独症个体理解书面反语的过程和表现，揭示其认知过程，研究者采用眼动记录技术来探讨这一问题，如 Au-Yeung 等（2015）比较了孤独症谱系障碍成人和正常发展的对照组对包含反语或非反语语句篇章的理解正确率和阅读中的眼动行为，材料举例和兴趣区划分如图 7-23 所示。

> John and Mary were sitting in the newspaper office，reading through a huge pile of①**hate mail/fan mail**. ②"Obviously our readers ③|liked your story，"④said John. ⑤|Mary was surprised that ⑥|so **few/many** people liked her news article.⑦
>
> 译文：约翰和玛丽坐在报社里，读着一大堆**攻击性邮件/崇拜者邮件**。"显然我们的读者喜欢你的故事"，约翰说。玛丽对喜欢她的新闻报道的人**这么少/这么多**感到惊讶。

图 7-23　材料举例和兴趣区划分（Au-Yeung et al.，2015）[①]

标号②的"hate mail/fan mail"为背景信息区，标号④的"liked your story"为关键区，标号⑤前的"said John"为溢出区，标号⑦的"so few/many people liked her news article"为重述区，研究者分析了以上这些区域的眼动指标。

对于以上 4 个兴趣区的数据分析，研究者选择了第一遍注视时间、回视路径阅读时间和总阅读时间三个指标。结果发现，孤独症谱系障碍组被试在反语和非

---

① 加粗部分文字为理解反语的关键区域。

反语条件下对文本的理解正确率与对照组被试不存在显著差异。但眼动数据显示，与非反语条件相比，两组被试在阅读包含反语语句材料时，在关键区和重述区的总阅读时间都显著更长。这表明，与非反语条件相比，两组被试需要对反语进行更多的加工，并且孤独症谱系障碍组被试能够利用语境信息来推断反语的意义。然而，孤独症谱系障碍组被试在反语和非反语条件下花费了比控制组被试更多的时间来重读文章，这表明他们可能需要更长的时间来构建连贯的语篇表征，也可能是他们需要更长的时间根据自己对世界的认识来决定他们对语篇的表征是否合理。

该研究以严谨的实验设计和反映不同加工阶段的眼动指标来检验孤独症谱系障碍个体是否存在反语理解缺陷，但没有发现孤独症谱系障碍个体加工书面反语时在不同时间进程上的缺陷，这可能是因为具体的语言障碍而不是自闭症状影响了孤独症谱系障碍个体理解反语或隐喻等歧义信息（Norbury，2004，2005a，2005b）。

除了以上发展性阅读障碍个体、听障者和孤独症个体，诸如斜视、弱视等视障个体的阅读也出现在近年来的研究中，只是由于这一群体的视力问题，采集他们的眼动数据存在困难，导致相关研究较少。尽管如此，已经有一些研究探讨了某些视障群体阅读困难的具体表现和原因（Bhutada et al.，2022；Dulaney et al.，2023；Ghasia & Wang，2022）。例如，Bhutada 等（2022）的研究探讨了双眼和单眼注视条件下，眼球运动异常、弱视的临床类型和严重程度对阅读能力的影响。研究选取 23 例弱视组患者和 9 名健康对照组，其中弱视组分为无眼震组（$n=9$）、融合发育不良眼震组（$n=5$）、眼震不伴有结构异常眼震组（$n=9$），要求 3 组被试阅读 6 个段落，并在阅读过程中记录其眼动轨迹。眼动指标选取了向前眼跳次数、回视次数和总注视时间。结果发现，相比于无眼震组患者，有眼震的弱视患者具有更大的聚散和注视不稳定性。与对照组相比，所有弱视患者在所有注视条件下的阅读速度均更低，总注视时间更长，向前眼跳次数和回视次数更多。这表明，弱视患者的阅读困难与他们的眼球运动障碍、视力和立体视受损程度有关。

参 考 文 献

白学军, 刘娟, 臧传丽, 张慢慢, 郭晓峰, 闫国利. (2011a). 中文阅读过程中的副中央凹预视效应. *心理科学进展*, *19*(12), 1721-1729.

白学军, 孟红霞, 王敬欣, 田静, 臧传丽, 闫国利. (2011b). 阅读障碍儿童与其年龄和能力匹配儿童阅读空格文本的注视位置效应. *心理学报, 43*(8), 851-862.

崔楠, 王久菊, 赵婧. (2023). 注意缺陷多动障碍-发展性阅读障碍共患儿童的干预效果及其内在机理. *心理科学进展, 31*(4), 622-630.

付福音, 陈朝阳, 刘志方. (2019). 聋生读者的阅读知觉广度与词汇加工特点: 眼动证据. *应用心理学, 25*(2), 152-160.

干红梅, 何清强. (2015). 伴随性词汇习得研究发展三十年(1985—2014 年). *四川师范大学学报: 社会科学版*, (3), 106-114.

何立媛, 白玉, 赵星, 王永胜, 吴捷. (2023). 汉语阅读中副中央凹信息加工的老化: 来自词 N+2 预视的证据. *心理科学, 46*(3), 514-521.

何立媛, 黄有玉, 王梦轩, 孟珠, 闫国利. (2015). 不同背景音对中文篇章阅读影响的眼动研究. *心理科学, 38* (6), 1290-1295.

贺荟中, 贺利中. (2007). 聋生篇章阅读过程的眼动研究. *中国特殊教育, 11*, 31-35.

黄伯荣, 廖序东. (2007). *现代汉语教学与自学参考*. 北京: 高等教育出版社.

兰泽波, 梁晓伟, 王正光, 姜琨, 孟珠, 闫国利. (2020). 听障大学生句子阅读中语音加工的眼动研究. *心理科学, 43*(4), 997-1003.

兰泽波, 林梅, 宋子明, 孟珠, 姜琨, 闫国利. (2022). 听障大学生阅读中的语音激活: 来自绕口令效应的证据. *心理科学, 45*(2), 491-497.

李德高, 张积家, 高珂娟. (2006). 关于进一步开展聋人概念组织研究的设想. *中国特殊教育*, (7), 3-8.

李琳, 赵赛男, 张俐娟, 王敬欣. (2022). 老年人汉语阅读中预测误差成本的产生机制. *心理科学进展, 30*(1), 1-14.

李赛男, 闫国利, 王亚丽, 刘敏, 赵淑萍. (2021). 一年级小学生阅读知觉广度的眼动研究. *心理与行为研究, 19*(5), 606-611.

李馨, 王雯, 梁菲菲, 马杰, 杨宇, 连坤予, …, 白学军. (2019). 汉语发展性阅读障碍儿童的快速命名缺陷: 副中央凹预视效益小和负荷代价大之争. *心理科学, 42*(1), 43-49.

李兴珊, 刘萍萍, 马国杰. (2011). 中文阅读中词切分的认知机理述评. *心理科学进展, 19*(4), 459-470.

李秀红, 静进, 邹小兵, 黄旭, 陈学彬, 杨斌让. (2007). 汉语阅读障碍儿童阅读文章的眼动试验研究. *中国心理卫生杂志, 21*(6), 362-365, 374.

李玉刚, 黄忍, 滑慧敏, 李兴珊. (2017). 阅读中的眼跳目标选择问题. *心理科学进展, 25*(3), 404-412.

梁菲菲, 章鹏, 张琪涵, 王永胜, 白学军. (2017). 自然阅读中儿童和成人新词学习能力的差异比较:基于眼动的证据. *心理科学, 40*(4), 863-869.

梁菲菲, 马杰, 李馨, 连坤予, 谭珂, 白学军. (2019). 发展性阅读障碍儿童阅读中的眼跳定位缺陷: 基于新词学习的实验证据. *心理学报, 51*(7), 471-483.

刘志方, 张智君, 赵亚军. (2011). 汉语阅读中眼跳目标选择单元以及词汇加工方式: 来自消失文本的实验证据. *心理学报, 43*(6), 608-618.

民政部, 全国老龄办. (2023). *2022 年度国家老龄事业发展公报*. https://mca.gov.cn/n152/n166/

c1662004999979996644/content.html.

任桂琴, 韩玉昌, 周永垒, 任延涛. (2007). 汉语词汇语音中介效应的眼动研究. *心理科学, 30* (2), 308-310.

王敬欣, 李莎, 郝立莎, 张雪, 张阔. (2019). 空格减少汉语发展性阅读障碍儿童的视觉拥挤效应:来自眼动的证据. *心理科学, 42*(4), 834-840.

王丽红, 石凤妍, 吴捷, 白学军. (2010). 老年人汉语阅读时知觉广度的眼动变化. *中国老年学杂志, 30*(2), 240-243.

王永胜, 白学军, 臧传丽, 高晓雷, 郭志英, 闫国利. (2016). 副中央凹中字 n+2 的预视对汉语阅读眼跳目标选择影响的眼动研究. *心理学报, 48*(1), 1-11.

王永胜, 罗雨娇, 韩洋, 刘妮娜, 李馨, 白学军. (2020). 语境线索在留学生阅读伴随词汇学习中的作用:来自眼动的证据. *心理与行为研究, 18*(5), 618-623, 651.

王永胜, 赵冰洁, 陈茗静, 李馨, 闫国利, 白学军. (2018). 中央凹加工负荷与副中央凹信息在汉语阅读眼跳目标选择中的作用. *心理学报, 50*(12), 1336-1345.

王志强, 王雁. (2016). 不同语音表征能力的听力残疾大学生语音编码研究. *中国特殊教育, 4,* 27-34.

熊建萍. (2014). *汉语发展性阅读障碍儿童的眼动研究.* 硕士学位论文, 天津师范大学.

熊建萍, 闫国利. (2014). 汉语发展性阅读障碍儿童与其年龄和阅读能力匹配组儿童的阅读知觉广度比较研究. 见 *第十七届全国心理学学术会议论文摘要集*（pp.1789-1790). 天津师范大学心理与行为研究院; 河南师范大学与教育发展学院.

闫国利, 伏干, 白学军. (2008). 不同难度阅读材料对阅读知觉广度影响的眼动研究. *心理科学, 31*(6), 1287-1290.

闫国利, 王丽红, 巫金根, 白学军. (2011). 不同年级学生阅读知觉广度及预视效益的眼动研究. *心理学报, 43*(3) , 289-295.

闫国利, 王文静, 白学军. (2007). 消失文本条件下认知控制的眼动研究. *心理学探新, 27*(4), 37-41.

闫国利, 杜晨, 卞迁, 白学军. (2014a). 名词具体性效应的眼动研究. *心理学探新, 34*(3), 206-212.

闫国利, 孙莎莎, 张巧明, 白学军. (2014b). 自然阅读与校对阅读的知觉广度研究. *心理科学, 37*(2), 298-302.

闫国利, 张兰兰, 孙莎莎, 白学军. (2013a). 汉语 "主观词" 的表征 及其加工. *心理学报, 45* (4) , 379-390.

闫国利, 张兰兰, 张霞, 孙莎莎. (2012). 汉语阅读中的心理词加工. *心理与行为研究, 10*(3), 183-189.

闫国利, 张巧明, 张兰兰, 白学军. (2013b). 不同掩蔽材料对阅读知觉广度的影响. *心理科学, 36*(6), 1317-1322.

闫国利, 刘妮娜, 梁菲菲, 刘志方, 白学军. (2015). 中文读者词汇视觉信息获取速度的发展——来自消失文本的证据. *心理学报, 47*(3), 300-318.

闫国利, 王影超, 刘璐, 兰泽波, 李赛男, 宋子明. (2021). 中学聋生阅读中的副中央凹注意增强特点: 来自阅读知觉广度的证据. *心理科学, 44*(4), 807-814.

易维, 鹿士义. (2013). 语块的心理现实性. *心理科学进展, 21*(12), 2110-2117.

昝飞, 谭和平. (2005). 聋生汉字识别的同音判断与启动效应实验研究. *心理科学*, *28*(5), 1089-1095.

张茂林, 杜晓新. (2011). 听力障碍学生阅读策略研究概述. *中国特殊教育*, (7), 49-59.

张巧明, 王爱云, 闫国利. (2013). 大学生阅读知觉广度影响因素的回归分析. *心理与行为研究*, *11*(2), 190-194.

赵英, 伍新春, 谢瑞波, 冯杰, 孙鹏, 陈红君. (2020). 视觉语言对听觉障碍人群阅读能力的影响及作用机制. *心理科学进展*, *28*(6), 969-977.

郑昭明. (1981). 汉字认知的历程. *中华心理学刊*, *23*, 137-153.

Altarriba, J., Kroll, J. F., Sholl, A., & Rayner, K. (1996). The influence of lexical and conceptual constraints on reading mixed-language sentences: Evidence from eye fixations and naming times. *Memory and Cognition*, *24*, 477-492.

Au-Yeung, S. K., Kaakinen, J. K., Liversedge, S. P., & Benson, V. (2015). Processing of written irony in autism spectrum disorder: An eye-movement study. *Autism Research*, *8*(6), 749-760.

Bai, X., Yan, G., Liversedge, S. P., Zang, C., & Rayner, K. (2008). Reading spaced and unspaced Chinese text: Evidence from eye movements. *Journal of Experimental Psychology*: H*uman Perception and Performance*, *34*(5), 1277-1287.

Bayram, S., Camnalbur, M., & Esgin, E. (2012). Analysis of dyslexic students reading disorder with eye movement tracking. *Cypriot Journal of Educational Sciences*, *7*, 129-148.

Bélanger, N. N., Slattery, T. J., Mayberry, R. I., & Rayner, K. (2012). Skilled deaf readers have an enhanced perceptual span in reading. *Psychological Science*, *23*, 816-823.

Bhutada, I., Skelly, P., Jacobs, J., Murray, J., Shaikh, A. G., & Ghasia, F. F. (2022). Reading difficulties in amblyopia: Consequence of visual sensory and oculomotor dysfunction. *Journal of the Neurological Sciences*, *442*, 1204-1238.

Bingel, J., Barrett, M., & Søgaard, A. (2016, August). Extracting token-level signals of syntactic processing from fMRI-with an application to pos induction. In *Proceedings of the 54th Annual Meeting of the Association for Computational Linguistics* (Volume 1: Long Papers, pp. 747-755). Berlin, Germany.

Blythe, H. I., Dickins, J. H., Kennedy, C. R., & Liversedge, S. P. (2018). Phonological processing during silent reading in teenagers who are deaf/hard of hearing: An eye movement investigation. *Developmental Science*, *21*(5), e12643.

Blythe, H. I., Liversedge, S. P., Joseph, H. S. S. L., White, S. J., & Rayner, K. (2009). Visual information capture during fixations in reading for children and adults. *Vision Research*, *49*, 1583-1591.

Chace, K. H., Rayner, K., & Well, A. D. (2005). Eye movements and phonological parafoveal preview: Effects of reading skill. *Canadian Journal of Experimental Psychology*, *59*(3), 209-217.

Clifton, C., Ferreira, F., Henderson, J. M., Inhoff, A. W., Liversedge, S. P., Reichle, E. D., & Schotter, E. R. (2016). Eye movements in reading and information processing: Keith Rayner's 40 year legacy. *Journal of Memory and Language*, *86*, 1-19.

Colich, N. L., Wang, A. T., Rudie, J. D., Hernandez, L. M., Bookheimer, S. Y., & Dapretto, M. (2012). Atypical neural processing of ironic and sincere remarks in children and adolescents with autism spectrum disorders. *Metaphor and Symbol*, *27*(1), 70-92.

Coltheart, M., Rastle, K., Perry, C., Langdon, R., & Ziegler, J. (2001). DRC: A dual route cascaded model of visual word recognition and reading aloud. *Psychological Review*, *108*, 204-256.

Cutter, M. G., Drieghe, D., & Liversedge, S. P. (2014). Preview benefit in English spaced compounds. *Journal of Experimental Psychology: Learning, Memory, and Cognition*, *40*, 1778-1786.

Daneman, M., & Reingold, E. M. (1993). What eye fixations tell us about phonological recoding during reading. *Canadian Journal of Experimental Psychology*, *47*(2), 153-178.

Daneman, M., & Reingold, E. M. (2000). Do readers use phonological codes to activate word meanings? Evidence from eye movements. In A. Kennedy, R. Radach, D. Heller, & J. Pynte (Eds.), *Reading as a Perceptual Process* (pp. 447-473). Amsterdam, The Netherlands: North-Holland.

Daneman, M., Reingold, E. M., & Davidson, M. (1995). Time course of phonological activation during reading: Evidence from eye fixations. *Journal of Experimental Psychology: Learning, Memory, and Cognition*, *21*, 884-898.

de Villiers, P. A., de Villiers, J. G., Diaz, S., Cheung, C., Alig, R., & Raditz, V. (2011). Non-literal language and theory of mind in Autism Spectrum Disorders. *Poster Presented at the American Speech-Language-Hearing Association Convention*, San Diego.

Dulaney, C. S., Murray, J., & Ghasia, F. (2023). Contrast sensitivity, optotype acuity and fixation eye movement abnormalities in amblyopia under binocular viewing. *Journal of the Neurological Sciences*, *451*, 1207-1221.

Fariña, N., Duiiabeitia, J. A., & Carreiras, M. (2017). Phonological and orthographic coding in deaf skilled readers. *Cognition*, *168*, 27-33.

Feng, G., Miller, K. F., Shu, H., & Zhang, H. (2001). Rowed to recovery: The use of phonological and orthographic information in reading Chinese and English.*Journal of Experimental Psychology. Learning, Memory, and Cognition*, *27*(4), 1079-1100.

Frishkoff, G. A., Perfetti, C. A., & Collins-Thompson, K. (2010). Lexical quality in the brain: ERP evidence for robust word learning from context. *Developmental Neuropsychology*, *35*(4), 376-403.

Fukkink, R. G. (2005). Deriving word meaning from written context: A process analysis. *Learning and Instruction*, *15*, 23-43.

Gernsbacher, M. A., & Pripas-Kapit, S. R. (2012). Who's missing the point? A commentary on claims that autistic persons have a specific deficit in figurative language comprehension. *Metaphor and Symbol*, *27*(1), 93-105.

Häikiö, T., Bertram, R., Hyönä, J., & Niemi, P. (2009). Development of the letter identity span in reading: Evidence from the eye movement moving window paradigm. *Journal of Experimental Child Psychology, 102*(2), 167-181.

Harm, M. W., & Seidenberg, M. S. (2004). Computing the meanings of words in reading: Cooperative division of labor between visual and phonological processes. *Psychological Review*, *111*(3), 662-720.

Hawelka, S., Gagl, B., & Wimmer, H. (2010). A dual-route perspective on eye movements of dyslexic readers. *Cognition*, *115*(3), 367-379.

He, L., Ma, W., Shen, F., Wang, Y., Wu, J., Warrington, K. L., Liversedge, S. P., & Paterson, K. B. (2021). Adult age differences in parafoveal preview effects during reading: Evidence from Chinese. *Psychology and Aging*, *36*(7), 822-833.

Ho, C. S. H., Law, T. P. S., & Ng, P. M. (2000). The phonological deficit hypothesis in Chinese developmental dyslexia. *Reading & Writing*, *13*(1-2), 57-79.

Ho, C. S. H., Chan, D. W. O., Tsang, S. M., & Lee, S. H. (2002). The cognitive profile and multiple-deficit hypothesis in Chinese developmental dyslexia. *Developmental Psychology*, *38*(4), 543-553.

Howard, P. L., Liversedge, S. P., & Benson, V. (2017). Investigating the use of world knowledge during on-line comprehension in adults with autism spectrum disorder. *Journal of Autism & Developmental Disorders*, *47*(7), 2039-2053.

Howard, P. L., Zhang, L., & Benson, V. (2019). What can eye movements tell us about subtle cognitive processing differences in autism? *Vision*, *3*(2), 22.

Hsu, S. H., & Huang, K. C. (2000). Interword spacing in Chinese text layout. *Perceptual and Motor Skills*, *91*(2), 355-365.

Hutzler, F., & Wimmer, H. (2004). Eye movements of dyslexic children when reading in a regular orthography. *Brain and Language*, *89*(1), 235-242.

Huang, L., & Li, X. (2020). Early, but not overwhelming: The effect of prior context on segmenting overlapping ambiguous strings when reading Chinese. *Quarterly Journal of Experimental Psychology*, *73*(9), 1382-1395.

Inhoff, A.W., & Liu, W. (1998). The perceptual span and oculomotor activity during the reading of Chinese sentences. *Journal of Experimental Psychology: Human Perception and Performance*, *24*(1), 20-34.

Inhoff, A. W., & Wu, C. (2005). Eye movements and the identification of spatially ambiguous words during Chinese sentence reading. *Memory & Cognition*, *33*, 1345-1356.

Inhoff, A. W., Liu, W., & Tang, H. (1999). Use of prelexical and lexical information during Chinese sentence reading: Evidence from eye- movement studies. In J. Wang, A. W. Inhoff, & H. C. Chen (Eds.), *Reading Chinese Script: A cognitive Analysis* (pp. 223-239). Mahwah, NJ: Erlbaum.

Inhoff, A. W., Liu, W., Wang, J., & Fu, D. J. (1997). Use of spatial in- formation during the reading of Chinese text. In D. L. Peng, H. Shu, & H. C. Chen (Eds.), *Cognitive Research On Chinese Language* (pp. 296-329). Beijing, China: Shan Dong Educational Publishing.

Ishida, T., & Ikeda, M. (1989). Temporal properties of information extraction in reading studied by a text-mask replacement technique. *Journal of the Optical Society of America. A, Optics and Image Science*, *6*(10), 1624-1632.

Joseph, H., Wonnacott, E., Forbes, P., & Nation, K. (2014). Becoming a written word: Eye movements reveal order of acquisition effects following incidental exposure to new words during silent reading. *Cognition*, *133*, 238-248.

Kaakinen, J. K., Olkoniemi, H., Kinnari, T., & Hyönä, J. (2014). Processing of written irony: An eye movement study. *Discourse Processes*, *51*(4), 287-311.

Kang, S. L., Beylergil, S. B., Otero-Millan, J., Shaikh, A. G., & Ghasia, F. F. (2019). Fixational eye movement waveforms in amblyopia: Characteristics of fast and slow eye movements. *Journal of Eye Movement Research*, *12*(6), 1-22.

Kelly, L. P., & Barac-Cikoja, D. (2007). The comprehension of skilled deaf readers: The roles of word recognition and other potentially critical aspects of competence. In K. Cain & J. Oakhill (Eds.), *Children's Comprehension Problems in Oral and Written Language*: A *Cognitive Perspective* (pp. 244-280). New York: Guilford Press.

Kliegl, R., Grabner, E., Rolfs, M., & Engbert, R. (2004). Length, frequency, and predictability effects of words on eye movements in reading. *European Journal of Cognitive Psychology*, *16*, 262-284.

Kliegl, R., Hohenstein, S., Yan, M., & McDonald, S. A. (2013). How preview space/time translates into preview cost/benefit for fixation durations during reading. *Quarterly Journal of Experimental Psychology*, *66*(3), 581-600.

Liversedge, S. P. (2013, August). Rethinking theoretical frameworks: Studies of eye movements during non-alphabetic reading and reading development. In *Proceedings of the 17th European Conference on Eye Movements* (pp. 11-16). Lund, Sweden.

Liversedge, S. P., Rayner, K., White, S. J., Vergilino-Perez, D., Findlay, J. M., & Kentridge, R. W. (2004). Eye movements when reading disappearing text: Is there a gap effect in reading? *Vision Research*, *44*, 1013-1024.

Liu, P. P., Li, W. J., Lin, N., & Li, X. S. (2013). Do Chinese readers follow the national standard rules for word segmentation during reading? *Plos One*, *8*(2), e55440.

Li, S., Li, L., Wang, J., Mcgowan, V. A., & Paterson, K. B. (2018). Effects of word length on eye guidance differ for young and older Chinese readers. *Psychology & Aging*, *33*(4), 685-692.

Li, X., & Pollatsek, A. (2020). An integrated model of word processing and eye-movement control during Chinese reading. *Psychological Review*, *127*, 1139-1162.

Li, X., Liu, P., & Rayner, K. (2011). Eye movement guidance in Chinese reading: Is there a preferred viewing location? *Vision Research*, *51*(10), 1146-1156.

Li, X., Rayner, K., & Cave, K. R. (2009). On the segmentation of Chinese words during reading. *Cognitive Psychology*, *58*, 525-552.

Liu, Y. P., Reichle, E. D., & Li, X. (2016). The effect of word frequency and parafoveal preview on saccade length during the reading of Chinese. *Journal of Experimental Psychology*: *Human Perception & Performance*, *42*, 1008-1025.

Liu, Y. P., Huang, R., Gao, D. G., & Reichle, E. D. (2017a). Further tests of a dynamic-adjustment account of saccade targeting during the reading of Chinese. *Cognitive Science*, *41*(S6), 1264-1287.

Liu, Z., Pan, Y., Tong, W., & Liu, N. (2017b). Effects of adults aging on word encoding in reading Chinese: Evidence from disappearing text. *PeerJ*, *5*, e2897.

Liversedge, S. P., Rayner, K., White, S. J., Vergilino-Perez, D., Findlay, J. M., & Kentridge, R. W. (2004). Eye movements when reading disappearing text: Is there a gap effect in reading? *Vision Research*, *44*(10), 1013-1024.

Liversedge, S. P., Zang, C., Zhang, M., Bai, X., Yan, G., & Drieghe, D. (2014). The effect of visual complexity and word frequency on eye movements during Chinese reading. *Visual Cognition*, *22*,

441-457.

Lyon, G. R., Shaywitz, S. E., & Shaywitz, B. A. (2003). A definition of dyslexia. *Annals of Dyslexia*, *53*(1), 1-14.

Ma, G., Li, X., & Pollatsek, A. (2015). There is no relationship between preferred viewing location and word segmentation in Chinese reading. *Visual Cognition*, *23*(3), 399-414.

Ma, G., Li, X., & Rayner, K. (2014). Word Segmentation of overlapping ambiguous strings during Chinese reading. *Journal of Experimental Psychology: Human Perception and Performance*, *40*(3), 1046-1059.

Mayberry, R. I., del Giudice, A. A., & Lieberman, A. M. (2011). Reading achievement in relation to phonological coding and awareness in deaf readers: A meta-analysis. *Journal of Deaf Studies and Deaf Education*, *16*(2), 164-188.

McClelland, J. L., & Rumelhart, D. E. (1981). An interactive activation model of context effects in letter perception: I. An account of basic findings. *Psychological Review*, *88*, 375-407.

McConkie, G.W., & Rayner, K. (1975). The span of the effective stimulus during a fixation in reading. *Perception & Psychophysics*, *17*, 578-586.

McDonald, S. A. (2005). Parafoveal preview benefit in reading is not cumulative across multiple saccades. *Vision Research*, *45*, 1829-1834.

McDonald, S. A. (2006). Parafoveal preview benefit in reading is only obtained from the saccade goal. *Vision Research*, *46*(26), 4416-4424.

Meade, G., Midgley, K. J., Sehyr, Z. S., Holcomb, P. J., & Emmorey, K. (2017). Implicit co-activation of American sign language in deaf readers: An ERP study. *Brain & Language*, *170*, 50-61.

Meng, X., Cheng-Lai, A., Zeng, B., Stein, J. F., & Zhou, X. (2011). Dynamic visual perception and reading development in Chinese school children. *Annals of Dyslexia*, *61*(2), 161-176.

Miellet, S., & Sparrow, L. (2004). Phonological codes are assembled before word fixation: Evidence from boundary paradigm in sentence reading. *Brain and Language*, *90*, 299-310.

Morris, R. K., & Folk, J. (2000). Phonology is used to access word meaning during silent reading: Evidence from lexical ambiguity resolution. In A. Kennedy, R. Radach, D. Heller, & J. Pynte (Eds.), *Reading as a Perceptual Process,* (pp. 427-446). Amsterdam: Elsevier.

Morton, J. J. (1969). Interaction of information in word recognition. *Psychological Review*, *76*, 165-178.

Nagy, W. E., Herman, P. A., & Anderson, R. C. (1985). Learning words from context. *Reading Research Quarterly*, *20*, 233-253.

Norbury, C. F. (2004). Factors supporting idiom comprehension in children with communication disorders. *Journal of Speech, Language, and Hearing Research*, *47*, 1179-1193.

Norbury, C. F. (2005a). Barking up the wrong tree? Lexical ambi-guity resolution in children with language impairments and autistic spectrum disorders. *Journal of Experimental Child Psychology*, *90*, 142-171.

Norbury, C. F. (2005b). The relationship between theory of mind and metaphor: Evidence from children with language impairment and autistic spectrum disorder. *British Journal of Developmental*

Psychology, *23*, 383-399.

Packard, J. L. (2000). The morphology of Chinese: A linguistic and cognitive approach. *Cambridge University Press*, *86*(1), 139-140.

Pan, J., Yan, M., & Laubrock, J. (2017). Perceptual span in oral reading: The case of Chinese. *Scientific Studies of Reading*, *21*(3), 254-263.

Pan, J., Yan, M., Laubrock, J., Shu, H., & Kliegl, R. (2014). Saccade-target selection of dyslexic children when reading Chinese. *Vision Research*, *97*, 24-30.

Paterson, K. B., McGowan, V. A., White, S. J., Malik, S., Abedipour, L., & Jordan, T. R. (2014). Reading direction and the central perceptual span in Urdu and English. *PloS One*, *21*(2), 505-511.

Paterson, K. B., McGowan, V. A., Warrington, K. L., Li, L., Li, S., Xie, F., & Wang, J. X. (2020). Effects of normative aging on eye movements during reading. *Vision*, *4*(1), 7.

Plaut, D. C., McClelland, J. L., Seidenberg, M. S., & Patterson, K. (1996). Understanding normal and impaired word reading: Computational principles in quasi-regular domains. *Psychological Review*, *103*, 56-115.

Pollatsek, A., Bolozky, S., Well, A. D., & Rayner K. (1981). Asymmetries in the perceptual span for Israeli readers. *Brain and Language*, *14*, 174-180.

Pollatsek, A., Tan, L. H., & Rayner, K. (2000). The role of phonological codes in integrating information across saccadic eye movements in Chinese character identification. *Journal of Experimental Psychology*: *Human Perception and Performance*, *26*(2), 607-633.

Rayner, K. (1998). Eye movements in reading and information processing: 20 years of research. *Psychological Bulletin*, *124*(3), 372-422.

Rayner, K. (2009). Eye movements and attention in reading, scene perception, and visual search. *Quarterly Journal of Experimental Psychology*, *62*, 1457-1506.

Rayner, K., & Bertera, J. H. (1979). Reading without a fovea. *Science*, *206*(4417), 468-469.

Rayner, K., & McConkie, G. W. (1976). What guides a reader's eye movements? *Vision Research*, *16*, 829-837.

Rayner, K., & Slowiaczek, M. L. (1981). Expectations and parafoveal information in reading: Comments on Mcclelland and O'Regan. *Journal of Experimental Psychology Human Perception and Performance*, *7*(3), 645-651.

Rayner, K., Castelhano, M. S., & Yang, J. M. (2009). Eye movements and the perceptual span in older and younger readers. *Psychology and Aging*, *24*(3), 755-760.

Rayner, K., Castelhano, M. S., & Yang, J. M. (2010b). Preview benefit during eye fixations in reading for older and younger readers. *Psychology and Aging*, *25*(3), 714-718.

Rayner, K., Fischer, M. H., & Pollatsek, A. (1998b). Unspaced text interferes with both word identification and eye movement control. *Vision Research*, *38*(8), 1129-1144.

Rayner, K., Juhasz, B. J., & Brown, S. J. (2007). Do readers obtain preview benefit from word n+2? A test of serial attention shift versus distributed lexical processing models of eye movement control in reading. *Journal of Experimental Psychology*: *Human Perception and Performance*, *33*(1), 230-245.

Rayner, K., Pollatsek, A., & Binder, K. S. (1998a). Phonological codes and eye movements in reading. Journal of experimental psychology: *Learning, Memory, and Cognition, 24*(2), 476-497.

Rayner, K., Slattery, T. J., & Bélanger, N. N. (2010a). Eye movements, the perceptual span, and reading speed. *Psychonomic Bulletin & Review, 17*, 834-839.

Rayner, K., Li, X., Juhasz, B. J., & Yan, G. (2005). The effect of word predictability on the eye movements of Chinese readers. *Psychonomic Bulletin & Review, 12*, 1089-1093.

Rayner, K., Liversedge, S. P., White, S. J., & Vergilino-Perez, D. (2003). Reading disappearing text: Cognitive control of eye movements. *Psychological Science, 14*, 385-388.

Rayner, K., Inhoff, A. W., Morrison, R. E., Slowiaczek, M. L., & Bertera, J. H. (1981). Masking of foveal and parafoveal vision during eye fixations in reading. *Journal of Experimental Psychology: Human Perception and Performance, 7*(1), 167-179.

Rayner, K., Reichle, E. D., Stroud, M. J., Williams, C. C., & Pollatsek, A. (2006). The effect of word frequency, word predictability, and font difficulty on the eye movements of young and older readers. *Psychology and Aging, 21*(3), 448-465.

Reichle, E. D., Pollatsek, A., & Rayner, K. (2006). E-Z Reader: A cognitive-control, serial- attention model of eye-movement behavior during reading. *Cognitive Systems Research, 7*（1）, 4-22.

Reichle, E. D., Warren, T. C., & McConnell, K. (2009). Using E-Z reader to model the effects of higher-level language processing on eye movements during reading. *Psychonomic Bulletin & Review, 16*, 1-21.

Reingold, E. M., Reichle, E. D., Glaholt, M. G., & Sheridan, H. (2012). Direct lexical control of eye movements in reading: Evidence from a survival analysis of fixation durations. *Cognitive Psychology, 65*, 177-206.

Risse, S., & Kliegl, R. (2011). Adult age differences in the perceptual span during reading. *Psychology and Aging, 26*(2), 451-460.

Risse, S., Engbert, R., & Kliegl, R. (2008). Eye movement control in reading: Experimental and corpus-analysis challenges for a computational model. In K. Rayner, D. Shen, X. Bai, & G. Yan (Eds.), *Cognitive and Cultural Influences on Eye Movements* (pp. 65-91). Tianjin: Tianjin People's Publishing House.

Schmitt, N., Schmitt, D., & Clapham, C. (2001). Developing and exploring the behaviour of two new versions of the vocabulary levels test. *Language Testing, 18*, 55-88.

Schotter, E. R., Reichle, E. D., & Rayner, K. (2014). Rethinking parafoveal processing in reading: Serial-attention models can explain semantic preview benefitand n+2 preview effects. *Visual Cognition, 22*, 309-333.

Sekuler, A. B., Bennett, P. J., & Mamelak, M. (2000). Effects of aging on the useful field of view. *Experimental Aging Research, 26*(2), 103-120.

Slowiaczek, M. L., & Rayner, K. (1987). Sequential masking during eye fixations in reading. *Bulletin of the Psychonomic Society, 25*, 175-178.

Transler, C., & Reitsma, P. (2005). Phonological coding in reading of deaf children: Pseudohomophone effects in lexical decision. *British Journal of Developmental Psychology, 23*(4), 525-542.

Tsai, J., Lee, C., Lin, Y., Tzeng, O. J., & Hung, D. L. (2006). Neighborhood size effects of Chinese words in lexical decision and reading. *Language and Linguistics*, *7*, 659-675.

Vainio, S., Hyönä, J., & Pajunen, A. (2009). Lexical predictability exerts robust effects on fixation duration, but not on initial landing position during reading. *Experimental Psychology*, *56*, 66-74.

Wang, A. T., Lee, S. S., Sigman, M., & Dapretto, M. (2007). Reading affect in the face and voice: Neural correlates of interpreting communicative intent in children and adolescents with autism spectrum disorders. *Archives of General Psychiatry*, *64*, 698-708.

Wang, J., Li, L., Li, S., Xie, F., Liversedge, S. P., & Paterson, K. B. (2018). Effects of aging and text-stimulus quality on the word-frequency effect during Chinese reading. *Psychology and Aging*, *33*(4), 693-712.

Warrington, K. L., McGowan, V. A., Paterson, K. B., & White, S. J. (2018). Effects of aging, word frequency, and text stimulus quality on reading across the adult lifespan: Evidence from eye movements. Journal of experimental psychology: *Learning, memory, and cognition*, *44*(11), 1714-1729.

Wei, W., Li, X. S., & Pollatsek, A. (2013). Word properties of a fixated region affect outgoing saccade length in Chinese reading. *Vision Research*, *80*, 1-6.

Wilson, R. S., Beckett, L. A., Barnes, L. L., Schneider, J. A., Bach, J., Evans, D. A., & Bennett, D. A. (2002). Individual differences in rates of change in cognitive abilities of older persons. *Psychology and Aging*, *17*(2), 179-193.

Wong, C. C., & Chen. (1999). A hybrid clustering and gradient descent approach for fuzzy modeling. *IEEE Transactions on Systems, Man, and Cybernetics, Part B (Cybernetics)*, *29*（6）, 686-693.

Wray, A. (2002). *Formulaic Language and the Lexicon.* Cambridge: Cambridge University Press.

Yan, G. L., Liu, N. N., & Liu, Z. F. (2010, May). Chinese readers' eye movements when reading disappearing text. In *Paper presented at the meeting of the 4th China International Conference on Eye Movement*, Tianjin.

Yan, G. L., Lan, Z., Meng, Z., Wang, Y. C., & Benson, V. (2020). Phonological coding during sentence reading in Chinese deaf readers: An eye-tracking study. *Scientific Studies of Reading*, (4), 1-17.

Yan, M., Kliegl, R., Richter, E. M., Nuthmann, A., & Shu, H. (2010). Flexible saccade target selection in Chinese reading. *Quarterly Journal of Experimental Psychology*, *63*, 705-725.

Yan, M., Richter, E. M., Shu, H., & Kliegl, R. (2009). Readers of Chinese extract semantic information from parafoveal words during reading. *Psychonomic Bulletin & Review*, *16*, 561-566.

Yan, M., Pan, J., Laubrock, J., Kliegl, R., & Shu, H. (2013). Parafoveal processing efficiency in rapid automatized naming: A comparison between Chinese normal and dyslexic children. *Journal of Experimental Child Psychology*, *115*(3), 579-589.

Yang, L., Li, C., Li, X., Zhai, M., An, Q., Zhang, Y., Zhao, J., & Weng, X. (2022). Prevalence of developmental dyslexia in primary school children: A systematic review and meta-analysis. *Brain Sciences*, *12*(2), 240.

Yu, L., Cutter, M. G., Yan, G., Bai, X., Fu, Y., & Drieghe, D., et al. (2016). Word n+2 preview effects in three-character Chinese idioms and phrases. *Language, Cognition and Neuroscience, 31*(9),

1130-1149.

Zang, C. (2019). New perspectives on serialism and parallelism in oculomotor control during reading: The multi-constituent unit hypothesis. *Vision*, *3*(4), 50.

Zang, C., Fu, Y., Bai, X., Yan, G., & Liversedge, S.P. (2021). Foveal and parafoveal processing of Chinese three-character idioms in reading. *Journal of Memory and Language*, *119*, 104243.

Zang, C., Liang, F., Bai, X., Yan, G., & Liversedge, S. P. (2013). Interword spacing and landing position effects during Chinese reading in children and adults. *Journal of Experimental Psychology*: *Human Perception and Performance*, *39*(3), 720-734.

Zang, C., Fu, Y., Du, H., Bai, X., Yan, G., & Liversedge, S. P. (2024). Processing multiconstituent units: Preview effects during reading of Chinese words, idioms, and phrases. *Journal of Experimental Psychology*: *Learning, Memory, and Cognition*, *50*(1), 169-188.

Zang, C., Zhang, M., Bai, X., Yan, G., Paterson, K. B., & Liversedge, S. P. (2016). Effects of word frequency and visual complexity on eye movements of young and older Chinese readers. *Quarterly Journal of Experimental Psychology*, *69*(7), 1409-1425.

Zhao, S., Li, L., Chang, M., Xu, Q., Zhang, K., Wang, J., & Paterson, K. B. (2019). Older adults make greater use of word predictability in Chinese reading. *Psychology and Aging*, *34*(6), 780-790.